老一辈革命家的读书生活

刘宝东 著

人民出版社

目　录

引言 以全党大学习推动事业大发展

　　重视抓全党特别是领导干部的学习，是推动党和人民事业发展的一条重要成功经验。面对当今世界百年未有之大变局，面对新时代实现中华民族伟大复兴的波澜壮阔实践，更需要继承、弘扬和创新党重视学习的优良传统，更加崇尚学习、积极改造学习、持续深入学习，以全党大学习推动事业大发展。

一、没有理论武器不行

　　理论上的先进性和实践上的先进性，是

马克思主义政党区别于其他一切政党最鲜明的本质特征。而要保持和发展党在理论上的先进性，就必须重视学习、善于学习。全党学习根本的是要学习马克思主义理论，学习中国化的马克思主义。毛泽东讲："主义譬如一面旗子，旗子立起了，大家才有所指望，才知所趋赴。"① 习近平新时代中国特色社会主义思想，是马克思主义中国化的最新理论成果，是 21 世纪的马克思主义，就是新时代的"旗子"，是当前全党学习的重中之重，而要将这面"旗子"领会得全面、深刻和系统，就要汲取历史经验，科学地进行学习。

学习理论最有效的办法是读原著、学原文、悟原理。毛泽东曾指出，"在中国，本来读书就叫攻书"，"读马克思主义就是攻马克思的道理"，"读不懂的东西要当仇人一样地攻它"②。刘少奇常对身边的同志讲："哪一个人的文化知识都是通过艰苦努力得来的，要有点蚂蚁啃骨头的精神。"③ 读原著、学原文就要有这种"攻仇"和"蚂蚁啃骨"的精神，原原本本，逐篇逐句，强读强记，认真研究，悉心揣摩。重要篇章要反复阅读，毛泽东阅读《共产党宣言》就不下百遍。重要观点、重大论断、核心内容要记忆，内化于心就是一个记忆的过程，如果连应知应会的知识都记不住，内化就是一句空话，外化就更无从谈起。

学习理论要坚持阅读与思考相统一，要联系思想实际和工作实际深入思考，防止学而不思和思而不学。读书存疑方有进，带着问题学，才能提高学习的针对性和实效性。1919 年 9 月 1 日，毛泽东撰写了一个《问题研究会章程》，提出当时中国需要研究的 71 项共计 144 个问题，这些问题涵盖了政治、经济、文化、外交、社

---

① 《毛泽东早期文稿》，湖南出版社 1990 年版，第 554 页。

② 《毛泽东文集》第二卷，中央文献出版社 1993 年版，第 181 页。

③ 许志望：《少奇同志关怀我们警卫战士》，《陕西日报》1980 年 3 月 21 日。

会、科技等诸多方面，甚至还提出研究"白令英吉利直布罗陀三峡凿隧通车问题"。[①] 正是这种可贵的问题意识，使得毛泽东看问题的视野、分析问题的深度，都高于同时代人一筹。2009年5月13日，时任中央党校校长习近平要求中央党校的学员：读书一定要有问题意识，"只有对现实中的疑惑进行深入思考，才能把零散的东西变为系统的、孤立的东西变为相互联系的、粗浅的东西变为精深的、感性的东西变为理性的"。

思写结合是提升理论学习效果的一个有效方式。1991年，康克清将朱德生前的119本工作笔记献给了中央档案馆。这批笔记写作时间自1947年至1969年，内容涉及人民战争、军队建设、党的建设、外交事务、经济建设、工农业生产和人民生活等各个方面。这些笔记内容简洁、观点清晰、思考深邃，是朱德"不动笔墨不读书"学习特点的生动写照。"动笔墨"是一种读、思、写的有机结合，是深化学习的过程。"动笔墨"可以把党的理论加以综合、概括和比较，从而深化自己的认识理解。

二、多读"无字之书"

党的十九大报告提出：要"不断增强党的政治领导力、思想引领力、群众组织力、社会号召力"。在要提升的这四种能力之中，居于首位的是政治领导力。领导政治，首先要领导好"人心"这个最大的政治，而要汇聚民心、凝聚民力，就要以人民为中心，放下架子、扑下身子，察民情、知民意、解民忧。

1938年3月15日，毛泽东向即将结束学业奔赴抗战前线的抗大学生提出："社会是学校，一切在工作中学习"，书分两种："有字

---

① 《毛泽东早期文稿》，湖南出版社1990年版，第398页。

的讲义是书，社会上的一切也是书——'无字天书'。"① 读"无字之书"，就是要深入社会实际，观察、了解和认识社会的本原，由感性认识上升到理性认识。全党大学习，既要勤读"有字之书"，也要拜人民为师，多读"无字之书"。

拜人民为师，读"无字之书"，就要牢记群众是真正的英雄，不断提高政治觉悟和政治能力，把对党忠诚、为党尽职、为民造福作为根本政治担当。1963 年 5 月 29 日，周恩来提出领导干部要过"五关"，即思想关、政治关、社会关、亲属关和生活关。其中，他讲道：过政治关，"最重要的是立场问题"，因为"立场是抽象的"，所以要在长期的具体的工作中才能考验出来。② 中国共产党的立场就是人民的立场，人民对美好生活的向往就是党的奋斗目标。只有任何时候都始终牢记为了谁、依靠谁、我是谁，才能真正同人民结合起来，才能读懂"无字之书"。

拜人民为师，读"无字之书"，就要树牢共产主义远大理想和中国特色社会主义共同理想，牢记党的宗旨，全心全意为人民服务。毛泽东在延安时曾对美国记者斯诺说：我接受了马克思主义之后，"对马克思主义的信仰就没有动摇过。"③ 邓小平在莫斯科中山大学学习时撰写的自传中写道：我来莫斯科的时候就已打定主意，要"更坚决的把我的身子交给我们的党"，终身"为无产阶级的利益而争斗！"④ 习近平总书记讲："信仰认定了就要信上一辈子"，"我将无我，不负人民"。只有解决好世界观、人生观、价值观这个"总开关"，向人民学习才会成为行动自觉。

---

① 《毛泽东年谱（1983—1949）》中卷，中央文献出版社 2002 年版，第 55 页。

② 《周恩来选集》下卷，人民出版社 1980 年版，第 425 页。

③ ［美］埃德加·斯诺著，董乐山译：《西行漫记》，东方出版社 2010 年版，第 147 页。

④ 《邓小平年谱(1904—1974)》上卷，中央文献出版社 2009 年版，第 28—29 页。

拜人民为师，读"无字之书"，就要模范践行党的群众路线，提高调查研究的能力和水平，真正将群众的诉求和意见发现和反映上来，提高决策的科学化水平。搞好调查研究，一定要坚持从群众中来、到群众中去，虚心听取群众的各种意见。调查研究包括调查与研究两个环节，既要重视调查，更要重视研究成果的运用。调查研究的过程，是提高认识能力和判断能力等各种工作能力的过程，无论资讯多发达，到什么时候都代替不了亲力亲为的调查研究，都代替不了与人民群众面对面的交流。

三、使用是更重要的学习

1936 年 12 月，毛泽东在《中国革命战争的战略问题》中指出："读书是学习，使用也是学习，而且是更重要的学习。"[①]刘少奇在《论共产党员的修养》中也提出：共产党员学习马克思主义理论，不是为了"提高自己的地位"，而是"为了用才去学习"。[②]学习不能死读书、读死书，要创造性地把理论知识和实践经验运用到工作之中，实现"知与行"和"学与用"的统一。正如习近平总书记所强调的："武装头脑、指导实践、推动工作，落脚点在指导实践、推动工作；学懂弄通做实，落脚点在做实。"

学习的成效在于解决实际问题，实做要紧紧围绕党和国家中心工作和个人的岗位职责，把研究和解决现实问题作为学习的根本出发点。在长征途中，为了振奋干部战士的精气神，1936年 5 月 1 日，红军部队在川西高原炉霍举行了一场别开生面的运动会。运动会除了设有赛跑、球赛、刺杀、投弹、识图、测

① 《毛泽东选集》第一卷，人民出版社 1991 年版，第 181 页。
② 《刘少奇选集》上卷，人民出版社 1981 年版，第 111 页。

距等传统项目外，还有朱德提出的为准备过草地而增设的烧牛粪比赛等项目。[①] 烧牛粪比赛，就是围绕解决过草地这个难关而进行的学习。世易时移，实际问题随着发展而不断变化，新时代要面对的现实问题很多、很复杂，解决起来也很艰巨，时代出的考题、人民提出的问题、发展中的难题，就是学习的标靶和出发点。

实做需要在学中干、在干中学，将学和干贯通起来，不畏艰难，虚心听取群众意见，接受实践检验。1950 年 7 月 11 日，周恩来对即将毕业的北京市高校毕业生说："暖房里的花总赶不上风霜中的常青松柏，闺房里的小姐、富贵人家的少爷就赶不上千锤百炼的勇士"[②]，希望同学们主动接受实践锻炼。1961 年，刘少奇到湖南搞调查研究，他住的房子"窗户是敞开的，就用布挡着风，原来的旧木床上加点稻草，两张方桌拼起，四条长凳围摆"，房子没有电灯，"点燃两支蜡烛照明"。[③] 他就是在这间"办公室"兼"卧室"里，与群众谈心，了解民情民意。只有始终把人民放在心中最高位置，接地气、通下情，才能理论联系实际地解决好发展难题，答好时代问卷，经得起人民阅评。

说起来容易，做起来难。中国共产党之所以能在革命、建设和改革的征途上，克服重重困难，攻克一道道难关，一个重要原因就在于我们党始终有着强大的执行力，这是区别于其他政党的一个巨大政治优势。要提高执行力，就必须通过学习和实践，不断增强"四个意识"、坚持"四个自信"、做到"两个维护"，按照忠诚干净担当的要求，以昂扬的斗争精神推进工作。

---

① 《朱德年谱（新编本）》上卷，中央文献出版社 2006 年版，第 563—564 页。

② 《周恩来教育文选》，教育科学出版社 1984 年版，第 16 页。

③ 《缅怀刘少奇》，中央文献出版社 1988 年版，第 349 页。

四、学习一定要学到底

1937 年 7 月，毛泽东在《实践论》中指出："知识的问题是一个科学问题，来不得半点的虚伪和骄傲，决定地需要的倒是其反面——诚实和谦逊的态度。"①1939 年 5 月，他又向党员干部提出："学习一定要学到底，学习的最大敌人是不到'底'。自己懂了一点，就以为满足了，不要再学习了，这满足就是我们学习运动的最大顽敌"，学习必须克服这个"顽敌"。②

学到底要处理好工学矛盾。党员干部难得有大段的时间集中学习，解决的办法就是见缝插针挤时间。1942 年 3 月，刘少奇同随行去延安的一百多名干部，由八路军第一一五师教导五旅第十三团护送，从苏北阜宁单家港出发，前往延安。在将近一年的时间里，他跋涉万里，越过日伪 103 道封锁线，途中还参加了滨海、沙区、太岳区三次大的反"扫荡"战斗，就是在这样极其危险的敌后环境中，刘少奇还是一路跋涉一路读书，硬是把中国历史和中国哲学史比较系统地学习了一遍。今天工作再忙，也不能与革命时期同日而语，工学矛盾是个现实问题，更是一个思想问题，只要有自觉学习的意识，是可以挤出时间学习的。万事从来贵有恒，只要坚持学习，积少成多，假以时日，必有所获。

学到底要解决"看不懂"的问题。解决的办法叫"钻"，要像木匠钻木头一样"钻"进书本。现在的党员干部文化水平都比较高，"看不懂"指的是如何在学习中掌握马克思主义的立场观点方法，是如何透过事物的表象去挖掘隐藏在其背后的道理，是如何借

① 《毛泽东选集》第一卷，人民出版社 1991 年版，第 287 页。
② 《毛泽东文集》第二卷，中央文献出版社 1993 年版，第 184 页。

鉴古今中外的历史经验找到应对具有许多新的历史特点的伟大斗争的办法。习近平总书记在不同场合多次讲述过陈望道在翻译《共产党宣言》时"蘸着墨汁吃粽子，还说味道很甜"。陈望道就是"钻"进了书里，真正进入了学习状态。书读百遍，其义自见。只要持之以恒地"钻"书，一定会学有所得。

学到底要发扬韧劲，坚持终身学习。毛泽东曾把学习比喻成一所"无期大学"，他号召全党同志都要入这个"无期大学"。毛泽东逝世的前一天，全身都插满了管子，即使这样他还用醒过来的时间看书和文件。1975 年 7 月 8 日，病重的周恩来嘱咐秘书将新、旧《唐书》的《武则天传》找出送阅。8 月 16 日，他又嘱咐身边人员找出《鲁迅全集》中《评金圣叹》篇及各种版本的《水浒》书送阅。[①]1976年 5 月 19 日，朱德收到了成仿吾的新译本《共产党宣言》，20 日他就十分专注地阅读了一遍，21 日还亲自看望了成仿吾，一个多月后他即与世长辞。[②]学习最可贵的是终身坚持，读书就需要这种锲而不舍的精神、常读常新的态度、百读不厌的劲头，惟有如此才能够将学习进行到底。

善于学习，就是善于进步；善于实践，就是善于上进。2013 年 3 月 1 日，习近平总书记在中央党校建校 80 周年庆祝大会上指出："中国共产党人依靠学习走到今天，也必然要依靠学习走向未来。我们的干部要上进，我们的党要上进，我们的国家要上进，我们的民族要上进，就必须大兴学习之风，坚持学习、学习、再学习，坚持实践、实践、再实践。"新时代是奋斗者的时代，是阔步新征程的时代，是学习的时代，是实践的时代。

开国领袖毛泽东、周恩来、刘少奇、朱德、邓小平、陈云都是

---

① 《周恩来年谱（1949—1976）》下卷，中央文献出版社 2007 年版，第 714、717 页。

② 《朱德年谱（新编本）》下卷，中央文献出版社 2006 年版，第 1998 页。

勤于学习、善于实践的典范，他们对如何学习、学习什么、怎样学习留下了非常丰富的历史经验，是党重视学习优良传统形成的推动者和践行者。2015年1月13日，习近平总书记在第十八届中央纪律检查委员会第五次全体会议上指出，"党在长期实践中形成的优良传统和工作惯例也是十分重要的党内规矩"，"这些规矩看着没有白纸黑字的规定，但都是一种传统、一种范式、一种要求"，"是自我约束的纪律"，"需要全党长期坚持并自觉遵循"。重视学习作为党的一项重要优良传统，在新时代尤其需要深入研究和大力弘扬，本书的写作就是为此做的一点努力。

作　者

2019年6月

毛泽东只争朝夕的读书人生

　　毛泽东的一生笃志好学，博览群书，他一生最大的爱好就是读书，他常挂在嘴边的一句话就是："饭可以一日不吃，觉可以一日不睡，书不可一日不读。"无论是求索真知的青年时代，还是金戈铁马的革命岁月，亦或是日理万机的治国时期，他都嗜书如命，手不释卷。美国记者埃德加·斯诺在谈及对毛泽东的印象时如此说："他是一个精通中国旧学的有成就的学者，他博览群书，对哲学和历史有深入的研究，他有演讲和写作的才能，记忆力异乎常人，专心致志的能力不同寻常，个人习惯和外表落拓不羁，但是对于工作却事无巨细都一丝不苟，他精力过人，不知疲倦，是一个颇有天才的军事和政治战略家。"① 毛泽东一生与书为伴，读书带给他无穷的智慧与力量，使他具备了渊博的知识和高超的政治智慧，了解他的读书人生，领悟他的读书精神，把握他的读书特点，学习他的读书方法，意义深远而重大。

一、活一天就要学习一天

在延安时期，为了鼓励干部学习，毛泽东曾说：如果我再过 10 年死了，那么就要学习 9 年零 359 日。毛泽东是这样说的，也是这样做的。他是 1976 年 9 月 9 日零时 10 分去世的，9 月 7 日到 8 日下午，已经生命垂危的毛泽东仍坚持看文件和书。根据医疗组护理记录，"九月八日这一天，毛泽东看文件、看书十一次，共二小时五十分钟。他是在抢救的情况下看文件、看书的：上下肢插着静脉输液导管，胸部安有心电监护导线，鼻子里插着鼻饲管，文件和书是由别人用手托着。"② 直到心脏停止跳动前一刻，毛泽东才结束了他一生从未中断的读书生活，他以至死方休的精神实现了"活一天就要学习一天"的学习信条。

为革新社会做准备

1893 年 12 月 26 日，毛泽东出生于湖南省湘潭县韶山冲南岸上屋场。毛泽东幼年大部分时间在湘乡唐家坨外祖父家度过，1902 年他入韶山南岸私塾读书，从此他的一生与书籍结下了不解之缘。毛泽东读书时代，正值西学新学在中国初兴之际，然而中学旧学仍

---

① ［美］埃德加·斯诺著，董乐山译：《西行漫记》，东方出版社 2010 年版，第 74 页。

② 林克等：《历史的真实》，中央文献出版社 1998 年版，第 154 页。

是一般读书人的必修功课，也是地方私塾学校授业的重点。在私塾，毛泽东读的是"三、百、千"，即《三字经》《百家姓》《千字文》，以及《幼学琼林》《增广贤文》等启蒙课本。继而，又读《论语》《孟子》《中庸》《大学》和《诗经》等旧学经典。毛泽东记忆力超群，能够口诵心解，很快领悟。

1906 年，毛泽东转学到韶山井湾里私塾。在老师的指导下，他读了《春秋公羊传》《左传》等史书，但有着强烈求知欲望的毛泽东，对传统"四书五经"等儒家经典兴趣不大，反倒是对《水浒传》《三国演义》《隋唐演义》《西游记》等中国古典小说产生了浓厚兴趣。当时私塾有这样的规矩，认为小说是杂书，不准学生看，因此毛泽东总是背着老师偷着看。毛泽东同美国记者斯诺谈他少年时代读书情况时说："我是家里的'学者'，我读过经书，可是我不喜欢经书，我爱看的是中国古代的传奇小说，特别是其中关于造反的故事"，"其中许多故事我几乎都可以背下来，同学们也经常一起讨论"，"我认为这些书对我影响大概很大。"①

1910 年秋，毛泽东考入湘乡县立东山高等小学堂就读。东山高小是维新人士创办的新式学堂，除了教经书外，还讲授被称为"新学"的自然科学和其他新学科知识。毛泽东在这里学习了中外文学、地理、自然科学，知识大有长进。他从一本《世界英雄豪杰传》里，读到了拿破仑、叶卡捷琳娜、彼得大帝、格莱斯顿、林肯、卢梭等人的事迹，对此深表钦佩。他对自己的同学萧三说，"中国也要有这样的人物，我们应该讲求富国强兵之道"，"我们每个国民都应该努力，顾炎武说得好：'天下兴亡，匹夫有责'。"② 在这一时

① 《毛泽东一九三六年同斯诺的谈话》，人民出版社 1979 年版，第 8—9 页。
② 萧三：《毛泽东同志的青少年时代和初期革命活动》，中国青年出版社 1980 年版，第 26 页。

毛泽东只争朝夕的读书人生

期，对毛泽东影响最大的是康有为、梁启超。他从表兄文运昌那里借得一套《新民丛报》合订本，这是梁启超 1902 年在日本横滨创办的一份维新派报纸，报纸对西方近代的政治思想和学术进行了广泛的宣传介绍，批判清王朝的封建专制，报纸的文体和内容都使毛泽东觉得无比新鲜，所以他读了又读，直至熟记背诵。此时，他很崇拜康有为和梁启超。①

1912 年春，毛泽东以第一名的成绩考入湖南全省高等中学（后改名为省立第一中学）。当年 6 月，他写了一篇题为《商鞅徙木立信论》的作文，在这篇仅 600 多字的短文中，充满了毛泽东对国家、民族问题的思考。文中说："吾读史至商鞅徙木立信一事，而叹吾国国民之愚也，而叹执政之煞费苦心也，而叹数千年来民智之不开、国几蹈于沦亡之惨也。""吾于是知吾国国民之愚也，吾于是知数千年来民智黑暗国几蹈于沦亡之惨境有由来也。"国文教员阅后，在评语中称赞毛泽东"目光如炬"，"有法律知识，具哲理思想"，假以时日，"吾不知其所至"。②

由于第一中学的课程有限，已经远远满足不了毛泽东的求知欲望，半年之后，他就毅然退学自修。这个时期，毛泽东寄居在长沙城新安巷的湘乡会馆，每天步行 3 里去湖南省立图书馆自学，并制订了一个严格的自修计划，他说："我非常认真地坚持执行这个计划"，"每天早晨图书馆一开门我就进去。中午我仅休息片刻，买两块米糕吃，这就是我每天的中餐，我每天在图书馆阅读到闭馆的时候。"③ 这段时间，毛泽东全身心地沉浸在了书的海洋之中，不知疲倦地拼命地学个不停。他在这个图书馆里，广泛涉猎了西方 18、19 世纪社会科学和自然科学的著作，如亚当·斯密的《原富》、孟

---

① 《毛泽东年谱（1893—1949）》上卷，中央文献出版社 2002 年版，第 9 页。

② 《毛泽东早期文稿》，湖南出版社 1990 年版，第 1—2 页。

③ 《毛泽东自述（增订本）》，人民出版社 1996 年版，第 31 页。

德斯鸠的《法意》、斯宾塞的《群学肄言》、卢梭的《社会契约论》、穆勒的《名学》、达尔文的《物种起源》、赫胥黎的《天演论》等。此外，他还阅读了俄、美、英、法等国的历史地理书籍，以及古代希腊、罗马的文艺作品。通过近半年的自修，毛泽东极大地提升了思想境界，使他集中接受了一次民主科学的启蒙教育。此后，毛泽东开始摆脱传统旧学束缚，紧跟时代潮流，成为那个时代具有先进思想的知识分子。

1913年春，毛泽东开始认真思索自己的前程，考入了湖南省立第四师范学校预科，不久该校并入湖南省立第一师范学校。从1913年春到1918年夏，毛泽东在湖南一师学习了5年半，他在课堂上致力于国文、修身、历史、地理等学科的学习，同时主张把所学的内容与国家、社会的问题紧密联系起来。1917年8月23日，在临近毕业之际毛泽东致信亦师亦友的黎锦熙，表达了他的远大抱负："当今之世，宜有大气量人，从哲学、伦理入手，改造哲学，改造伦理学，根本上变换全国之思想。"为此，他决心恪守"颜子之箪瓢与范公之画粥"之精神，"将全幅工夫，向大本大源处探讨。"① 这时候，他还与同学约法"三不谈"，即不谈金钱，不谈男女之事，不谈家庭琐事，只在一起谈论家国大事，即"人的天性，人类社会，中国、世界、宇宙。"

毛泽东在湖南一师期间，结交了一批良师益友，其中对毛泽东影响最大的是杨昌济。1936年，毛泽东告诉斯诺："给我印象最深的教员是杨昌济，他是从英国回来的留学生，后来我同他的生活有密切的关系。他教授伦理学，是一个唯心主义者，一个道德高尚的人。"② 杨昌济是一位学贯中西的学问大家，他学识渊博，追求新

① 《毛泽东早期文稿》，湖南出版社1990年版，第86、90页。
② [美] 埃德加·斯诺著，董乐山译：《西行漫记》，东方出版社2010年版，第136页。

毛泽东只争朝夕的读书人生

思想，提倡躬行实践精神，受到湖南一师学生的普遍欢迎。毛泽东经常向杨昌济请教问题，深感杨昌济"宏通广大"，因而对其也是敬佩有加。杨昌济对毛泽东的印象也是非常好，他在1915年4月5日的日记中记述道："毛生泽东，言其所居之地为湘潭与湘乡连界之地，仅隔一山，而两地之语言各异。其地在高山之中，聚族而居，人多务农，易于致富，富则往湘乡买田。风俗纯朴，烟赌甚稀。渠之父先亦务农，现业转贩；其弟亦务农，其外家为湘乡人，亦农家也，而资质俊秀如此，殊为难得。余因以农家多出异材，引曾涤生、梁任公之例以勉之。"①

杨昌济推崇程朱儒学和明末清初以王夫之为代表的经世致用之学，尤其是对曾国藩特别推崇，这也明显地影响了毛泽东。在杨昌济的影响下，毛泽东认真阅读了《近思录》《朱子语类》《小学》《四书集注》等书籍。同时，也对曾国藩的家书、日记进行了研读，曾国藩的务实学风和思想道德境界，引起毛泽东的追随和效法。他在1917年8月23日致黎锦熙的信中直言："于近人，独服曾文正，观其收拾洪杨一役，完满无缺。"②他在《讲堂录》中记述说："涤生日记，言士要转移世风，当重两义：曰厚曰实。厚者勿忌人，实则不说大话，不好虚名，不行架空之事，不谈过高之理。""真精神，实意做事，真心求学。"③"真精神"是毛泽东对曾国藩"厚与实"的概括，是可以效法的务实精神，这成为他日后"踏着人生社会的实际说话"的信条。

1918年8月，为了筹备赴法勤工俭学活动，毛泽东第一次来到北京，经杨昌济介绍，担任北京大学图书馆助理员。此间，毛泽东广泛涉猎各种介绍新学说新思想的报刊和书籍，并阅读了李大钊

---

① 杨昌济：《达化斋日记》，湖南人民出版社1981年版，第169页。

② 《毛泽东早期文稿》，湖南出版社1990年版，第85页。

③ 《毛泽东早期文稿》，湖南出版社1990年版，第581页。

的《庶民的胜利》《布尔什维克主义的胜利》等歌颂俄国十月革命和宣传马克思主义的文章，思想开始迅速发生变化。毛泽东曾对斯诺说："我在李大钊手下在国立北京大学当图书馆助理员的时候，就迅速朝着马克思主义的方向发展。"①

1919年12月，毛泽东第二次来到北京。此时，经过五四运动的洗礼，报纸上介绍俄国十月革命、讨论社会主义的文章日益增多，对马克思、恩格斯的主要著作，也有部分摘译。这个时期毛泽东阅读了大量介绍俄国十月革命的书刊，并热心搜集为数不多的介绍马克思主义的书籍。不久，毛泽东找到了一本中译本的《共产党宣言》，他被文中的鲜明观点所震撼，以极大的热情反复阅读思考，最终将马克思主义确立为自己的信仰。后来，毛泽东曾说："记得我在一九二〇年，第一次看了考茨基著的《阶级斗争》，陈望道翻译的《共产党宣言》，和一个英国人作的《社会主义史》，我才知道人类自有史以来就有阶级斗争，阶级斗争是社会发展的原动力，初步地得到认识问题的方法论。可是这些书上，并没有中国的湖南、湖北，也没有中国的蒋介石和陈独秀。我只取了它的四个字：'阶级斗争'，老老实实地来开始研究实际的阶级斗争。"②毛泽东确立了马克思主义信仰，逐步成为坚定的马克思主义者，如他对斯诺所说："到了1920年夏天，在理论上，而且在某种程度的行动上，我已经成为一个马克思主义者了，而且从此我也认为自己是一个马克思主义者了"，我接受了马克思主义之后，"对马克思主义的信仰就没有动摇过。"③

① ［美］埃德加·斯诺著，董乐山译：《西行漫记》，东方出版社2010年版，第148页。

② 《毛泽东农村调查文集》，人民出版社1982年版，第21—22页。

③ ［美］埃德加·斯诺著，董乐山译：《西行漫记》，东方出版社2010年版，第147页。

毛泽东只争朝夕的读书人生

戎马倥偬读马列

革命战争年代，条件艰苦，斗争残酷，但是毛泽东始终没有忘记从书中获取知识和智慧，对书籍怀有一种饥渴心情，总是想方设法找书来读。无论是在山峦叠嶂的井冈山，还是在艰苦卓绝的长征途中，或是在黄土绵延的延安，他都阅读了大量书籍，特别是认真研读了大量的马克思主义著作和哲学著作。

毛泽东一贯主张越是在艰苦斗争条件下，越是要注重学习，特别是要用马克思主义理论武装头脑，指导实践。1929 年 11 月 28 日，毛泽东在起草古田会议决议时致信中央："惟党员理论常识太低，须赶急进行教育。除请中央将党内出版物（布报，《红旗》《列宁主义概论》《俄国革命史》等，我们一点都未得到）寄来外，另请购书一批（价约百元，书名另寄来）"，"我们望得书报如饥如渴，请勿以事小弃置。"同日，毛泽东还致信时任中央政治局常委、中央宣传部部长李立三："我知识饥荒到十分，请你时常寄书报给我"，以慰藉无书可读之苦。[①]

毛泽东除了向中央"求援"，也利用各种渠道搜集马列书籍。1932 年，红军攻下了漳州，获得了一批书籍，其中有恩格斯的《反杜林论》、列宁的《两个策略》和《共产主义运动中的"左派"幼稚病》等马列书籍。毛泽东得到这些书后，如获至宝，废寝忘食，认真阅读，他最大的收获是学习了列宁的思想和斗争策略。后来，毛泽东曾感慨地对曾志说："我没有吃过洋面包，没有去过苏联，也没有留学别的国家。我提出建立以井冈山根据地为中心的罗霄山脉中段红色政权，实行红色割据的论断，开展'十六字'诀的游击战和采取迂回打圈战术，一些吃过洋面包的人不信任，认为山沟子里出不了

---

① 《毛泽东书信选集》，中央文献出版社 2003 年版，第 22、24 页。

马克思主义。1932 年开始，我没有工作，就从漳州以及其他地方搜集来的书籍中，把有关马恩列斯的书通通找了出来，不全不够的就向一些同志借。我就埋头读马列著作，差不多整天看，读了这本，又看那本，有时还交替着看，扎扎实实下功夫，硬是读了两年书。"后来写成的《矛盾论》和《实践论》，"就是在这两年读马列著作中形成的。"①

　　毛泽东不仅自己学习，还热心地推荐给身边的指战员看。彭德怀回忆说："接到毛主席寄给我的一本《两种策略》，上面用铅笔写着（大意）：此书要在大革命时读着，就不会犯错误。在这以后不久，他又寄给我一本《'左派'幼稚病》，他又在书上面写着：你看了以前送的那一本书，叫做知其一不知其二；你看了《'左派'幼稚病》才会知道'左'与右同样有危害性。"②

　　长征开始的时候，毛泽东积劳成疾病倒了，一路上他一直是躺在担架上。即使这样，他仍是手不释卷，认真研读恩格斯的《反杜林论》。当年，长征路上与毛泽东一同行军的刘英，亲眼目睹了毛泽东读书的情景，她回忆道："毛泽东在长征路上读马列书很起劲。看书的时候，别人不能打扰他，他不说话，专心阅读，还不停地在书上打杠杠。有时通宵地读。"红军到毛儿盖时，没有东西吃。有一次，毛泽东对她说："刘英，实在饿，炒点麦粒吃吧！"他一边躺着看书，一边从口袋里抓麦粒吃。③

　　到了延安以后，环境相对稳定，获取书籍等学习的条件，都大为改善。毛泽东为了系统总结中国革命正反两方面的历史经验，开始广泛收集马列著作，并一头扎进黄土高原的简陋窑洞中，研读书籍，潜心思考。在中南海毛泽东故居中，仍保留了部分延安时期毛

---

①　《缅怀毛泽东》上卷，中央文献出版社 1993 年版，第 401—402 页。

②　《彭德怀自述》，人民出版社 1981 年版，第 183 页。

③　龚育之等：《毛泽东的读书生活》，三联书店 2009 年版，第 22 页。

毛泽东只争朝夕的读书人生

泽东读过的《资本论》《社会主义从空想到科学》《列宁选集》《国家与革命》《理论与策略》《论列宁主义基础》《论列宁主义的几个问题》《马克思恩格斯列宁斯大林论艺术》《唯物主义与经验批判主义》《关于辩证法的笔记》等马列著作。

在读马列原著的同时，毛泽东也十分注重相关学科知识特别是哲学的学习，1939 年 1 月 17 日，他在致何干之的信中写道："我的工具不够，今年还只能作工具的研究，即研究哲学，经济学，列宁主义，而以哲学为主。"① 西洛可夫等著的《辩证法唯物教程论》、米丁等著的《新哲学大纲》、艾思奇的《哲学与生活》、李达的《社会学大纲》等书，毛泽东都作了重点学习。"为了督促自己研究一点学问"，从 1938 年 2 月 1 日起，毛泽东继续写中断了 20 年的读书日记。② 在阅读这些书籍的过程中，毛泽东一边阅读一边思考，用不同的笔迹写下了大量的批注。

对于毛泽东忘我读书的情形，斯诺记述说：毛泽东"是个认真研究哲学的人。我有一阵子每天晚上都去见他，向他采访共产党的党史，有一次一个客人带了几本哲学新书来给他，于是毛泽东就要求我改期再谈。他花了三四夜的工夫专心读了这几本书，在这期间，他似乎是什么都不管了。他读书的范围不仅限于马克思主义的哲学家，而且也读过一些古希腊哲学家、斯宾诺莎、康德、歌德、黑格尔、卢梭等人的著作"。此外，毛泽东还熟读世界历史，"对于欧洲社会和政治的情形，也有实际的了解"，现实他也非常了解，"对于当前世界政治惊人地熟悉。③

毛泽东读马列、学哲学，并不是单纯的书斋式的学理研究，而

---

① 《毛泽东书信选集》，中央文献出版社 2003 年版，第 123 页。

② 《毛泽东年谱（1893—1949）》中卷，中央文献出版社 2002 年版，第 47 页。

③ ［美］埃德加·斯诺著，董乐山译：《西行漫记》，东方出版社 2010 年版，第 75—76 页。

是"依据历史进程中每个特殊时期和中国具体的经济、政治环境及条件，对于马克思列宁主义作独立的光辉的补充和发挥，并用中国人民通俗语言的形式表达出来"，这是"一件极其伟大而又非常艰巨的劳作"，体现了毛泽东对于历史和社会具有非常丰富的知识、对于领导中国革命具有极其丰富的经验。①

要学到至死方休

新中国成立后，告别了金戈铁马，毛泽东读书的条件大大改善了。他作为党和国家最高领导人，工作十分繁忙，但是读书却始终没有停歇，而且读书的数量更多了，范围也更广了。在毛泽东中南海的住处菊香书屋，卧室的书架上、办公桌上都摆满了书，就是饭桌、茶几和睡床上，甚至卫生间的方凳上也都摆放着书籍，以方便他随时阅读。美国前国务卿基辛格曾对毛泽东在中南海的房间这样描述道："这是一间中等大小的房间。四周墙边的书架上摆满了文稿，桌上、地下也堆着书，这房间看上去更像是一位学者的隐居处，而不像是世界上人口最多的国家的全能领导人的会客室。"②从这个细节可以看出，毛泽东是多么热衷读书，他总是尽可能地利用一切时间读书，走到哪里，读到哪里。

1916年2月，正在湖南一师读书的毛泽东，在给友人萧子升的信中写道："经之类十三种，史之类十六种，子之类二十二种，集之类二十八种，合七十有七种。据现在眼光观之，以为中国应读之书止乎此。苟有志于学问，此实为必读而不可缺。"③限于当时的

---

① 李达：《〈实践论〉解说》，三联书店1951年版，第73页。

② 余飘主编：《中外著名人士谈毛泽东》，大众文艺出版社1999年版，第153页。

③ 《毛泽东早期文稿》，湖南出版社1990年版，第37页。

环境，毛泽东很难有时间和条件去阅读这些书。从1950年年初开始，毛泽东便着手实现青年时代提出的读书设想，他首先从二十四史开始。毛泽东命人购置了乾隆版武英殿的二十四史，共850册2249卷近4000万字，从1952年开始到1976年生命最后的岁月，他系统地阅读了卷帙浩繁的二十四史，且对绝大多数册卷做了圈注和批示。在二十四史中，毛泽东阅读最多的是《史记》《前汉书》《后汉书》《三国志》《旧唐书》《新唐书》《明史》，有的至少看了5遍以上。在他生命的最后两年，病痛缠身，但他还坚持读《晋书》，用颤抖的手在好几册的封面上用红铅笔写上："一九七五年，八月再阅"，"一九七五，九月再阅"。

除了读"正史"，毛泽东对所谓的"野史"、地方志也多有涉猎，他认为不能因为稗官野史记述的内容假的多就不读了，那是自欺欺人的形而上学，而是要有选择有分析有鉴别地阅读。毛泽东有个习惯，每到一地，喜欢通过阅读地方志，了解当地的历史情况、地理沿革、文物掌故、风土人情，因此他总是"下车伊始问志书"。1958年3月，在成都召开中央工作会议。3月4日，毛泽东一到成都，便要来《四川省志》《蜀本记》《华阳国志》阅读，不久，又要来《都江堰水利述要》《灌县志》《武侯祠志》等地方志。会议期间，他还亲自选唐、宋、明三代诗人写的65首诗，连同《华阳志》，一并印发给与会同志学习。

毛泽东读书的兴趣，虽然较多地投向人文社会科学领域，其实，他对自然科学也是十分关注。1951年4月，毛泽东会见正在华北人民革命大学政治研究院学习的周世钊和蒋竹如，了解到他们请假一年专心学习，他不无羡慕地说："我呢，也很想请假两三年学习自然科学，只可惜可能不允许我有这样长的假。"① 李四光的

---

① 《毛泽东年谱（1949—1976）》第一卷，中央文献出版社2013年版，第333页。

《地质力学概论》，竺可桢的《历史时期气候的波动》《物候学》，席泽宗的《宇宙论的现状》等，他都仔细阅读过。毛泽东还读了一些外国自然科学的书，如哥白尼的《天体运行论》、施密特的《宇宙体系论》、威廉斯的《土壤学》等。

1974年5月30日，毛泽东会见美籍华人物理学家李政道。谈到理论与实践、绝对和相对的关系时，毛泽东说："你的那个东西我是赞成的，应该培养基础科学人才。理论是哪里来的呢？就是从应用科学来的，然后又指导应用科学。""单是理论不存在"，"绝对真理存在于每一个时代的相对真理之中。一切绝对真理，看不见，摸不到，但是它又存在于相对真理里面。又相对又绝对，对立统一。"毛泽东还和李政道探讨了物理学上的平衡和对称，他说："古希腊的欧几里德三元宇宙它是不动的，物体是不动的。它是专讲空间，不讲时间。时间是运动的。时间是空间的属性，没有空间是不运动的。科学研究要放在静止才能研究，不然不好着手。但是结果，比如提纯，世界上总是不纯的，百分之零点零零零零零零，还可以数下去。"我虽然没有学过物理，但是经常想这些问题。最后，毛泽东对李政道说："英国的达尔文、莱伊尔、培根都是了不起的学者"，"我向你介绍外国人写的一本书，英国汤姆生编著的《科学大纲》，我读过那本书。"[①]

毛泽东晚年，一直饱受眼疾困扰。多年来他一直坚持每天读书看报、批阅文件、撰写文章，视力的下降使得他痛苦不堪。为了坚持读书，他特地找人将书印制成大字的线装本，后来还从北京大学专门请了一位老师为他读书。毛泽东常言，读书要读到"至死方休"，他用终身学习践行了自己的读书诺言。

① 《毛泽东年谱（1949—1976）》第六卷，中央文献出版社2013年版，第536—538页。

二、重要的问题在善于学习

不论革命年代的行军打仗，还是建设时期的安邦治国，毛泽东都十分重视策略和方法，读书同样如此。毛泽东常说"重要的问题在善于学习"，而他对读书方法亦有自己独到的见解，如他认为"各种各样的书都要读一点"，"台积而高，学积而博"，读书时要勤动笔，要有"不动笔墨不读书"的精神，等等。同时，他强调"尽信书，则不如无书"，"凡事应该用脑筋好好想一想"。① 毛泽东的这些读书方法，非常值得我们学习和借鉴。

各种各样的书都要读一点

1939 年 1 月 28 日，毛泽东在八路军延安总兵站检查工作会议上谈到学习问题时指出："有了学问，好比站在山上，可以看到很远很多东西。没有学问，如在暗沟里走路，摸索不着，那会苦煞人。"② 毛泽东之所以能够比同时代的人站得高些，看得远些，与他博览群书，学识渊博，具有丰富的知识，有着密切关系。根据中央档案馆的统计，毛泽东在中南海的藏书总数将近 10 万册。虽然这些书毛泽东不一定都读过，但从书中的批示可以看出，大部分书毛泽东是读过的，有的书还反复读过多遍。如《资本论》，毛泽东最早在延安时就精读过，1954 年再读，1956 年再版时又读了一遍，直到晚年他还有针对性地选读了若干篇章。此外，他还安排工作人员到各地的图书馆借书，从 1949 年 10 月到 1966 年 9 月，仅在北京的图书馆，毛泽东借书就达 2000 多种 5000 余册，可见毛泽东博

---

① 《毛泽东选集》第三卷，人民出版社 1991 年版，第 948 页。

② 《毛泽东年谱（1893—1949）》中卷，中央文献出版社 2002 年版，第 107 页。

览群书之一斑。

毛泽东读书的内容十分广泛，主要包含以下几大类：第一类是马克思主义经典著作，如马克思、恩格斯、列宁、斯大林的全集与选集等；第二类是阐释马克思主义原理的教科书和理论书，如《马克思主义哲学概论》《社会发展史》《政治经济学教程》等；第三类是中国古代史书，如《二十四史》《资治通鉴》《纲鉴易知录》以及各朝纪事等；第四类是各种中国古书，如《容斋随笔》《四库全书》和历代的笔记小说、诗词文论、市井笑话等；第五类是军事著作，如《孙子兵法》《孙膑兵法》等；第六类是中国近代一些名著，如《鲁迅全集》《革命军》等；第七类是自然科学书籍，如《基本粒子发现史》《动物学杂志》《冶金学》等；第八类是工具书，如《辞源》《辞海》《四部备要》《古今图书集成》等；第九类是宗教书籍，如《金刚经》《华严经》《六祖坛经》，甚至连《圣经》也读过。此外，毛泽东刘一些中译本的世界历史、义学名著也多有涉猎。如延安时期毛泽东在同斯诺的谈话中，就意外地谈到了英国科幻作家威尔斯的《星球大战》《月球上的第一批人》《时间与机器》等作品。毛泽东还曾细读过苏联威廉斯的《土壤学》，并多次在一些会议上引用了书中的观点。

1956 年 4 月 25 日，毛泽东在中央政治局扩大会议上在谈及"中国和外国的关系"时指出："每个民族都有它的长处"，"我们的方针是，一切民族、一切国家的长处都要学，政治、经济、科学、技术、文学、艺术的一切真正好的东西都要学。"① 这里毛泽东表达的是国家和民族间要互鉴学习，关于个人的学习他也一贯主张学无止境、要时时处处学习。毛泽东虽学识渊博，但他却总是认为自己读的书还不够多、知识面还不够宽。为此，他无论是到外地视察还是

① 《毛泽东文集》第七卷，人民出版社 1999 年版，第 41 页。

参加会议，甚至到苏联访问期间，都要带上十几木箱的书，书随人走，人不离书。1957年10月2日，毛泽东在给他的办公室秘书林克的信中写道"请你找一部《六朝文絜》及其他六朝人各种文集给我"，一定"要下苦功学习"，要"钻到看书看报看刊物中去，广收博览，于你我都有益"。①

毛泽东读书范围之广博、视野之开阔，给很多接触过他的外国友人留下了十分深刻的印象。1973年11月2日，毛泽东会见了来访的澳大利亚总理爱德华·惠特拉姆。当谈到中国的现状和未来时，毛泽东说："我做的事很小。中国到现在还是一个贫穷的国家，用美国总统的话讲叫作'潜在力量'。"②毛泽东的渊博知识和风趣语言让惠特拉姆久久不能忘怀，后来他撰文回忆说：我们的谈话范围，"涉及历史、当前问题、亚洲地区、文学和当代的一些人物"，"他的智慧和历史感深邃而又明晰"。③

不动笔墨不读书

"不动笔墨不读书"，是毛泽东坚持一生的读书方法，而这个读书习惯的养成很大程度上源于老师徐特立的教诲。毛泽东在湖南一师读书时，徐特立曾告诫学生："绩学之士，读书必有札记，以记所得著所疑。记所得则要领明矣，著所疑则启他日读书参证之途矣。"④老师的治学经验，毛泽东始终牢记在心。

1917年，杨昌济向毛泽东推荐德国哲学家泡尔生的《伦理学

---

① 《毛泽东书信选集》，中央文献出版社2003年版，第490页。
② 《毛泽东年谱（1949—1976）》第六卷，中央文献出版社2013年版，第502—503页。
③ 邓力群主编：《中外名人评说毛泽东》，中央民族大学出版社2003年版，第531页。
④ 《徐特立文集》，湖南人民出版社1980年版，第3页。

原理》，毛泽东以极大的兴趣研读了这本书，书中每字每句他几乎都用毛笔加上了圆圈、单杠、双杠、三角等符号。全书原文不过10万字，而毛泽东写下的批注和提要就有1.2万字之多。如他记道："凡有压抑之人，违背个性者，罪莫大焉。故吾国之三纲在所必去。""人类之有进步、有革命、有改过之精神，则全为依靠新知之指导而活动者也。""吾人须以实践至善为义务。"① 这些批语绝大多数是毛泽东抒发自己的人生观、世界观、历史观，以及对原著的各种引申和见解，显示出了青年毛泽东抱有的追求真理、思索国家和社会前途的远大抱负。罗章龙回忆这个时期的毛泽东说："通过和毛润之的接触、交谈，我知道他写了很多的笔记，有的是课堂上写的，有的是自学看书写的，有的是他和友人来往的记录，还有的是来信和他作的诗，内容很丰富，有若干本，字写得很挤，改动很多。另外，他看书爱加批注，打记号，每本书看下来他都打记号。""我们谈话时也将彼此的笔记诗文交换着看，他看到好的就在他的笔记本上记下来。"②

毛泽东的"动笔墨"，是一种读、思、写的有机结合，是一个内化于心的过程。通过"动笔墨"，他把前人的学说加以综合、概括和比较，继而提出自己的观点，以指导中国具体实际。比如，1936年11月至1937年4月，毛泽东在读《辩证法唯物论教程》（中译本第三版）时，深入思考，写了大量笔记。在"矛盾之主导方面的意义"章节，他批注：矛盾之中，"究竟哪一方是主导的呢？这要看过程发展之情况，在 定条件下来规定。资本主义社会在长时期中，资产阶级是主导方面，但到革命前夜时期及革命以后，无产阶级就转化为主导方面了"。"在中日对抗的局面中，中国的因素正

① 《毛泽东早期文稿》，湖南出版社1990年版，第151—152、227页。

② 《新民学会资料》，人民出版社1980年版，第500页。

在由次要地位向主要地位转变中，因为民族统一战线如果广大的与坚固的建立起来，加上国际的因素（苏联、日本民众、其他和平国家），就有造成优于日本方面之势。"在"均衡论"章节，他批注："五次［反］'围剿'失败，敌人的强大是原因，但战之罪，干部政策之罪，外交政策之策［罪］，军事冒险之罪，是主要原因。""外的力量，须通过内的规［律］性（机会主义等）才能曲折地即间接地发生影响。""中央苏区、鄂予［豫］皖苏区被破坏，主要的［是］内的原因。"①1941年，毛泽东又读了《辩证法唯物论教程》中译本的第四版，他在批注里指出："在认识过程，个别决定普遍；在实践过程，普遍决定个别。""在认识过程，战术决定战略；在实践过程，战略决定战术。"②

1937年9月，毛泽东读了艾思奇的《哲学与生活》，艾思奇时任抗日军政大学主任教员，该书是他以答读者问的形式写的一本宣传马克思主义哲学的著作。毛泽东摘录了该书4500多字进行研究和探讨，他还特地给艾思奇写信说："你的《哲学与生活》是你的著作中更深刻的书，我读了得益很多，抄录了一些，送请一看是否有抄错的。其中有一个问题略有疑点（不是基本的不同），请你再考虑一下，详情当面告诉。今日何时有暇，我来看你。"③艾思奇当时刚到延安，是一名年仅27岁的理论工作者，毛泽东不仅认真读他的书，抄录书中的内容送给他，并且主动提出要上门请教，由此可见毛泽东尊重知识分子的谦逊学风。

毛泽东不仅自己坚持读书"动笔墨"，还向全党阐述这种学习方法的重要性。1942年4月20日，毛泽东在中央学习组会议上说："中宣部那个决定上说要写笔记，党员有服从党的决定的义务，决

---

① 《毛泽东哲学批注集》，中央文献出版社1988年版，第88—89、106—108页。

② 《毛泽东年谱（1893—1949）》中卷，中央文献出版社2002年版，第349页。

③ 《毛泽东书信选集》，中央文献出版社2003年版，第102页。

定规定要写笔记，就得写笔记。你说我不写笔记，那可不行，身为党员，铁的纪律就非执行不可。""我们大家都要写，我也要写一点。斯大林的十二条，不写一点笔记就研究不清楚。"他还告诫道："刚刚读了几年书的青年，就神气成那样，说什么三天可以读完，不看也可以考，不需要学习两个月三个月。又有人说什么自己走过了二万五千里三万五千里，还学什么，我说走得再多也不行。水手是世界上游历最广的人，天天都在走，周游全球，但单是走不写笔记，经验就总结不起来。"①

读书存疑方有进

　　毛泽东是精通辩证法的马克思主义思想家和理论家，唯物辩证观点和辩证分析法也贯穿和融会在他读书的过程之中。1941 年到 1944 年间，党中央领导机关和高级干部对党的历史特别是党在 1931 年初到 1934 年底这个时期的历史进行了讨论，大大推动了全党在马克思列宁主义基础上的思想统一。1944 年 4 月 12 日，毛泽东在延安高级干部会议上对党的历史问题作了演讲，他说："凡事应该用脑筋好好想一想。俗话说：'眉头一皱，计上心来。'就是说多想出智慧。要去掉我们党内浓厚的盲目性，必须提倡思索，学会分析事物的方法，养成分析的习惯。"②他还说"一部二十四史大半是假的"，实质上是讲读书既要有大胆怀疑一切的精神，又要保护一切正确的东西，二者不可偏废。

　　1953 年 12 月，为准备起草中华人民共和国第一部宪法，毛泽东阅读了中外各国的宪法，但他并不迷信这些宪法，而是从中汲取有益的成分。他说：人家好的东西，结合中国国情，加以吸收；不

　　① 《毛泽东文集》第二卷，人民出版社 1993 年版，第 416—417 页。

　　② 《毛泽东选集》第三卷，人民出版社 1991 年版，第 948—949 页。

毛泽东只争朝夕的读书人生

好甚至完全相反的东西，也可以引以为鉴。据当时为宪法起草小组做资料工作的史敬棠回忆：社会主义类型的宪法，毛主席看了1918年苏俄宪法、1936年苏联宪法、东欧国家的宪法。1918年苏俄宪法，把列宁写的《被剥削劳动人民权利宣言》放在前面，作为第一篇。毛主席从中受到启发，决定在宪法总纲的前面写一段序言。① 在研究资产阶级宪法时，他说："讲到宪法，资产阶级是先行的。英国也好，法国也好，美国也好，资产阶级都有过革命时期，宪法就是他们在那个时候开始搞起的。我们对资产阶级民主不能一笔抹杀，说他们的宪法在历史上没有地位。""我们的宪法是新的社会主义类型，不同于资产阶级类型。我们的宪法，就是比他们革命时期的宪法也进步得多。我们优越于他们。"对清末民国时期的宪法，毛泽东说："这里面有积极的，也有消极的。比如民国元年的《中华民国临时约法》，在那个时期是一个比较好的东西；当然，是不完全的、有缺点的，是资产阶级性的，但它带有革命性、民主性。这个约法很简单，据说起草时也很仓卒，从起草到通过只有一个月。"②

为了克服"大跃进"运动造成的困难局面，统一干部思想，1958年11月9日毛泽东向中央、省市自治区、地、县四级党的委员会委员发出了"关于读书的建议"，他建议各级干部要认真阅读两本书：一本是斯大林的《苏联社会主义经济问题》；一本是《马恩列斯论共产主义社会》。他提出，"要联系中国社会主义经济革命和经济建设去读这两本书，使自己获得一个清醒的头脑，以利指导我们伟大的经济工作。"他还具体要求："每人每本用心读三遍，随读随想，加以分析，哪些是正确的（我以为这是主要的）；哪些说的不正确，或者不大正确，或者模糊影响，作者对于所要说的问题，

---

① 《毛泽东传（1949—1976）》，中央文献出版社2003年版，第318—319页。

② 《毛泽东文集》第六卷，人民出版社1999年版，第325—326页。

在某些点上，自己并不甚清楚。"①

毛泽东曾对协助他读书的北大教师芦荻说："一部二十四史大半是假的，所谓实录之类也大半是假的。但是，如果因为大半是假的就不读了，那就是形而上学。不读，靠什么来了解历史呢？反过来，一切信以为真，书上的每句话，都被当做证实历史的信条，那就是历史唯心论了。正确的态度是用马克思主义的立场、观点和方法，分析它，批判它，把被颠倒的历史颠倒过来。"他还举例说："一部二十四史，写符瑞、迷信的文字，就占了不少，各朝各代的史书里都有。像《史记·高祖本纪》和《汉书·高帝纪》里，都写了刘邦斩白蛇的故事，又写了刘邦藏身的地方，上面常有云气，这一切都是骗人的鬼话。而每一部史书，都是由继建的新王朝的臣子奉命修撰的，凡关系到本朝统治者不光彩的地方，自然不能写，也不敢写。如宋太祖赵匡胤本是后周的臣子，奉命北征，走到陈桥驿，竟发动兵变，篡夺了周的政权。《旧五代史》(宋臣薛居正等撰)里却说，他黄袍加身，是受将士们'擐甲将刃'、'拥迫南行'的结果，并把这次政变解释成是'知其数而顺乎人'的正义行为。同时，封建社会有一条'为尊者讳'的伦理道德标准，凡皇帝或父亲的恶行，或是隐而不书，或是把责任推给臣下或他人。譬如，宋高宗和秦桧主和投降，实际上，主和的责任不全在秦桧，起决定作用的是幕后的高宗赵构，这在《宋史·奸臣传》的《秦桧传》里，是多少有所反映的。"②

多读"无字之书"

1938年3月15日，毛泽东在抗大第三期三大队毕业典礼上就

① 《毛泽东文集》第七卷，人民出版社1999年版，第432页。
② 芦荻：《毛泽东读二十四史》，《新华文摘》1994年第2期。

抗大同学毕业后的工作方法问题讲了三点意见：一要"尊重对象"；二要"了解对象"；三要"继续下去，不要畏难，不要被环境被工作征服和统制，要反过来征服和统制环境"。关于如何了解对象，他说："社会是学校，一切在工作中学习。学习的书有两种：有字的讲义是书，社会上的一切也是书——'无字天书'。"① 读"无字之书"，就要深入社会实际去做调查研究，以此来观察、了解和认识社会的本原，由感性认识上升到理性认识。毛泽东既主张勤读"有字之书"，也主张要多读"无字之书"。

读"无字之书"是毛泽东青年时代就已有的想法，1913 年他在长沙求学期间曾在笔记中写道："闭门求学，其学无用。欲从天下国家万事万物而学之，则汗漫九垓，遍游四宇尚已。"② 毛泽东不是光说不练，而是付诸实践。1917 年暑期，毛泽东邀同学萧子升进行了人生第一次外出"游学"。他们不带分文，历时一个多月，走了九百多里路，游历了长沙、宁乡、安化、益阳、沅江 5 个县的不少乡镇，广泛了解了农村农民的生活，写了许多笔记。回到一师，读过毛泽东游学笔记的同学都说他是"身无分文，心忧天下"。第二年春，毛泽东又同蔡和森徒步沿洞庭湖南岸和东岸，经湘阴、岳阳、平江、浏阳，游历了半个多月。通过"游学"，初步了解了农村的现实情况，学到许多书本上学不到的知识。后来毛泽东对斯诺说："我在这里——湖南省立第一师范度过的生活中发生了很多事情，我的政治思想是这个时期开始形成的。我也是在这里获得社会行动的初步经验。"③

1918 年 8 月 15 日，毛泽东离开湖南到了向往已久的北京，他

---

① 《毛泽东年谱（1893—1949）》中卷，中央文献出版社 2002 年版，第 55 页。

② 《毛泽东早期文稿》，湖南出版社 1990 年版，第 587 页。

③ ［美］埃德加·斯诺著，董乐山译：《西行漫记》，东方出版社 2010 年版，第 135 页。

此行的目的是组织湖南籍青年赴法勤工俭学。出人预料的是，作为湖南青年赴法运动的组织者，毛泽东本人却没有走出国门。至于不出国的原因，1920年3月14日，他在给同学周世钊的信中解释说："我觉得求学实在没有'必要在什么地方'的理，'出洋'两字，在好些人只是一种'谜'。""因此我想暂不出国去，暂时在国内研究各种学问的纲要。""吾人如果要在现今的世界稍为尽一点力，当然脱不开'中国'这个地盘。关于这个地盘内的情形，似不可不加以实地的调查及研究。这层功夫，如果留在出洋回来的时候做，因人事及生活的关系，恐怕有些困难，不如在现在做了。"[①] 这个决定对毛泽东的一生影响很大。

在井冈山时期，为了解决党内普遍存在的教条主义，毛泽东做了大量调查研究，仅1930年他就作了《寻乌调查》（5月）、《兴国调查》（10月）、《分田后的富农问题》（10月）、《东塘等处调查》（11月）、《赣西南土地分配情形》（11月）、《江西土地斗争中的错误》（11月）、《分青和土地出租问题》（11月）、《木口村调查》（11月）等一系列调查，其中最著名的是《寻乌调查》。为什么选择了寻乌呢？因为这个县介于闽粤赣三省交界，很有代表性，明白了这个县的情况，其他三省交界各县的情况，也就基本了解了。毛泽东曾经说过：调查就像"十月怀胎"，解决问题就像"一朝分娩"，调查就是解决问题。那么寻乌调查要解决什么问题？毛泽东说：搞寻乌调查是因为"关于中国的富农问题我还没有全般了解"，"对于商业状况是完全的门外汉"[②]。在寻乌县委书记古柏的大力协助下，毛泽东与当地的中下层干部、中小工商业者和其他阶层人士的代表一连开了十几天的座谈会，全面系统地了解并考察分析了当地的政治区划、

---

① 《毛泽东早期文稿》，湖南出版社1990年版，第474页。

② 《毛泽东文集》第一卷，人民出版社1993年版，第118页。

交通、商业、旧有土地关系、人口结构、土地斗争等状况。座谈会后，毛泽东又亲自主持和记录了五十多人参加的总结调查会，把自己没搞清楚的问题或是没有把握的问题一一提出来，从而对寻乌的城市商业状况有了全面的了解，为日后党在农村确立土地分配中限制富农的"抽肥补瘦"原则和在城市科学制定正确对待"商业资产阶级和争取城市贫民群众的策略"等，提供了客观的依据。

毛泽东在进行调查研究时，特别注重方法的运用。首要的是调查研究之前，调查者一定要端正自己的态度，如 1941 年 3 月 17 日毛泽东在《农村调查》的序言中写道："没有满腔的热忱，没有眼睛向下的决心，没有求知的渴望，没有放下臭架子、甘当小学生的精神，是一定不能做，也一定做不好的。"① 至于具体的调查研究方法，毛泽东在 1930 年 5 月写作的《反对本本主义》一文中作了详尽的分析。比如，毛泽东突出强调调查研究要坚持科学的阶级分析方法。他说："我们调查工作的主要方法是解剖各种社会阶级，我们的终极目的是要明了各种阶级的相互关系，得到正确的阶级估量，然后定出我们正确的斗争策略，确定哪些阶级是革命斗争的主力，哪些阶级是我们应当争取的同盟者，哪些阶级是要打倒的。"再比如，他还特别注重调查研究的"技术性"方法，提出了"七要"原则："要开调查会作讨论式的调查"；"调查会到些什么人"；"开调查会人多好还是人少好"；"要定调查纲目"；"要亲身出马"；"要深入"；"要自己做记录"。正是通过扎实的调查研究工作了解了中国的国情，毛泽东才能率先在党内吹响了"反对本本主义"的号角，提出了"没有调查，没有发言权"、"中国革命斗争的胜利要靠中国同志了解中国情况"等一系列著名论断。他坚信"共产党的正确而不动摇的斗争策略，决不是少数人坐在房子里能够产生的，它

---

① 《毛泽东选集》第三卷，人民出版社 1991 年版，第 790 页。

是要在群众的斗争过程中才能产生的，这就是说要在实际经验中才能产生"。因此共产党人"需要时时了解社会情况，时时进行实际调查。"①

毛泽东能够成为中国革命的领导者，很大程度上得益于他非常注重实践，读书不教条，善读"无字之书"，注重对中国社会状况和基本国情的调查研究。1961年3月23日，毛泽东在广州中央工作会议上讲道：我个人的经验是，"凡是忧愁没有办法的时候，就去调查研究，一经调查研究，办法就出来了，问题就解决了。"打仗的时候如此，现在搞建设也是这样。"民主革命阶段，要进行调查研究，社会主义革命和社会主义建设阶段，还是要进行调查研究，一万年还是要进行调查研究工作。"②

三、学习的目的全在于运用

毛泽东一生读书，但是他读书的目的，不是为了文凭，也不是为了显示自己的学识，更不是为了阅读而阅读，而是从书中学习方法，获取智慧。1936年12月，毛泽东在《中国革命战争的战略问题》中就精辟地指出："读书是学习，使用也是学习，而且是更重要的学习。"③纵观毛泽东的一生，他无疑是勤奋读书的楷模，但是他从不"死读书，读死书"，而是创造性地把书本知识运用到实践，实现了"知与行""学与用"的统一。

两荐《甲申三百年祭》

毛泽东是杰出的政治家，担负着中国共产党的主要领导职责。

① 《毛泽东选集》第一卷，人民出版社1991年版，第109—118页。
② 《毛泽东文集》第八卷，人民出版社1999年版，第261—262页。
③ 《毛泽东选集》第一卷，人民出版社1991年版，第181页。

毛泽东只争朝夕的读书人生

因此，把读书和使用结合起来，从书中汲取经验，教育全体党员，借以统一思想，提高认识，推动工作，是毛泽东实现其领导的一个重要方式和有效途径。号召全党学习郭沫若的名篇《甲申三百年祭》，就是毛泽东用读书方式解决现实问题的典范。

1944 年，郭沫若写了一篇史论性文章《甲申三百年祭》，该文客观分析了李自成率领农民起义军推翻明王朝，却又转瞬失败的过程和原因。文章提出"欲取天下以人心为本"是李自成能攻入北京的原因，而胜利后的骄傲腐化、丧失人心则是其失败的根本，从而阐述了一条极其重要的历史经验：一切以革命为宗旨的阶级或社会集团，在胜利的情况下都要防止骄傲。

1944 年，世界反法西斯战争形势已经发生根本性转折，抗日战争的全面胜利也已是指日可待，党的事业也进入了一个崭新的阶段。在这种形势下，如何能够克服骄傲情绪，保持清醒头脑和战略定力，争取中国革命取得更大的胜利，是毛泽东当时重点思考的问题。因此，郭沫若的《甲申三百年祭》一发表，就引起了毛泽东的高度重视，他以无产阶级战略家的敏锐眼光，看到了该文在历史转折关头具有的重大教育和警示意义。

《甲申三百年祭》发表后不到一个月，1944 年 4 月 12 日，毛泽东在延安高级干部会议上作了题为《学习和时局》的报告，在报告中他全面梳理了党在历史上因骄傲而遭受的挫折："我党历史上曾经有过几次表现了大的骄傲，都是吃了亏的。第一次是在一九二七年上半年。那时北伐军到了武汉，一些同志骄傲起来，自以为了不得，忘记了国民党将要袭击我们。结果犯了陈独秀路线的错误，使这次革命归于失败。第二次是在一九三〇年。红军利用蒋冯阎大战的条件，打了一些胜仗，又有一些同志骄傲起来，自以为了不得。结果犯了李立三路线的错误，也使革命力量遭到一些损失。第三次是在一九三一年。红军打破了第三次'围剿'，接着全国人民在日本进攻面前发动了轰轰烈烈的抗日运动，又有一些同志骄傲起来，自以为了不得。结果犯了更严重的路线错误，使辛苦地聚集起来的革命力量损失了百分之九十左右。第四次是在一九三八年。抗战起来了，统一战线建立了，又有一些同志骄傲起来，自以为了不得，结果犯了和陈独秀路线有某些相似的错误。这一次，又使得受这些同志的错误思想影响最大的那些地方的革命工作，遭到了很大的损失。"他要求"全党同志对于这几次骄傲，几次错误，都要引为鉴戒。"他提出郭沫若的《甲申三百年祭》要作为全党的学习材料，学习该文章的目的是，"叫同志们引为鉴戒"，"不要重犯胜利时骄傲的错误。"①

　　根据毛泽东的指示，延安的《解放日报》于 4 月 18 日和 19 日全文转载了《甲申三百年祭》。5 月，延安和各解放区的新华书店陆续出版了《甲申三百年祭》单行本。6 月 7 日，中共中央宣传部和中央军委总政治部联合发出通知，号召全党全军学习《甲申三百年祭》，通知指出："全党首先是高级领导同志，无论遇到何种有利形势与实际胜利，无论自己如何功在党国，德高望重，必须永远保持清醒与学习的态度，万万不可冲昏头脑，忘其所以"，重蹈李自成的覆辙。②11 月 21 日，毛泽东致信郭沫若："你的《甲申三百年祭》，我们把它当作整风文件看待。小胜即骄傲，大胜更骄傲，一次又一次吃亏，如何避免此种毛病，实在值得注意。""你的史论、史剧有大益于中国人民，只嫌其少，不嫌其多，精神决不会白费的，希望继续努力。"③党中央、毛泽东把《甲申三百年祭》列为整风文件，供全党干部和广大群众阅读，促进了全党思想统一和提高，为争取抗日战争的最后胜利，做好同国民党的斗争，奠定了重

---

① 《毛泽东选集》第三卷，人民出版社 1991 年版，第 947—948 页。

② 《中共党史参考资料》（五），人民出版社 1979 年版，第 84 页。

③ 《毛泽东文集》第三卷，人民出版社 1996 年版，第 227 页。

要的思想基础和政治基础。

1949年3月5日，在中国革命即将取得全国胜利前夕，在共产党即将由农村进驻城市执掌全国政权的前夜，中共七届二中全会在河北平山县西柏坡召开。毛泽东再次提出阅读《甲申三百年祭》，引李自成为戒，他告诫全党："因为胜利，党内的骄傲情绪，以功臣自居的情绪，停顿起来不求进步的情绪，贪图享乐不愿再过艰苦生活的情绪，可能生长。""夺取全国胜利，这只是万里长征走完了第一步。如果这一步也值得骄傲，那是比较渺小的，更值得骄傲的还在后头。""中国的革命是伟大的，但革命以后的路程更长，工作更伟大，更艰苦。这一点现在就必须向党内讲明白，务必使同志们继续地保持谦虚、谨慎、不骄、不躁的作风，务必使同志们继续地保持艰苦奋斗的作风。"为了有效防止党内的骄傲情绪，毛泽东明确要求："禁止给党的领导者祝寿，禁止用党的领导者的名字作地名、街名和企业的名字，保持艰苦奋斗作风，制止歌功颂德现象。"① 毛泽东这一系列高瞻远瞩的举措，使得中国共产党经受住了历史的考验和人民的检验。

在抗日战争胜利前夕和新中国成立前夜，这两个重要的历史转折关头，毛泽东通过推动学习《甲申三百年祭》教育和警戒了全党，在政治思想领域发挥了不可替代的历史作用。

编纂"党书"《六大以来》

作为革命领袖，毛泽东深信，历史的经验有益于指导实践斗争，通过回顾过去，可以敏锐地发现缺点和错误，寻找问题是从哪里出现的，所以对党的历史和文献，毛泽东格外重视。比如，1942年3月30日，毛泽东在中央学习组所讲：研究党的历史是必须的，

---

① 《毛泽东选集》第四卷，人民出版社1991年版，第1438—1439、1443页。

"如果不把党的历史搞清楚，不把党在历史上所走的路搞清楚，便不能把事情办得更好"，搞清楚"不是说要把历史上每一件事统统搞清楚"，而是"要把党的路线政策的历史发展搞清楚"，这对于推进各方面的工作都是十分必要的。[①]

1938年，在扩大的中共六届六中全会上，毛泽东提出了"马克思主义在中国具体化"的重要命题，目的是推动全党把"马克思列宁主义的理论和中国革命的实践相结合"，克服长期以来党内把苏联经验神圣化和把马列主义教条化的错误倾向。但是，这一主张当时并没有达到预期的效果。1940年3月，王明在延安翻印集中反映他的"左"倾错误思想的《为中共更加布尔什维克化而斗争》一书，他在再版序言中写道："本书所记载着的事实是中国共产党发展史中的一个相当重要的阶段，因此，许多人要求了解这些历史事实，尤其是延安各学校学习党的建设和中共历史时，尤其需要这种材料的帮助。"他还说："不能把昨日之是，一概看作今日之非；或把今日之非，一概断定不能作为昨日之是。"[②]此外，王明还利用各种场合宣扬自己的各种论调。

在1940年12月召开的中共中央政治局会议上，毛泽东第一次比较集中地谈了党在历史上的"左"倾和右倾错误，特别是十年内战后期打倒一切的"左"倾错误及其给中国革命造成的严重损失，他说："总结过去的经验教训，大体上要分大革命、苏维埃与抗战三个时期。""在大革命末期，陈独秀主张联合一切，下令制止工农运动。到苏维埃时期，在初期暴动时实行打倒一切，到六大时纠正了。但到苏维埃末期又是打倒一切，估计当时是苏维埃与殖民地两条道路的决战。实行消灭富农及小地主的政策，造成赤白对立。这

① 《毛泽东文集》第二卷，人民出版社1993年版，第399页。

② 郭德宏编：《王明年谱》，社会科学文献出版社2014年版，第459页。

种'左'的政策使军队损失十分之九，苏区损失不止十分之九，所剩的只有陕北苏区，实际上比立三路线时的损失还大。遵义会议决议只说是军事上的错误，没有说是路线上的错误，实际上是路线上的错误。"关于抗战以来的错误倾向，毛泽东认为在统一战线初期是"左"倾；国共合作建立后有一个时期是右倾，反摩擦后又是"左"倾。他分析指出：造成这些错误的原因，总的来说是"不了解中国革命的长期性、不平衡性"，"是由于马列主义没有与实际联系起来"，当时主持工作的人认为自己执行的是马列主义，实际上"的确不是马列主义"，"都是绝对主义"。① 毛泽东强调："了解过去的错误"，目的是"使今后不犯重复的错误"，但与会的一些人仍不同意他的看法。

1941 年 5 月 19 日，毛泽东在延安干部会议上作了《改造我们的学习》的重要报告，他指出理论研究有两种相互对立的态度：一种是主观主义的态度，持此种态度者"抽象地无目的地去研究马克思列宁主义的理论"，他们"不是为了要解决中国革命的理论问题、策略问题而到马克思、恩格斯、列宁、斯大林那里找立场，找观点，找方法，而是为了单纯地学理论而去学理论"，这种方法"是共产党的大敌，是工人阶级的大敌，是人民的大敌，是民族的大敌，是党性不纯的一种表现"。另一种态度是马克思列宁主义的态度，在这种态度下，"就是应用马克思列宁主义的理论和方法，对周围环境作系统的周密的调查和研究"；"就是不要割断历史"；"就是要有目的地去研究马克思列宁主义的理论"，并使之与"中国革命的实际运动结合起来"；就是有的放矢的态度；就是实事求是的态度。② 然而，这篇论述精辟、立场鲜明的重要讲话，在党的高级

_____

① 《毛泽东年谱（1893—1949）》中卷，中央文献出版社 2002 年版，第 235—236 页。

② 《毛泽东选集》第三卷，人民出版社 1991 年版，第 799—801 页。

干部中并没有引起多大反响，宣传部门也没有跟进报道，好像什么事情都没有发生一样。

种种迹象表明，教条主义错误在党内还有很深的影响。如何认识党在历史上所犯的错误，如何看待党的历史上的路线是非问题，更加迫切地摆在党中央和毛泽东面前。为了搞清这个问题，使各级领导干部了解党的过去，弄清党的历史，统一全党的认识。从1940年下半年开始，毛泽东亲自主持收集、编辑和研究党的六大以来的主要历史文献。1941年12月，经党中央批准，《六大以来》正式汇编成册。全书汇集了从1928年6月党的第六次全国代表大会到1941年11月期间党的重要文献519篇，涉及政治问题、组织问题、军事问题、锄奸问题、职工问题、青年问题、妇女问题、宣教问题8个方面，从不同视角全面地反映了党在这一时期的工作。通过阅读这些文献，可以清楚地看到两条完全不同的路线发展和斗争的历史，以及两条路线的本质区别，使全党对过去的历史可以有更加清醒的认识。1941年11月4日，毛泽东要求中央学习组及各地高级研究组要学习研究"六大以来的政治实践"，要通读"六大以来的八十三个文件。"①

《六大以来》编印后，在党内引起了极大的反响，对全党同志认识六大以来的历史产生了重大的启发作用。在大量史料面前，个别原先不承认犯了路线错误的同志放弃了自己的观点，承认了错误。亲身参与这段历史的胡乔木回忆说："当时没有人提出过四中全会后中央存在着一条'左'倾路线。现在把这些文件编出来，说那时中央一些领导人存在主观主义、教条主义就有了可靠的根据。有的人就哑口无言了。毛主席怎么同'左'倾路线斗争，两种领导前后一对比，就清楚看到毛主席确实代表了正确路线，从而更

毛泽东只争朝夕的读书人生

---

① 《毛泽东年谱（1893—1949）》中卷，中央文献出版社2002年版，第337页。

加确定了他在党内的领导地位。"①1943年9月7日至10月6日期间，毛泽东在主持中央政治局会议的一次会议上讲道："一九四一年五月，我作《改造我们的学习》的报告，毫无影响。六月后编了党书（即《六大以来》），党书一出许多同志解除武装，才可能召开一九四一年九月会议，大家才承认十年内战后期中央领导的错误是路线错误。"②如果说1941年九月会议是整风运动的一个关键，那么组织学习《六大以来》则是这个关键的关键。毛泽东组织编印《六大以来》，开了编纂党的历史文献、总结党的历史经验教训的先河，是把历史研究与为革命现实服务相结合的光辉典范。同时，也为延安整风顺利进行、党的七大成功召开和抗日战争取得最终胜利，奠定了坚实的思想基础。

治天下者以史为鉴

毛泽东一生喜读史书，四千多万字的《二十四史》，他从头读到尾，很多部分还是反复阅读。毛泽东读史的一个显著特点是问题取向，正如1956年8月24日他在同音乐工作者谈话时所说："向古人学习是为了现在的活人，向外国人学习是为了今天的中国人。"③毛泽东通过批判继承，从浩瀚的史籍中，去芜存菁，汲取治党治国治军的良策，正所谓"治天下者以史为鉴"。

毛泽东重视农民，了解农民的力量，很大程度上是他通过读史总结出来的。毛泽东在《中国革命和中国共产党》一文中指出："中国历史上的农民起义和农民战争的规模之大，是世界历史上所仅见的。在中国封建社会里，只有这种农民的阶级斗争、农民的起义和

---

① 《胡乔木回忆毛泽东（增订本）》，人民出版社2003年版，第48页。

② 《毛泽东年谱（1893—1949）》中卷，人民出版社2002年版，第469页。

③ 《毛泽东文集》第七卷，人民出版社1999年版，第82页。

农民的战争，才是历史发展的真正动力。"① 于是，在1927年秋收起义后，毛泽东才能果断摒弃了共产国际和中共中央当时所坚持的"城市中心论"，率领部队挺进湘赣边界的罗霄山脉，建立了井冈山革命根据地。在那里，他充分发动群众，建立农会，扩充和发展人民武装力量，建立民主政权，从而走出了马列主义经典著作中所没有论述过的、国际共产主义运动史上没有先例的"农村包围城市，武装夺取政权"的中国特色革命道路。毛泽东之所以能成功开辟革命新道路不是偶然的，是与他对我国历史上农民革命的经验教训有深刻的理解分不开的。

新中国成立后，毛泽东也特别注重从史籍中汲取精华。1954年冬，他在与吴晗的一次谈话时说："《资治通鉴》这部书写得好，尽管立场观点是封建统治阶级，但叙事有法，历代兴衰治乱本末毕具，我们可以批判地读这部书，藉以熟悉历史事件。"他从读者的角度提出：《资治通鉴》的"旧本没有标点，不分段落，今人读起来不方便，市上流传亦已不多，应该找些人把它整理出一个用标点分段落的新本子来，付诸排印，以广流传。"吴晗接受了这个任务，组织专家"标点"《资治通鉴》，为了配合读史的需要，吴晗还请老朋友谭其骧绘制历史地图。② 1960年12月24日，毛泽东在同古巴妇女代表团和厄瓜多尔文化代表团谈话时又进一步指出："中国几千年的文化，主要是封建时代的文化，但并不全是封建主义的东西，有人民的东西，有反封建的东西，要把封建的东西和非封建的东西区别开来。"应当充分地利用中国的文化遗产，但是要善于具体分析，要批判地利用。③

1958年"大跃进"的错误发动，使国民经济陷入了严重困境。

---

① 《毛泽东选集》第二卷，人民出版社1991年版，第625页。
② 谭其骧：《长水集续编》，人民出版社1994年版，第480—481页。
③ 《毛泽东文集》第八卷，人民出版社1999年版，第225页。

毛泽东是"大跃进"运动的倡导者和推动者，也是较早通过初步调查研究觉察到运动中出现问题并努力加以纠正的领导人。"大跃进"的错误，主要在于以群众运动的方式搞建设，违背客观经济规律办事，而其中盛行的共产风、浮夸风、瞎指挥风，反映了党内的不良风气。毛泽东在纠"左"过程中发现了这个问题，多次倡导全党要借鉴历史纠正党的领导和工作方法。

1959 年 3 月 2 日，毛泽东在第二次郑州会议上讲："三国时期曹操的一个有名的谋士郭嘉，他说袁绍这个人多端寡要，多谋寡断，见事迟，得计迟。所谓的见事迟，得计迟，就是形势已经出来了，还不能作出判断，得出一个方针来，就处于被动。郭嘉这个人很有名，《郭嘉传》可以看。我借这个故事来讲人民公社党委书记以及县委书记、地委书记，要告诉他们，不要多端寡要，多谋寡断。谋是要多，但是不要寡断，要能够当机立断；端可以多，但是要抓住要点，一个时候有一个时候的要点。这是个方法问题。"[①] 在这里，毛泽东推荐各级干部阅读《三国志·魏书·郭嘉传》，目的是希望各级干部能像郭嘉那样"多谋善断"，善于听不同意见，又善于集中各方意见，从而作出正确决策。

1959 年 4 月 5 日，八届七中全会的最后一天，毛泽东以"工作方法"为题发表讲话。一共谈了十几个问题，包括：多谋善断；留有余地；波浪式地前进；依照形势改变计划；善于观察形势；当机立断；与人通气；解除封锁；一个人有时胜过多数人，因为真理在他手里，不在多数人手里；凡是看不懂的文件不要拿出来；权力集中在政治局常委和书记处，我为正帅，邓小平为副帅；找几位通讯员，等等。这些都是有针对性的，从不同侧面，初步总结了"大跃进"以来的一些教训。在讲话中，毛泽东还讲了海瑞批评嘉庆皇

---

① 《毛泽东年谱 (1949—1976)》第三卷，中央文献出版社 2013 年版，第 617 页。

帝的故事。他说：我送了《明史·海瑞传》给彭德怀等同志看了，"你们看海瑞那么尖锐，他写给皇帝的那封信，就是很不客气"，我们的同志哪有海瑞那样勇敢。① 毛泽东推荐阅读《明史·海瑞传》，实际是提倡"海瑞精神"，是借此对党内的不正之风进行批评，也是对很少听到真话进行的反思。

1962 年 1 月 30 日，在扩大的中央工作会议上，毛泽东在谈贯彻民主集中制时又声情并茂地讲了一段历史，他说："从前有个项羽，叫做西楚霸王，他就不爱听别人的不同意见。他那里有个范曾，给他出过些主意，可是项羽不听范曾的话。另外一个人叫刘邦，就是汉高祖，他比较能采纳各种不同的意见。有个知识分子名叫郦食其，去见刘邦。初一报，说是读书人，孔夫子这一派的。回答说，现在军事时期，不见儒生。这个郦食其就发了火，他向管门房的人说，你给我滚进去报告，老子是高阳酒徒，不是儒生。管门房的人进去照样报告了一遍。好，请。请了进去，刘邦正在洗脚，连忙起来欢迎。郦食其因为刘邦不见儒生的事，心中还有火，批评了刘邦一顿。他说，你究竟要不要取天下，你为什么轻视长者！这时候，郦食其已经六十多岁了，刘邦比他年轻，所以他自称长者。刘邦一听，向他道歉，立即采纳了郦食其夺取陈留县的意见。此事见《史记》郦生陆贾列传。"讲完了这个典故后，毛泽东话锋一转，直击现实问题，他批评说："我们现在有些第一书记，连封建时代的刘邦都不如，倒有点像项羽。这些同志如果不改，最后要垮台的。"第一书记不应该搞一言堂做"霸王"，而是要纳谏如流做民主集中制的"班长"。②

毛泽东无论是提倡学习郭嘉的多谋、海瑞的直言，或是刘邦的

① 《毛泽东年谱（1949—1976）》第四卷，中央文献出版社 2013 年版，第 8—12 页。

② 《毛泽东文集》第八卷，人民出版社 1999 年版，第 295 页。

纳谏，都是针对当时干部队伍中存在的突出问题提出来的，是他借用历史纠正当时不良的领导作风的典范之举。

四、来一个全党的学习竞赛

毛泽东不仅自己爱读书，而且乐于劝别人学习，特别是作为党和国家领导人，他大力倡导和推动全党全军的学习。1938 年，毛泽东在扩大的中共六届六中全会上，向全党发出了加强学习的号召，他说："我希望从我们这次中央全会之后，来一个全党的学习竞赛，看谁真正地学到了一点东西，看谁学的更多一点，更好一点。"①1939 年 5 月 20 日，他在延安在职干部教育动员大会上还形象地说：学习是个"无期大学"，希望"全党的同志，研究学问，大家都要学到底，都要进这个无期大学。"②

没有理论武器不行

党的理论不足，尤其是对马列理论学习得不够，是掣肘中国革命和建设事业的主要障碍，是党领导的伟大事业出现曲折反复，乃至几度濒临绝境的主要原因。毛泽东认为理论落后是党的重大缺憾，是需长期关注和解决的历史任务，正如他在 1938 年指出："指导一个伟大的革命运动的政党，如果没有革命理论，没有历史知识，没有对于实际运动的深刻的了解，要取得胜利是不可能的"，"普遍地深入地研究马克思列宁主义的理论的任务"，"是一个亟待解决并须着重地致力才能解决的大问题"。③

1945 年 4 月 24 日，毛泽东在党的七大上做口头政治报告时指

---

① 《毛泽东选集》第二卷，人民出版社 1991 年版，第 533 页。
② 《毛泽东文集》第二卷，人民出版社 1993 年版，第 185 页。
③ 《毛泽东选集》第二卷，人民出版社 1991 年版，第 533 页。

出：我们党的理论水平，"现在比较过去是高了一些，但是还不够"。关于"什么是理论"，他说"就是有系统的知识"，马克思主义理论"就是以马克思主义为基础的有系统的知识"。① 要弥补马克思主义理论不足的缺憾，惟有克服自满，坚持学习。1942 年 5 月 2 日，延安文艺座谈会召开，毛泽东在讲话中开宗明义地指出："今天邀集大家来开座谈会，目的是要和大家交换意见，研究文艺工作和一般革命工作的关系，求得革命文艺的正确发展，求得革命文艺对其他革命工作的更好的协助，借以打倒我们民族的敌人，完成民族解放的任务。"接着，他就文艺工作者的立场问题、态度问题、工作对象问题等发表了意见。最后，他又强调了学习问题，他说："马克思列宁主义是一切革命者都应该学习的科学，"文艺工作者也不能例外。② 毛泽东是精通马克思主义的理论大家，毕生坚持学习马克思主义，同时他号召一切有相当研究能力的共产党员，都要研究马克思、恩格斯、列宁、斯大林的理论，为此他亲自制定学习计划、指定学习书目。

马克思主义是科学，不认真学习掌握不了。但是，马克思、列宁的著作卷帙浩繁，内容博大精深，要求人们通通阅读并全部掌握，是难以做到的。毛泽东认为学马列关键是要读一些基本的篇目，延安整风期间他指出："我们党内要有相当多的干部，每人读一二十本、三四十本马恩列斯的书，我们有这样丰富的经验，有这样长的斗争历史，如果读通了这些马恩列斯的著作，我们党就武装起来了，我们党的水平就大大提高了。"③ 同时，毛泽东还提出要"以研究思想方法论"为主，并把列宁的《"左"派幼稚病》、李达等译的《辩证唯物论教程》、艾思奇等译的《新哲学大纲》等作为

① 《毛泽东文集》第三卷，人民出版社 1996 年版，第 341—342 页。
② 《毛泽东选集》第三卷，人民出版社 1991 年版，第 847—852 页。
③ 龚育之等：《毛泽东的读书生活》，三联书店 2009 年版，第 29—30 页。

必读教材，他还要求高级干部和中直机关干部进行马列主义教育，读"马、恩、列、斯的四十本书。"①

1945 年 5 月 31 日，毛泽东在党的七大总结讲话中，向全党同志推荐学习《共产党宣言》《社会主义从空想到科学的发展》《在民主革命中社会民主党的两个策略》《共产主义运动中的"左派"幼稚病》《联共（布）党史简明教程》5 本书，他说：这 5 本书里"马、恩、列、斯的都有了"，"如果有五千人到一万人读过了，并且有大体的了解，那就很好，很有益处"。至于如何读，毛泽东结合自己的学习心得提出：同志们"可以把这五本书装在干粮袋里，打完仗后，就读他一遍或者看他一两句，没有味道就放起来，有味道就多看几句，七看八看就看出味道来了。一年看不通看两年，如果两年看一遍，十年就可以看五遍，每看一遍在后面记上日子，某年某月某日看的。这个方法可以在各个地方介绍一下，我们不搞多了，只搞五本试试。"②

为了提高全党的马克思主义理论水平，在革命即将取得全国性胜利前夜召开的中共七届二中全会上，毛泽东要求全党干部必读 12 本马列主义著作，即：《社会发展史》《政治经济学》《共产党宣言》《社会主义从空想到科学的发展》《帝国主义是资本主义的最高阶段》《国家与革命》《共产主义运动中的"左"派幼稚病》《论列宁主义基础》《联共（布）党史简明教程》《列宁斯大林论社会主义建设》《列宁斯大林论中国》《马恩列斯思想方法论》。他指出："过去我们读书没有一定的范围"，"现在积二十多年之经验，深知要读这十二本书"，各级干部必须读，要"在三年之内看一遍到两遍。"③在很长一段时间里，这十二本书是干部学习马列主义的

---

① 《毛泽东书信选集》，中央文献出版社 2003 年版，第 171 页。

② 《毛泽东文集》第三卷，人民出版社 1996 年版，第 417—418 页。

③ 《毛泽东文集》第五卷，人民出版社 1996 年版，第 261 页。

基本教材。

在“大跃进”运动出现严重失误的时候，1958 年 11 月 9 日，毛泽东亲自写信给中央、省市自治区、地、县四级党委委员，建议读两本书：斯大林的《苏联社会主义经济问题》和《马恩列斯论共产主义》，并要求“每人每本用心读三遍，随读随想，加以分析”[①]。1963 年，毛泽东再次向全党提出学习 30 本马列著作的意见，为了便于阅读，8 月 14 日，他还在中宣部副部长周扬的请示上批示：“同意用照相放大胶印的办法。但请注意封面不用硬纸；大书（例如《唯物主义与经验批判主义》《反杜林论》）过去例作一卷或两卷，现应分装四卷或八卷，使每卷重量减轻。”[②] 这种便利阅读的建议，只有爱读书的人才能考虑到，而这出于日理万机的党和国家领袖毛泽东，实在是令人感动。

毛泽东强调学习马克思主义，不是叫大家去学习它的个别词句，而是学习它分析问题、解决问题的立场、观点和方法。1938年 10 月 14 日，他在扩大的中共六届六中全会上讲：我们“不但应当了解马克思、恩格斯、列宁、斯大林他们研究广泛的真实生活和革命经验所得出的关于一般规律的结论，而且应当学习他们观察问题和解决问题的立场和方法。”[③]1941 年 5 月 19 日，他在延安干部会议上强调指出：“只会片面地引用马克思、恩格斯、列宁、斯大林的个别词句，而不会运用他们的立场、观点和方法，来具体地研究中国的现状和中国的历史，具体地分析中国革命问题和解决中国革命问题。这种对待马克思列宁主义的态度是非常有害的，特别是对于中级以上的干部，害处更大。”他进而提出：我们“应确立以研究中国革命实际问题为中心，以马克思列宁主义基本原则为指导

① 《毛泽东文集》第七卷，人民出版社 1999 年版，第 432 页。

② 《建国以来毛泽东文稿》第 10 册，中央文献出版社 1996 年版，第 342 页。

③ 《毛泽东选集》第二卷，人民出版社 1991 年版，第 533 页。

的方针，废除静止地孤立地研究马克思列宁主义的方法。"① 正是在毛泽东的大力倡导和积极推动下，全党形成了实事求是研究马克思主义的优良学风，从而极大地提高了党的理论水平，从思想上武装了一代又一代中国共产党人。

干部非学习不可

1938 年 10 月 14 日，毛泽东在《中国共产党在民族战争中的地位》一文中振聋发聩地提出："政治路线确定之后，干部就是决定的因素。"② 这一论断从坚持和加强党的全面领导出发，把培养干部问题提到了战略高度。"没有革命的理论，就没有革命的运动"，特别是对亲身经历了遵义会议前 14 年两次胜利和两次失败的毛泽东而言，有着更加深刻的理解和感悟。

毛泽东深知"领导一个几万万人口的大民族，进行空前的伟大的斗争"，关键是要依靠党的坚强领导，而各级干部则是实现党的领导的关键少数，因此毛泽东特别注重干部的读书学习。1939 年 5 月 20 日，毛泽东在延安在职干部教育动员大会上详细阐述了干部为什么要学习。首先，是党领导革命的需要。随着党的队伍的壮大，"假使没有学问"，就领导不好。其次，是克服工作中的缺陷的需要。他说："我们队伍里边有一种恐慌，不是经济恐慌，也不是政治恐慌，而是本领恐慌。过去学的本领只有一点点，今天用一些，明天用一些，渐渐告罄了。好像一个铺子，本来东西不多，一卖就完，空空如也，再开下去就不成了，再开就一定要进货。我们干部的'进货'，就是学习本领，这是我们许多干部所迫切需要的。"使学习成为迫切需要的第三点，是我们党的特点。他指出：我们要

---

① 《毛泽东选集》第三卷，人民出版社 1991 年版，第 797、802 页。

② 《毛泽东选集》第二卷，人民出版社 1991 年版，第 526 页。

建设一个独立的、有战斗力的大党，就迫切需要"大批的有学问的干部做骨干"，各级"干部非学习不可"，因为不学习就"不能改善工作与建设大党"。①

影响在职干部学习效果的因素很多，主要有三只"拦路虎"：一是骄傲自满。对于一些党员干部中的自满情绪，毛泽东在《实践论》中深刻指出："知识的问题是一个科学问题，来不得半点的虚伪和骄傲，决定地需要的倒是其反面——诚实和谦逊的态度。"②1939年5月20日，毛泽东在延安在职干部教育动员大会上又突出强调："学习一定要学到底，学习的最大敌人是不到'底'。自己懂了一点，就以为满足了，不要再学习了，这满足就是我们学习运动的最大顽敌，今天开会后要把他克服下去。"③二是工学矛盾。针对部分党员干部以工作忙为由放松学习的现象，毛泽东批评说："没有功夫"不是偷闲躲懒的根据，工学矛盾是客观存在的，"有问题就要想法子解决"，办法就叫做"挤"，在每天工作、吃饭、休息中间，是能够挤出时间学习的。④1947年中央召开"十二月会议"期间，毛泽东对习仲勋说："你们长期做实际工作，没时间学习，这不要紧，没时间可以挤。我们现在钻山沟，将来要管城市。你一年读这么薄薄的一本，两年不就两本了嘛！三年不就三本了嘛！这样，十几年就可以读十几本，不就可以逐步精通马列主义了吗?！"⑤三是遇难而退。很多干部在学习中提出"看不懂"，毛泽东说这很正常，没关系，解决的办法叫做"钻"，要像木匠钻木头一样"钻"进书本，"在中国，本来读书就叫攻书，读马克思主义

① 《毛泽东文集》第二卷，中央文献出版社1993年版，第177—179页。

② 《毛泽东选集》第一卷，人民出版社1991年版，第287页。

③ 《毛泽东文集》第二卷，中央文献出版社1993年版，第184页。

④ 《毛泽东文集》第二卷，中央文献出版社1993年版，第180页。

⑤ 《习仲勋文集》上卷，中共党史出版社2013年版，第434页。

就是攻马克思的道理，你要读通马克思的道理，就非攻不可，读不懂的东西要当仇人一样地攻它。"①

对督促党员干部读书学习，毛泽东不仅停留在口头劝说，还上升到党的制度层面。1940 年 1 月 3 日，中央书记处发出了《关于干部学习的指示》，要求"全党干部都应当学习和研究马列主义的理论及其在中国的具体运用"，具体课程要"依据由浅入深、由中国到外国的原则"而设置，同时提出"各级党的组织必须把干部教育放在党的重要工作的地位上来，经常给以检查，指导和帮助。"②3 月 20 日，中央书记处又发出了《关于在职干部教育的指示》，指示将在职干部分成"有相当文化理论水准的老干部"、"文化理论水准都较低的老干部"、"有相当文化水准的新干部"、"工农出身的新干部"4 类，并对上述各类干部的课程也作了相应具体规定。指示还要求："全党在职干部必须保证平均每日有两小时的学习时间，非因作战或其他紧急事故不可耽误"，"负责干部必须以身作则"；"凡是环境许可的地方，可依类编成学习小组，每月开讨论会一次"；"党的领导机关可指定各科学习顾问（一人或一人以上）以便指导和帮助学习。"③ 在毛泽东的大力推动下，从延安时期起全党的干部学习制度基本建立起来，这对于提高全党干部的理论文化水平有重要的意义。

新中国成立后，部分干部在新形势下对学习表现出了畏难情绪，毛泽东对此十分关注。1957 年 10 月 9 日，他在八届中央扩大的第三次全体会议上开篇就讲："这次会议开得很好"，因为这次扩

---

① 《毛泽东文集》第二卷，中央文献出版社 1993 年版，第 181 页。

② 《中共中央文件选集》第 12 册，中共中央党校出版社 1991 年版，第 227—228 页。

③ 《中共中央文件选集》第 12 册，中共中央党校出版社 1991 年版，第 333—335 页。

大的中央全会"有省委和地委的同志参加，实际是三级干部会"，开这个会"对于明确方针，交流经验，统一意志，有好处"。他在讲话的最后谈了干部的学习问题，他说："最后一点，我们要振作精神，下苦功学习。""我们现在许多同志不下苦功，有些同志把工作以外的剩余精力主要放在打纸牌、打麻将、跳舞这些方面，我看不好。"他劝诫说：我们"应当把工作外的剩余精力主要放在学习上，养成学习的习惯。"要学习马克思列宁主义、技术科学、自然科学、文艺理论，等等。"学问很多，大体要稍微摸一下。因为我们要领导这些事情嘛！我们这些人叫什么家呀？叫政治家。不懂这些东西，不去领导，怎么行呢？"①

读书会要组织起来

"独学而无友，则孤陋而寡闻。"阅读是一件个人化的事情，同时也是一项社会化的行为。我国一直有以文会友的传统，文人团体，如竹林七贤、建安七子、竟陵八友是我国古代早期读书会的典型代表。近代以来，读书会作为一种非常接地气和有效的阅读活动形式，以其组织便捷、形式灵活、交流深入等特点，成为传播进步思想的一个重要方式，特别是在马克思主义的早期传播中发挥了重要作用。毛泽东非常认同读书会这种学习方式，正如他所说："中国人的'关门研究法'，各人关上各人的大门躲着研究，绝不交换，绝不批评，绝不纠正，实在不好"，而"组织一个小小读书会，做共同的研究"，既可以促进思想交流，也可起到彼此督促的作用。②毛泽东不仅将读书会视为一种好的学习方式加以倡导，他还将之作为一种工作方法推动全党学习。

① 《建国以来重要文献选编》第 10 册，中央文献出版社 1994 年版，第 597、610—611 页。

② 《毛泽东早期文稿》，湖南人民出版社 1990 年版，第 545 页。

　　毛泽东第一次举办读书会，是在湖南一师读书的时候。那时在师范院校读书的学生多是穷人子弟，没钱购买书籍，几个人便凑在一起，各买一部书，互相交换阅读。每逢寒暑假，毛泽东还主动邀几位志同道合的好友，共同读书，集中讨论。1920 年，毛泽东、彭璜、易礼容等人在长沙创办了一个文化书社，主要销售《达尔文物种起源》《新青年》等各种反映中外思想变革的进步图书报刊，以传播新思想和新文化。为了扩大书社的影响，毛泽东起草了多份今日可称为文化广告的宣传材料，其中一份的名称叫《读书会的商榷》。他在传单中写道：“近来有许多人提倡‘读书会’。我们觉得这个办法实在很好。”其好处有三：（一）“经济上的支出很少，学问上的收入很多”。（二）读了书之后，“一定有好多的心得，或好多的疑问，或好多的新发明，兀自想要发表出来，或辨明起来，有了一个小小的读书会，就有了发表或辨明的机关了”。（三）“报是人人要看的东西，是‘秀才不出门，全知天下事’的好方法。现在学校里的学生诸君，也有好多不看报的，是因为学校不能买许多报，报的份数太少的缘故。最好是‘每班’组织一个读书会，每月各人随便出几角钱，合拢起来钱就不少。除开买书之外便可多定几份报。”① 由此可见，青年毛泽东很推崇通过读书会的形式，推动学习经验的交流和思想的碰撞。

　　延安时期，毛泽东获得了相对稳定的读书环境，于是他组织了一些高级干部和理论工作者举办读书会，进行高层次的理论研讨。1937 年年底，为了学习研究哲学问题，毛泽东在他的驻地举办了“哲学读书会”，开始参加座谈会的主要有许光达、陈伯钧、莫文骅、郭化若等人，后来肖劲光、萧克等许多高级干部也参加了进来。读书会，先由一个中心发言人写好提纲，首先发言，然后大家

---

① 《毛泽东早期文稿》，湖南人民出版社 1990 年版，第 545 页。

发表意见，读书会一般都由毛泽东亲自主持。

1938 年年初，为了克服抗战初期不少人在军事战略上轻视游击战争的倾向，毛泽东召集罗瑞卿等人一起读德国军事理论家和军事历史学家克劳塞维茨的《战争论》，专门研究抗日游击战争的战略问题，决心"务必把军事理论问题理出个头绪"。莫文骅后来回忆说：在延安学习运动中，毛主席既是倡导者，又是学习和实践的典范。1938 年 2 月，毛主席组织了"克劳塞维茨《战争论》研究会"，参加的人有滕代远、罗瑞卿、叶子龙、肖劲光和我等人，学习地点就在毛主席的住处，每周学习讨论一次，晚上七八点开始至深夜 11 点钟。当时，大家边读边议，讨论一番后，由毛主席作小结发言。记得当时讨论最多、最热烈的是关于集中兵力问题。毛主席在学习讨论这一问题时说："克劳塞维茨的作战指挥实践不多，但集中兵力问题讲得好，拿破仑用兵重要的一条也是集中兵力。我们讲以多胜少，也是在战术上集中比敌人多 5 倍到 10 倍的兵力。当然，这里也有个政治问题。我们是正义战争，得到人民群众的拥护和支援。凡是非正义的战争就不得不分兵把口。"记得"以后毛主席还曾联系中国革命 10 年内战实际，对军事辩证法问题作过一个报告，可惜没有印发讲稿，我设法向别人要了一份很不完整的记录稿。其报告中很多内容，毛主席已写进 1938 年发表的《论持久战》和《抗日游击战争的战略问题》两篇军事著作里。"[1] 毛泽东通过组织《战争论》读书会，紧扣中国实际研究战争理论，同时也带动了一批将领学习这本书，从而使得指战员的军事理论水平得到了很大的提高。

在毛泽东的提倡和推动下，在延安兴起了举办读书会"热"，不少负责同志也纷纷组织了形式多样的读书会。陈云在中组部的

---

① 《莫文骅回忆录》，解放军出版社 1996 年版，第 380—381 页。

窑洞里组织了一个的读书会，每周一次，坚持了 5 年，先后学习了《共产党宣言》《中国革命战争的战略问题》《实践论》《矛盾论》《论持久战》等马克思主义经典著作和毛泽东撰写的相关文章。张闻天在中宣部也主持了一个很活跃的读书会，据于光远回忆："这个会是在延安蓝家坪山下一个比较大的房子里开的。我在这个读书会里，读过一本米丁写的《辩证唯物主义和历史唯物主义》。这个会的开法不是在会上一段一段地念，而是指定下次要读这本书某一章，让大家先看，开会时大家发言。在张闻天同志的启发下，讨论也很生动活泼。"[①] 此外，于光远在中央青委发起组织了一个学习《反杜林论》的读书会，张如心等人在八路军军政学院组织了一个《资本论》读书小组。在延安浓厚的学习氛围之下，这种类似的读书会还有很多，而且都开展得有声有色，从而极大地促进了干部理论水平和知识修养的提高。

新中国成立后，毛泽东仍主张高级干部采用读书会的方式进行学习。1958 年"大跃进"中发生了一些问题，干部思想比较混乱，毛泽东也感到各级干部缺乏经济学的知识，自己也需要加强这方面的学习思考。于是他建议大家读《政治经济教科书》，并带头组织读书会来读。1959 年 12 月 10 日到 1960 年的 2 月 9 日，毛泽东组织了陈伯达、邓力群、胡绳、田家英等人，先后在杭州、上海和广州，采用边读边议的方法，逐章逐节地阅读和讨论《政治经济教科书》。在毛泽东的提倡下，1959 年年底，刘少奇在海南岛和广东省委的部分同志阅读讨论此书，并邀请了经济学家王学文和薛暮桥参加。1960 年 2 月，周恩来在广东从化与国务院部分部委和中南局的领导同志组成了读书小组，阅读研究此书。这次读书活动的意义十分重大，毛泽东在读《政治经济教科书》的谈话，经邓力群等人

---

① 于光远：《怀念"读书会"，组织"读书会"》，《读书》1979 年第 7 期。

进行整理，形成了一个十万字的谈话记录，内容涉及经济、哲学、科学社会主义、国际问题、当前国内政策等方面，提出了很多重要观点。在毛泽东推动下，刘少奇等党和国家领导人都专心攻读了《政治经济教科书》，从中受到思想启迪，为以后坚持真理修正错误打下了基础。

读书会的组织形式灵活多样，思想交流舒畅深入，讨论问题热烈充分，读书学习往往能收到事半功倍的效果。"作为读书方法，读书会的作用是显而易见的"，更为重要的是毛泽东等党的领导人还"创造性地将其作为一种工作方法"，借助它深化马克思主义理论问题的研究，廓清思想迷雾，推动团结进步。①

以上仅对毛泽东读书的思想和实践做了简要的梳理和概括。其实，就毛泽东读书而言，在 20 世纪中国和全世界的革命家和政治家中，实难有出其右者。读书不仅已成为他的一种生活常态，而且深深地印刻在与他相关的方方面面，已成为他精神成长的方式、思想升华的阶梯。当我们走进毛泽东的读书人生，就会发现，无论是他"至死方休"的读书经历，朴实精妙的读书方法，亦或是学以致用的读书态度，劝人向学的历史责任，无处不闪耀着智慧的火花。时至今日，依然闪烁光芒，历久而弥新。

---

① 樊宪雷：《革命时期的读书会》，《党的文献》2017 年第 3 期。

周恩来审慎求真的学习志趣

周恩来的智慧和才能给与他同时代的世界各国领导人留下了深刻的印象。美国前总统尼克松说："二十世纪只有少数人比得上周总理对世界历史的影响。在过去二十五年里我有幸会见过的一百多位政府首脑中，没有一个人在锐敏的才智、哲理的通达和阅历带来的智慧方面超过他，这些使他成为一位伟大的领导人。"[①]周恩来渊博的知识、敏锐的才智、通达的哲理和高超的政治智慧，与他勤

---

① 新华通讯社编译：《举世悼念周恩来总理》，人民出版社1978年版，第51页。

奋好学，坚持读书与学习密不可分。

一、为中华之崛起而读书

周恩来以他自己的方式赢得了世人的尊重，不论是朋友还是曾经的敌人，都无不为他的魅力所折服。美国记者埃德加·斯诺在谈及周恩来给他的印象时，曾说："周恩来面目英俊"，"头脑冷静，善于分析推理，讲究实际经验"，"他显然是中国人中间最罕见的一种人，一个行动同知识和信仰完全一致的纯粹知识分子。"[①] 周恩来的坚定信念、高尚品德、政治智慧以及富有感染力的人格魅力很大程度上源于他"为中华之崛起而读书"的学习志向和"活到老，学到老，改造到老"的学习精神。

从没见过这样好的学生

1898 年 3 月 5 日，周恩来生于江苏淮安府山阳县（今淮安市）城内的驸马巷。父亲周贻能为人忠厚老实，但不擅长交际，长年在外省谋事，收入很微薄，还经常失业。周恩来不满半岁时，过继给了病重的叔父周贻淦。不久，嗣父也去世了，就由嗣母陈氏抚育。陈氏出身于贫寒的书香门第，性格文静，才学出众，会书画，好诗文，对周恩来倾注了全部心血。

周恩来从 4 岁起，在嗣母的教育下，开始认字和背诵唐诗。5 岁时，又被送到家塾读书，此后几年内，先后读了《三字经》《千字文》《神童诗》，以及《大学》《中庸》《论语》《孟子》《诗经》等传统典籍，受到了中国传统文化的熏陶。周恩来特别喜欢听故事，

---

① [美] 埃德加·斯诺著，董乐山译：《西行漫记》，东方出版社 2010 年版，第 49、53 页。

他在 1914 年 10 月写的《射阳忆旧》一文中回忆说："幼时喜闻故事，凡有人能语余以奇闻怪事者，辄绕膝不去，终日听之不倦。"① 陈氏就经常给他讲些历史故事和神话故事，如《天雨花》《再生缘》等。嗣母的教育对幼年周恩来产生了异常深刻的影响，在她的耳提面命下周恩来走上了好学的道路。

1904 年，周恩来 6 岁时随父母、嗣母迁到清河县江浦镇外祖父家居住。继续在万家的家塾中接受教育。万家的藏书很丰富，在嗣母的引导下，这一时期周恩来阅读了大量的古典小说。周恩来后来回忆说："从八岁到十岁我已开始读小说。我读的第一部小说是《西游记》，后来又读了《镜花缘》《水浒传》《红楼梦》。"② 然而，不幸的是 1907 年春周恩来的生母病故了，第二年 7 月嗣母也去世了。1908 年秋冬之交，周恩来带着两个弟弟回到了淮安老家。回到淮安后，周恩来曾经到表舅龚荫荪的家塾寄读。龚荫荪是革新派人物，结识同盟会会员，赞助革命，经常向周恩来介绍些新思想和时事政治知识，使周恩来开始关心时政。周恩来后来回忆说："我有一位表舅，他是一位有新思想的旧知识分子，在我少年时代，曾给过我很多帮助。可以这样讲，他是第一个教我政治知识的人，是我政治上的启蒙老师！"③

1910 年春，周恩来随同伯父周贻赓移居东北奉天，开始了 3 年的东北求学生涯。周恩来先是到铁岭银冈书院读了半年书，秋天又转入奉天第六两等小学堂学习，辛亥革命后该校改称奉天东关模范学校。这所学校的教学设施、师资配备和教学质量在奉天都是比较好的，学校既教中国的经书，也介绍一些西方的新学，开设了

① 《周恩来早期文集》上卷，中央文献出版社、南开大学出版社 1998 年版，第 24 页。

② 《周恩来自述》，国际文化出版公司 2009 年版，第 2 页。

③ 尹高朝：《周恩来和他的老师》，中央文献出版社 2011 年版，第 80 页。

修身、国文、算术、历史、地理、格致、英文、图画、唱歌、体操 10 门课程。此时的周恩来，已经表现出了见识不凡的远大抱负，在一次修身课上，在回答老师"读书为了什么？"的提问时，他庄重而坚决地回答："为了中华之崛起！"

志存高远的周恩来，学习非常刻苦，各科成绩都名列前茅，国文的成绩尤为突出。1912 年 10 月，他写了《东关模范学校第二周年纪念日感言》一文，文中提出：教与学的目的都是为国家造就人才，学生应勤奋学习，"深究而悉讨"，"慎思而明辨"，"成伟大人物"，以肩负"国家将来艰巨之责"；校长、教员，"当殚其聪明，尽其才力"，"守师严道尊之旨，除嚣张浮躁之习"，"注重道德教育"，"而辅之以实利美感"，振奋国民之精神。该文 1913 年 6 月被选为甲等作文，在奉天省教育品展览会上展出。同年，又被收入《奉天教育品展览会国文成绩》一书。有关部门对此文的评价是："教不如此，不足以言教"；"学不如此，不足以言学"；"学校不如此，不足以言学校"；"文章不如此，不足以言文章"。1915 年，上海进步书局出版的《学校国文成绩》和上海大东书局出版的《中学生国文成绩精华》两书，均收入了此文。[①] 这篇作文是现在保存下来的周恩来最早的一篇文章。国文教师赵纯对周恩来的文采欣赏备至，他感慨地对同事说："我教了几十年的书，从没见过这样好的学生！"[②] 这期间，周恩来在具有进步思想的老师的影响下，还阅读了陈天华的《警世钟》《猛回头》、章炳麟的《驳康有为论革命书》、邹容的《革命军》等书籍，养成了每天坚持读书看报的习惯，家国情怀亦是与日俱增。

---

① 《周恩来早期文集》上卷，中央文献出版社、南开大学出版社 1998 年版，第 1—2 页。

② 顾波：《为中华崛起而读书：介绍周总理少年时代的一篇作文》，《光明日报》1978 年 1 月 12 日。

1913 年春，周恩来随伯父搬到天津，8 月中旬考取仿照欧美近代教育制度开办的天津南开学校。1904 年创办的南开学校，在当时是一所学术氛围浓厚、教学作风比较民主的进步学校。该校有一整套的教育制度，管理井然有序，要求严格。学校主科设有国文、英文、数学 3 门，次科设有物理、化学、中国史地、西洋史地、生物、法制、体操等。该校教育的一大特色就是非常重视英文能力，每周 10 个小时，二年级起，除国文和中国史地外，各科都用英文课本。为了提高学生英语会话的能力，还请了美国老师来教课。三年级起，就要求学生阅读英文原著小说。学校还开设修身课，由校长张伯苓和其他校董、教师讲授国内外大事和为人处事之道，有时也请校外的名流学者来校讲演。学校管理实行淘汰制，各门课程每月考试一次，期末有大考，不合格者留级或者淘汰。能在该校坚持到顺利毕业不是件容易的事。入学后，周恩来学习非常刻苦，国文成绩依然很优秀，他以《诚能动物论》为题写的作文，曾经获得全校作文比赛一等奖。但是，开始他的"英文非佳"，后来经发奋努力，很快也赶了上来。

在南开读书期间，周恩来除了学好课程，也非常关心时事，他经常阅读具有爱国民主思想的报刊和书籍，如《民权报》《民立报》《大公报》和明末清初著名思想家顾炎武、王夫之的著作，以及司马迁的《史记》、西方启蒙思想家卢梭的《民约论》、孟德斯鸠的《法意》、赫胥黎的《天演论》等。通过阅读这些进步书刊，周恩来开阔了思路和视野，振兴国家和民族的责任感也变得日益强烈。学习课程之余，周恩来兴趣广泛，积极参加社会活动，担任过学生社团组织敬业乐群会会长、南开学校演讲会副会长，无论是学术交流，还是办刊编报，亦或排演戏剧，他都亲力亲为，既组织协调，又亲自参与，这无疑锻炼了他的组织协调等各种能力，为他以后的成长和成才打下了坚实的基础。同学们对周恩来也是很认可，说他办事认真严肃、生活活泼风趣。

一分耕耘，一分收获。1917 年 6 月 20 日，南开学校举行第十次毕业典礼，周恩来以平均分数 89.72 的优异成绩毕业，同时获得了国文最佳奖，并代表全体毕业同学致答谢辞。《毕业同学录》中对周恩来作了如下评语："君性温和诚实，最富于感情，挚于友谊，凡朋友及公益事，无不尽力"；"君家贫，处境最艰，学费时不济，而独于万苦千难中多才多艺"，"善演说，能文章，工行书"，"长于数学"，"毕业成绩仍属最优"。[①] 这个批语写得客观中肯，将周恩来性情特点、学业专长都作了评述。

我认的主义一定是不变了

4 年的南开学习生活结束了，1913 年至 1917 年的 4 年间，正是中国处于民国初创时期，积贫积弱的状况没有丝毫改变，而此时的欧美和邻国日本却日益强盛，尤其是日本也曾受过外国列强的欺凌，却在明治维新后迅速跻身世界列强行列。这种现实的反差，促使周恩来决定赴日留学，寻找拯救国家于危难、解救人民于水火的途径和方法，1917 年 9 月他由天津登船东渡。

当时留日学生的身份十分复杂，有贵族富豪的子弟，也有贫苦的寒门学子，他们赴日的目的各不相同，表现也是千差万别。1917 年 12 月 22 日，周恩来在写给南开同学陈颂言的信中分析说："留东学子在此，约分三派：一埋首用功，不闻理乱；一好出风头，到处声张；一糊涂到底，莫明其妙。此外，持求学济世，以用功为根、交接为道，糊涂藏隐者，乃属上流不可多得之士。若胡作非为，则下之下矣。"他在信中表示："家国恨，天下事，不堪一提！极目神州，怆怀已达极点！乃争权者犹红其眼，磨其拳，不顾生

---

① 《周恩来年谱（1898—1949）》上卷，中央文献出版社 2007 年版，第 23 页。

死，哀哉！苦吾民矣，为之奈何！"①周恩来赴日本留学，既"不为利起"，也"不为势屈"，而是要寻找"真正立身的根本"，"与恶劣社会交战"，以实现匡扶天下之志。

　　周恩来到日本后，发奋读书，埋头用功，但是学业却并不顺利。他先进入东京神田区东亚高等预备学校补习日文，复习一些其他考试课程。他准备报考东京高等师范学校和东京第一高等学校，因为如果考取其中一所，即可获得官费学习待遇。1918年3月4日到6日，周恩来参加了东京高等师范学校入学考试，因日文成绩不佳，未被录取。考试结束后，他准备全力以赴备考东京第一高等学校。他在3月10日的日记中写道："我自从考完了师范后，心里头非常的着急，以为七月里考第一高等，功课若不预备好了，定然没有取的希望。要打算取上，非从现在起起首用功，断然没有把握。"上学读书以来，"除了学校定的课程以外，我向来没有自己定过课程表"，但我今日破例定了个学习计划：每天"睡觉用七点钟，读书十三点半钟，休息同着一切事情三点半钟。睡眠七小时。"②当周恩来按照这个计划刻苦攻读时，一场突如其来的爱国政治运动打乱了他的学习计划。1918年4、5月间，不断传出中国的段祺瑞政府要与日本政府签订《中日共同防敌军事协定》的消息，中国留日学生纷纷集会抗议，爱国运动的兴起，使周恩来无法静下心来准备考试，结果他又没有被东京第一高等学校录取，这使得他心情很沉重，"心中难堪异常"。

　　尽管周恩来没有如愿考上东京高等师范学校和东京第一高等学校，但这期间他的思想悄然发生了变化，因为他开始接触和学习马

　　① 《周恩来早期文集》上卷，中央文献出版社、南开大学出版社1998年版，第305页。
　　② 《周恩来早期文集》上卷，中央文献出版社、南开大学出版社1998年版，第343—344页。

克思主义的学说和理论。周恩来初到日本时，正值十月革命爆发的前夜，他通过报刊等渠道虽然了解到一些俄国革命的情况，但并没有太留意，然而一次淘书改变了他的认识。

周恩来在1918年4月23日的日记中写道："今天晚上，我到'东京堂'去买书，抽个空看一看新出来的杂志。见着一本新近出版的《露西亚研究》，杂志上头有一篇文，论的是露西亚现今的党派，分的很详细，我在那里看了一遍，暗暗的记了个大概。"凭着记忆，他写了八百多字的摘要，现简记如下：俄罗斯的国民在1817年的时候，因为"拿破仑"刚从"莫斯科"打了败仗回去，给俄国人留下不少的民族思想，所以一般国民受了他的影响，创了一个会，名字叫做"十二月党"，这就是俄国有革命党的起源。等到1862年，俄国的青年志士打着"自由与民主"的招牌在各处秘密结社，招致俄国政府的弹压，但是政府越压制的厉害，国民想改革的心越发坚固，一直等到去年的春天居然把俄罗斯皇帝的位子推翻了。俄国现在的党派，大概分作三个名字：一个叫做"立宪民主党"，这党的主义多半是赞成君主立宪、责任内阁的制度。革命后，头一次掌权的人就是他们。一个叫做"社会民主党"，这党中分作两派，一派是"过激派"，他的主义是主张完全的民主，破除资产阶级的制度，实行用武力去解决一切的党纲。他的行为大半与社会革命党很接近，党魁就是现执政的"赖宁（即列宁）"氏。还有一派是"温和派"，他的主义是民主，如办不到则仍主张君主立宪。第三是"社会革命党"。党中分作三派，一是正统的社会主义派，他们的主张非常的和平。二是"国家社会主义派"，这派人主张将土地收归国有。三是"激烈的社会主义派"，主张极端地破除资产阶级制度，他的主义很与"社会民主党"中过激派相合。

记述完基本情况后，周恩来做了分析，他认为：纵览俄国现有的各党派，过激派的宗旨因"最合劳农两派人的心理"，"所以势力一天比一天大"，"世界实行社会主义的国家，恐怕要拿俄罗斯作头一个试验场了"。① 这篇日记，可以称得上是周恩来对俄国革命最初的认识，文中他不但有记述，也提出了观点。此后，周恩来又读了约翰·里德的《震动环球的十日》、河上肇的《贫乏物语》和《社会问题研究》、幸德秋水的《社会主义神髓》以及片山潜的《我的社会主义》等介绍和宣传马克思主义的著作。加之他又亲眼目睹了日本在米骚动中暴露出来的严重社会问题，这时他的思想发生了重大变化，开始转向了社会主义。

从 1917 年 10 月到日本至 1919 年 4 月回国，周恩来虽然没有进入高等学校学习，但是他亲身了解了日本，广泛地接触了各种思潮，参加了反帝爱国斗争，特别是通过在日的观察和实践，初步认识到资产阶级共和国道路的弊端，并开始初步接触马克思主义，这对他而言犹如黑夜中看到了一线光明。回国后，周恩来进入南开学校大学部学习，成为南开大学的第一期学生。周恩来因积极参加五四爱国学生运动，遭到反动当局的逮捕。为继续寻求真理，1920年 11 月 7 日，周恩来乘坐法国"波尔多斯"号邮轮奔赴法国，12月中旬到达法国马赛港，从这时起到 1924 年 7 月回国，周恩来开始了 3 年半多的欧洲留学生涯。

周恩来到欧洲，最初是想进入大学读书，同时寻求"济世"之道。他在 1921 年 1 月 30 日写给表哥陈式周的信中说："弟之思想，在今日本未大定，且既来欧洲猎取学术，初入异邦，更不敢有所自恃，有所论列。""唯在求实学以谋自立，虔心考察以求了解彼邦社会真相暨解决诸道，而思所以应用之于吾民族间者。"② 由于经济艰窘等种种原因，他进大学读书的想法未能如愿，但是了解"彼邦社

① 《周恩来早期文集》上卷，中央文献出版社、南开大学出版社 1998 年版，第355—356 页。

② 《周恩来书信选集》，中央文献出版社 1988 年版，第 23—24 页。

周恩来审慎求真的学习志趣

会真相暨解决诸道"却有了大突破。

周恩来充分利用当时自共产国际成立后，欧洲各国共产主义运动高涨，马克思主义书籍和报刊十分流行的条件，结合对英、法等国社会实况和工人运动的考察，先后阅读了英文版的《共产党宣言》《社会主义从空想到科学的发展》《家庭、私有制和国家的起源》《法兰西内战》《国家与革命》等马克思主义著作，并订阅或购买了法国共产党机关报《人道报》、英国共产党机关报《共产党人》以及《共产党人评论》《劳动月刊》等。同时，对当时社会上流行的各种思潮，与觉悟社社员多次通信探讨，进行了反复的推求比较，逐渐认识到：无政府主义的"自由作用太无限制"，处在旧社会势力盘踞的社会里，"容易流为空谈"；法国的工团主义，在现今的欧美"不免等于梦呓"，法国总工会"大多数派大半已倾向于第三国际与国际赤色工联了"；英国的基尔特主义"近已见衰"，并且"在英国始终也没大兴盛过"；而社会主义已成为历史发展的必然趋势，最终确定了共产主义信仰。①1921 年经张申府、刘清扬介绍，周恩来加入了中国共产党。1922 年 3 月，周恩来在致觉悟社社员李锡锦和郑季清的信中坚定地表示："我认的主义一定是不变了，并且很坚决地要为他宣传奔走。"②历史证明，他确实是按照誓言为共产主义事业奋斗了终生。

见缝插针地看书学习

1957 年 5 月 26 日，周恩来在出席中华职业教育社立社 40 周年纪念会时说："活到老，学到老，改造到老。我自己也是这样做的。停顿就是落后，落后就要思想生锈。"③周恩来以行动践行诺

---

① 《周恩来年谱（1898—1949）》上卷，中央文献出版社 2007 年版，第 52 页。
② 《周恩来书信选集》，中央文献出版社 1988 年版，第 46 页。
③ 《周恩来统一战线文选》，人民出版社 1984 年版，第 360 页。

言，无论是在革命战争年代，还是在社会主义建设时期，他都保持着好学的良好习惯，想方设法挤出时间学习。

长征开始后，周恩来一路上十分辛劳。每到驻地，他就参加中央或三人团会议，处理各军团来的电报，研究战情，下达作战及行军命令，遇到紧急情况，常常彻夜不眠，终于积劳成疾。沙窝会议后，不能进食，发高烧，昏迷不醒，诊断是患肝脓肿和阿米巴痢疾。这次患病也给周恩来留下了健康隐患。1975 年 3 月 20 日，周恩来致信毛泽东报告他的病情：最近检查才"发现大肠内接近肝部位有一个肿瘤，类似核桃大"，这个肿瘤的位置"正好就是 40 年前我在沙窝会议后得的肝脓疡病在那里穿肠成便治好的"，现在于"好了的疮疤"上又生出了新的肿瘤。① 可见，1935 年周恩来患的病是很重，连续几天高烧不退，不能进食，经过医生急救，体温才渐渐降下来，神智也才清醒了一些。他的病刚好一点，就叫警卫员拿文件、书报给他看。警卫员们深知，他特别爱学习，不读书不看报，对他来说简直受不了。可是他身体还没好，大家就劝他，没办法，就只好让他少看些书。

全面抗战时期，周恩来在重庆主持南方局工作，在龙潭虎穴之中，他沉着冷静、机智灵活地处理各项艰巨复杂的工作，同时也没有放松学习，他看的书范围很广，举凡哲学、科学、文艺、政治理论等各方面的书，都有所涉猎。当时进步的知识分子组织了一个读书会，参加的有许涤新、胡绳、杜国庠、翦伯赞、侯外庐、王寅生等人，周恩来也是读书会的常客，经常参加该会的活动。侯外庐回忆说："有时，因为形势不利，与会者显得不活跃的时候，周恩来同志出现在大家面前，总是谈笑风生，甚至讲点笑话。当我们讨论热烈的时候，他则通常是静听不语。在我的印象中，周恩来同志与

① 《周恩来书信选集》，中央文献出版社 1988 年版，第 633—634 页。

会时，读书会的成员想说什么就说什么，想问什么就问什么，大家丝毫不觉得拘束。有时，他也发言，那是一种完全以平等身份发表意见、探讨问题的发言。事实上，周恩来同志的意见只要一经提出，总被大家接受、采纳，奉为原则。他的意见能有这样的力量，并不是由他的地位所决定的，而是由他在大量的学术问题上，就如同在政治问题上一样，都有着敏锐的洞察力、透彻的分析力、准确的判断力所决定的。"①

学术研究与政治不同，政治上对某一问题有意见分歧时，可以根据"少数服从多数"的党内民主原则取得一致；学术研究上对学术问题的争论则是"百家争鸣"，一种观点和见解若要得到别人的认同，就必须有能令人信服的理由，正所谓"打铁还须自身硬"，自身必须具备深厚的学术功底，以及对学术问题的"洞察力""分析力"和"判断力"，而这一切毫无疑问，不能凭空获得，必须来源于自身不断地大量地读书和学习。周恩来提出的见解之所以能够得到知识分子的信服，得益于他勤读书积累的深厚学养。1942年6月底，周恩来因病住进重庆歌乐山龙洞湾中央医院动手术，即使在病床上他也不忘看书，7月1日他在写给邓颖超的信中说："线拆了，痛未止"，"夜半仍不能眠"，还不能出院，"望带《唐诗三百首》及《白香词谱》来。"②

在革命即将取得全国性胜利前夕，1949年5月7日，周恩来出席了中华全国青年第一次代表大会并作了主题报告，他说：学习是"毛主席的一个特点。他就是日夜不息地学习，他从来也没有感到满足过，他常常说这方面不会还要学习，那方面不会还要学习。我们要做他的学生，就要学习他这个精神。"③这种精神就是要不断

① 侯外庐：《韧的追求》，人民出版社2015年版，第114页。
② 《周恩来邓颖超通信选集》，中央文献出版社1998年版，第13页。
③ 《周恩来选集》上卷，人民出版社1980年版，第342页。

学习，持之以恒地学习。1951年9月29日，周恩来在北京、天津高等学校教师学习会上，以自己为例再次说明学习的必要性："拿我个人来说，参加五四运动以来，已经三十多年了，也是不断地进步，不断地改造。也许有的同志会说：你现在担任了政府的领导，还要学习和改造吗？是的，我还要学习和改造。因为我不知道的事情还很多，没有明白的道理也很多，所以要不断地学习，不断地认识，这样才能够进步。"①

新中国成立之后，周恩来依然保持着青年人的学习劲头。1959年3月18日深夜，劳累了一天的周恩来用旧时曾用过的名字"翔宇"给邓颖超写了一封信，信中写道："'三八'之日虽未通话，却签了一个贺卡，而且还是三十年前的笔名，你看了也许引起一些回忆。老了，总不免有些回忆。但是这个时代总是要求我们多向前看，多为后代着想，多向青年学习。偶一不注意，便有落后的危险，还得再鼓干劲，前进再前进啊！"②据当年在周恩来身边担任财经秘书的吴群敢回忆：总理办公室的书柜中，放满了《新华月报》和《毛泽东选集》《马克思恩格斯全集》《列宁全集》等经典著作，还有一些辞书工具书。因为他经常需要查证核对一些著作、文件、资料、日期、数字，这样便于他随时取用。在翻阅书籍的时候，我发现，总理看书是极其认真细致的。譬如，那本在我手里放了很长一段时间的《联共（布）党史简明教程》特别是其中第四章第二节，即关于辩证唯物主义和历史唯物主义那一节，总理在书上逐句逐字圈点划线，还密密麻麻写了很多批注。③

作为共和国总理，周恩来考虑的工作包含方方面面，但是他始终将经济工作摆在首位，视之为重中之重的工作。所以，新中国成

周恩来审慎求真的学习志趣

①　《周恩来选集》下卷，人民出版社1980年版，第60页。

②　《周恩来书信选集》，中央文献出版社1988年版，第557页。

③　程华：《周恩来和他的秘书们》，中国广播电视出版社1992年版，第51页。

立后，周恩来努力学习经济管理的各方面知识，殚精竭虑抓经济建设。1964年12月16日，周恩来在会见老朋友斯诺时，谈了关于认识经济发展规律的新思考，他说：中国的情况复杂得很，"搞了十五年经济建设，老实说，我作为总理还没有学会呢！"我们都在学习。经济发展的规律是极其复杂的。我们认识了一些，还有更多的未被认识的经济发展规律。15年来，我们做对的不少，也有些做错了的。人必须有两方面经验。"人类总是不断地实践、总结经验，不断地发现、发明、创造、前进。"①这段话，道出了周恩来对学习的长期性的深刻认识。1962年3月2日，他对在广州召开的全国科学工作、戏曲创作等会议代表说："人生有限，知识无限，到死也学不完，改造不完。"②

正是在"学无涯"精神的鞭策下，周恩来虽然日理万机，但是仍然"见缝插针"坚持学习。周恩来不但在工作中利用一切可以利用的时间学习，就是在飞机上、火车上他也是卷不释手。周恩来座机机组人员回忆起他在飞机上学习的情景时说："三年暂时困难时期，周总理经常到各省市视察、处理工作。在飞机上，还学习马列和毛泽东著作，批文件，找人谈话。有时从上飞机一直忙到飞机即将降落。机组乘务员看了，心里很不安，有时就悄悄走过去劝说总理休息一下，可是没有用。有人统计过，周恩来在近百次的飞行中，没有一次是乘机休息，在几百公里甚至更短的航程中，他也不忘阅读书报。由此可见，他真正做到了见缝插针地看书学习。"③1972年周恩来罹患了癌症，许多人劝他安心休息和进行治疗，可出于对国家和对人民事业的责任感，他仍然不分昼夜地忘我工作，抽出时间读书，不断学习新知识，了解新情况。他在病中阅

---

① 《周恩来年谱（1949—1976）》中卷，中央文献出版社1997年版，第693页。

② 《周恩来教育文选》，教育科学出版社1984年版，第200页。

③ 舒以主编：《百年恩来》下卷，中国经济出版社1998年版，第123页。

读过的《毛主席诗词三十九首》和刊有毛主席词二首的《词刊》这两本书，一直放在他临终的床头。

二、读书须有方法和方略

对于毛泽东和周恩来的同事关系，有人说："谋事在毛，成事在周"。这个说法从一个侧面反映了周恩来"行事"的能力。作为共和国的"大管家"，周恩来"行事"周全，善于处理复杂问题，能够化繁为简，化难为易。这种能力在很大程度上取决于方法和策略的正确运用，读书学习他也是同样如此。

练好读书的基本功

关于学习方法，周恩来认为读书须视野开阔，要博览群书。他读书的范围十分广泛，从马列著作到西方资产阶级启蒙学者著作，从社会科学到自然科学，从古代到近代，从中国到外国，包括哲学、经济学、政治、文学、历史、科学技术等方面的书籍，他都有所涉猎或有深入研究。在赴日留学期间，他怀着"愿相会于中华腾飞世界时"的美好愿望，坚持良好的阅读习惯，如饥似渴地博览群书。仅在《旅日日记》中提到的书籍刊物，就有《南开思潮》《校风》《饮冰室文集》《不忍》《朝日新闻》《时报》《露西亚研究》《意大利建国三杰传》《新青年》《留东外史》《支那漫游记》《中国年鉴》《中国游记》《政治史》《太平洋》等十数种。其中，既有新闻报刊，也有政论杂志；既有人物传记，也有讽刺小说；既有资产阶级改良刊物，也有马克思主义著作。可以说，周恩来阅读了当时他能够找到且感兴趣的各类书籍。

要想做到博览群书，掌握外语必不可少，周恩来非常重视外语的学习。他刚入南开学校时，英文基础比较差，为了攻克这一难关，周恩来每天早晨起床后，将洗漱和吃早饭之外的时间以及中午和下午的课余时间全部用来学习英文。进入二年级时，他的英文水平已经相当好了。据美国记者斯诺回忆：1936年他在去延安的途中，一天突然遇到了一个清瘦的青年军官，他走上前来，"用温和文雅的口气向我招呼：'哈啰，你想找什么人吗?'""他是用英语讲的! 我马上就猜到了他是周恩来。"在接下来的交流中，周恩来给斯诺留下了极其深刻的影响。他回忆说：周恩来"个子清瘦，中等身材，骨骼小而结实，尽管胡子又长又黑，外表上仍不脱孩子气，又大又深的眼睛富于热情。他确乎有一种吸引力，似乎是羞怯、个人的魅力和领袖的自信的奇怪混合的产物。他讲英语有点迟缓，但相当准确。他对我说已有五年不讲英语了，这使我感到惊讶。"① 周恩来说英语的达意和准确，令美国人都感到惊讶，足见周恩来英语水平不是一般地好。周恩来不仅精通英语，也具有较好的日语阅读能力，这为他留日期间阅读马克思主义著作提供了便利条件。当时马克思、恩格斯的著作还没有一本被完整地译成中文，列宁的作品连一篇译成中文的也没有。对许多不能直接阅读外文的中国人来说，接触马克思主义是相当困难的。但周恩来却有着得天独厚的条件，因此他比国内绝大多数知识分子更早地并且更多地接触和了解了马克思主义。

周恩来对外语的教学与研究一直非常重视，1970年11月20日，他在接见北京大学、北京外语学院等校师生代表时讲："翻译工作不是那么好做的"，"不仅要有现场经验，还要掌握材料，了解背景，真正翻译得恰当是不容易的"。然而，现有的中学英语课本"只有政治词汇，没有生活词汇"，实在是不适用，应当修改。"政治语

---

① ［美］埃德加·斯诺著，董乐山译：《西行漫记》，东方出版社2010年版，第45、49页。

言和生活语言可以一并学"，实际上也是不能分开的。接着他打比方说：干什么事都讲究基本功，比如唱腔、道白、武打等都是京戏艺术的基本功，但京戏的基本功也不仅限于京戏艺术本身，还有政治、历史、地理等各方面知识。外语教学也是如此，也有个基本功问题。学外语，"不光是要掌握外语的语音、词汇、语法，做好听、说、读、写、译五个字，还要懂得历史、地理。不仅要读中国地理、历史，还要读世界地理、历史。自然科学也要懂一些。马克思、恩格斯懂得很多自然科学知识。""你不懂这些知识，做翻译时就译不出来。搞翻译不是那么简单的，不是懂几句外国话就行的。不但要有政治水平，同时要有较高的文化水平。没有基本功和丰富的知识不行。"概括起来说，外语教学的基本功，主要包括三个方面：政治思想、语言本身和各种文化知识。① 在这里，周恩来透彻地分析了搞好外语学习和应用与博览群书之间的相互关系，这也是他的学习感悟。

博览群书还需有坚实的国文功底，周恩来青年时期即以能文善讲而著称。在南开学校读书的时候，该校非常重视国文的教学，每两个星期学生就要写一篇作文，每年还要组织一次全校的作文大赛。1916 年，学校组织了一次不分年级的作文大赛，每个班推选 5 名代表参加，周恩来在全校八百多名学生中脱颖而出，获得第一名。1914 年和 1915 年，周恩来作为南开学校 3 名学生代表之一，参加天津市中等学校演讲比赛，两折桂冠。

1941 年，在纪念郭沫若创作生活 25 周年之际，郭沫若的早期历史剧《棠棣之花》演出了。这出戏，通过公元前 371 年战国时代抗秦派和亲秦派斗争中的一个插曲，借古喻今，意在抨击国民党发动皖南事变，对共产党实行孤立和封锁政策。周恩来非常重视这部

---

① 《周恩来教育文选》，教育科学出版社 1984 年版，第 232 页。

剧的演出，他指导《新华日报》开辟了《棠棣之花剧评》专栏，并亲自题写刊头。他还认真研究了剧本，1941 年 12 月 15 日，他致信郭沫若，主要是从字句的斟酌上，谈了他对剧本的意见，现摘几例如下：第二幕：十一页起："姆妈"两字，非北方语，乃江南音，读成"唔妈"，单独"姆"字，亦非指母。北平语，只用单音"妈"字，全文似宜改过。十一页起：关于"您"和"你"字的用法不甚清楚。北平话，"您"字用在尊敬和客气时，但亲密的家人和上对下均仍用"你"字，音亦有分别。第三幕：四十五页："共存共荣"既刺耳且为日本用语，可否改为"共生共存"？四十五页："惩膺"亦日本用词，且刺耳，不如改为"惩戒"或"惩罚"。第四幕：七十二页："都无从知道的人"下，宜加一"啦"字才有味。七十六页："老老"两字称呼，在北方话中乃称女性之老者为婆婆（姥姥），然"瞽叟"绝不称"老老"，而宜称"老爷爷"。如太俗，太土，可否改为"老叟"？第五幕：八十九页："聪俊"说起来似不如"俊秀"易懂。九十五页："抵御外侮"四字可否改为"对外"较简捷？[①] 这封一千余字的长信，显示出了周恩来丰厚的学养，他正是以开阔的视野、扎实的功底、认真的态度，赢得了广大知识分子的尊重和信赖。

对读书人来说，最幸福的事是有书可读，最痛苦的事非无书可读莫属。"文革"爆发后，文教、科技和出版工作受到了严重破坏，周恩来千方百计予以抵制。1971 年 4 月 12 日，他在接见全国出版工作座谈会领导小组成员时，严厉地批评说：现在出版的图书种类太单一，甚至把《鲁迅全集》都封起来了，"这不是滑稽得很吗！"无书可读是"思想垄断，不是社会主义民主"。为此，他提出"现在要出一批书，要广开言路。读马克思、列宁的书和毛主席的书是主要的，但也要读历史、地理，读哲学。有些青年连世界地理位

---

① 《周恩来书信选集》，中央文献出版社 1988 年版，第 205—209 页。

置、重大历史事件都搞不清楚，知识面越来越狭窄，这不行。"①周恩来这番话可谓是有感而发，他优异的品格和杰出的能力，源于他的读书积累，源于博览群书。

勤思可使"神鬼通"

1912年10月，年仅14岁的周恩来，在作文《东关模范学校第二周年纪念日感言》中提出，青年学生要努力成长为"伟大人物"，承担振兴国家之艰巨责任。对于如何成才，他发表了这样一段议论："同学，同学，宜如何奋勉，始对之而不愧哉！一物不知，学者之耻。同学其博学乎？好问则裕，自用则小。同学其审问乎？思之思之，鬼神通之；差以毫厘，谬之千里。同学其慎思而明辨乎？学矣，问矣，思辨矣，而犹或浅尝辄止，见异思迁，躐等以求进，自是而非人焉。"②周恩来在这段议论中，提出了读书学习要善于思辨，只有"思之思之"才能"神鬼通之"，只有"慎思明辨"才能不"浅尝辄止"。周恩来的一生，正是循着独立思考、分析研究的路子去认识和解决问题。周恩来读了许多中西方思想家的著作，但并没有盲从，而是对各种观点进行思考，找出各自合理的因素，从中得出有益的启示。他早年写了许多具有思辨色彩的文章，像《子舆氏不言利，司密氏好言利，二说孰是，能折衷言之欤》（1915年秋）、《或多难以固邦国论》（1915年冬）、《共和欧体者，人人皆治人，人人皆治于人论》（1915年）、《老子主退让，赫胥黎主竞争，二说孰是，试言之》（1916年3月上旬）、《我之人格观》（1916年10月）、《试论奢靡二说》（1916年11月），等等，现约略介绍其中的两篇文章。

---

① 《周恩来教育文选》，教育科学出版社1984年版，第234—235页。
② 《周恩来早期文集》上卷，中央文献出版社、南开大学出版社1998年版，第2页。

周恩来审慎求真的学习志趣

《子舆氏不言利，司密氏好言利，二说孰是，能折衷言之欤》是周恩来于1915年秋在南开学校写的一篇作文。他开篇点出了文章写作的缘起："呜呼！处今日之神州存亡危急之秋，一发千钧之际，东邻同种，忽逞野心。噩耗传来，举国骚然，咸思一战。以为背城借一之举，破釜沉舟之计。"联系时代背景，指的是袁世凯政府在1915年5月签订了丧权辱国的"二十一条"，面对亡国灭种的危险有正义感的中国人都在想反抗之策。周恩来以非常肯定的语气否定了举国"咸思一战"的思想，通过分析中国"贫弱之原因"，得出欲求民族兴盛"大抵不出二途"的结论：一是主张"欲救中国之不亡，必自正人心始"，赞同"子舆氏之言义不言利"；二是主张"果国富则民必强，民强则国斯兴矣"，赞同"司密氏之言利不及义"。接着他分析了二者各自所产生的历史背景：孟子所处的战国时期，一方面是"人心涣散之日，不有言义者以正之，则鲜不为大奸慝"；另一方面是"民富廪足，固无庸再为之筹谋利之方矣"。亚当·斯密所处的时代，一方面是"食少民众之世，英伦穷困之日，欲求补救之方，则舍谋利不为功"；另一方面是"时际文化方兴之日，民德增长之期"。通过分析，周恩来认为，两种学说都符合当时的历史条件，"二氏之说尽善矣，法之者尽美矣"。最后他分析了当时中国所处的历史环境，认为在"中国之今日，财尽矣，德衰矣"的条件下，必须把二者结合起来，"民德民生，双峰并峙，两利皆举"；如果把二者对立起来"分而行之，适足以促吾国之亡"。①周恩来以一个热血青年的视角，分析中国时局，勾稽古今中外之说，提出兴邦之路，真是难能可贵，文章被老师评价为"诚杰构也"。

周恩来在上文中对孟子和亚当·斯密的观点和学说做了比较，

---

① 《周恩来早期文集》上卷，中央文献出版社、南开大学出版社1998年版，第67—68页。

《老子主退让，赫胥黎主竞争，二说孰是，试言之》这篇文章则是对老子和赫胥黎的观点作对比分析。这篇文章作于1916年3月上旬，发表于同年3月20日《校风》第22期，日子巧得很，两天后即3月22日袁世凯被迫宣布取消帝制。正是在这样的背景下，周恩来写作了此文。他在文中提出，老子的"退让"与赫胥黎的"竞争"，二者之间并非"冰炭不同炉"，他们二人都深明"物质循环而演成日新月异之物质文明世界"这一世之"常道"，之所以认识不同，源于二人所处的时代不同：老子处"春秋之际，学战之时"，"邪说诐言，震荡人民耳鼓"，"淫思巧智，布散亿兆衷怀"驯至"长幼弃而仁义亡"，"去常道日益远"；赫胥黎则处"欧洲大战之后，民生凋敝之日，民情趋勇，民智渐增；科学界之进步，有加无已；宗教家之言论，深入人心；急公好义，牺牲生命而不惜；爱国若家，杀敌疆场以为幸"，全洲之人民"咸入于蔑视生命之途"，"置常道而不顾"。由此，周恩来认为老子和赫胥黎的观点存在辩证统一的关系，退让中实际上包含着竞争，竞争中也包含着退让，二人"所持之道"，"实一而二，二而一也"。他在文末慨言："莽莽大地，其有倡老、赫二氏退让竞争主义者，吾虽为之执鞭，亦欣慕焉。"①周恩来这篇文章饱含着对国家民族的希冀，贯通了中西文化，对老子和赫胥黎进行了跨界跨时空的对比研究，体现了他丰富的历史知识和开阔的视野。

新中国成立后，这种善于思考的良好习惯对帮助周恩来一分为二、辩证地分析与解决问题具有重要的作用。1949年11月8日，周恩来在外交部成立大会上发表讲话，他说："外交工作有两方面：一面是联合，一面是斗争。"开展外交工作应该像打仗一样，"在战

---

① 《周恩来早期文集》上卷，中央文献出版社、南开大学出版社1998年版，第111—113页。

略上要藐视，在战术上要重视"。"我们对每一个战斗、每一件事情，都要重视，都要有信心，不要怕，但也不要盲目冲动，否则就会产生盲目排外的情绪。"外交工作是"第一线工作"，做起来"比其他工作是困难的"，"做群众工作犯了错误，群众还可以原谅，外交工作则不同，被人家抓住弱点，便要被打回来"。所以，做外交工作"不能乱搞，不能冲动。遇事要仔细想，分析研究，看是属于哪一类性质，其后果如何，分析好的一方面，同时也要分析坏的一方面。要培养思考的能力，头脑不但要记忆，并且要想。必须要多思考、多分析研究，并且要多看书、多实践，才能善于斗争。"他还指出："工作是做出来的，经验是积累出来的，必须磨练自己"，军队在平时要演习打靶、假想作战，外交工作也是一样，"要假想一些问题"，进行思考和分析，拿出应对之策，等到真有事情来了，我们才能科学地处置。① 新中国的外交工作由周恩来亲自抓，他在外交部成立大会上的这篇讲话，历史地、辩证地提出了新中国外交工作的思路，体现了他"慎思明辨"的思维特点，这得益于他勤学尚思的学习方法。

从无字句处读书

1951 年 9 月 29 日，周恩来在北京、天津高等学校教师学习会上谈了关于知识分子的改造问题，他首先从自己谈起："我中学毕业后，名义上进了大学一年级，但是正赶上五四运动，没有好好读书。我也到过日本、法国、德国，所谓留过学，但是从来没有进过这些国家的大学之门。所以，我是一个中等知识分子。"接着他又讲："三十年来，我尽管参加了革命，也在某些时候和某些部门做了一些负责的工作，但也犯过很多错误，栽过筋斗，碰过钉子。"

---

① 《周恩来外交文选》，中央文献出版社 1990 年版，第 1—7 页。

但是，我从不灰心，而是以信仰为支撑，从人民中汲取力量。"犯了错误，关起门来检讨是需要的，更需要的是到人民中去学习。一个人之所以犯错误，一方面是由于对理论、原则认识得不清楚，所以需要向进步的理论求教；另一方面是由于自己相信的那一点道理跟实际相矛盾，行不通，所以必须向广大群众求教，从实践中求得新的认识，发现新的道理。这样两方面结合起来，就有了力量，就行得通了，也就可以不犯，或者少犯错误。"① 周恩来重视并善于向实际学习，向群众学习，向社会学习，他始终突出地强调要善于"从无字句处读书"。

1914 年春，在南开学校读书的周恩来，以《一生之计在于勤论》为题写了一篇作文，他在文中开篇写道："欲筹一生之计划，舍求学其无从。然学而不勤，则又何贵乎学？是故求学贵勤，勤则一生之计定矣。人人能勤，则一国之事定矣。夫人之一生求学，为青年最大之时期。基础立于是，发达生乎斯。无勤以持扶灌注之，安能得良好之结果哉。"同年，他在另一篇作文中又提出："生人最宝贵者，无过于光阴。况今日为急进时代，片刻尤未可虚掷。"② 周恩来正是以这种时不我待的勤奋精神刻苦读书，同时他认为学问"非仅限于区区功课间"，要像重视书本知识一样重视"书外之学问"，要努力向社会这本大书学习。

在南开学习期间，周恩来积极参与和组织各种活动，他发起组织敬业乐群会，编辑《敬业》《校风》等刊物，参加南开新剧团，担任学校演讲会副会长、江浙同学会会长，参加天津各界群众举行的救国储金募捐大会。在这些活动中，周恩来得到了锻炼，学到了书外之学。比如，周恩来发起成立的"敬业乐群会"，定期组织会

---

① 《周恩来选集》下卷，人民出版社 1980 年版，第 59—60 页。

② 《周恩来早期文集》上卷，中央文献出版社、南开大学出版社 1998 年版，第 9、38 页。

员走出校门，接触社会实际生活。1916 年 5 月，该会组织同学参观了农业实验场、工业实验场和农事讲习所，接触到了一些近代工业的先进设备和技术。1917 年寒假，周恩来随南开学校新剧团组织的观剧团到北京观摩。在北京的 3 天里，他亲眼目睹了"社会之腐陋"和"政府之黑暗"，增强了社会责任感和对劳苦大众的同情之心，他在同年写的一篇作文中写道：每当我"踯躅途中"，看到成群无家可归、生活没有着落的乞丐时，就"推己及人"，"视天下饥如己饥，溺如己溺"。①

在日本留学期间，尽管学习压力很大，学业也不是很顺利，但是周恩来仍然十分关注日本的国情和社会，1918 年 2 月 4 日，他在日记中写道："人要是把精神放在是处，无处不可以求学问，又何必终日守着课本儿，叫做求学呢？我自从来日本之后，觉得事事都可以用求学的眼光，看日本人的一举一动，一切的行事，我们留学的人都应该注意。我每天看报的时刻，总要用一点多钟，虽说是光阴可贵，然而他们的国情，总是应该知道的。"这种细心的观察和学习，使得周恩来收获很大，比如在国内时受流行的看法影响，他也一度认为"军国"这种主张未必不是一种救中国的办法，经近距离观察日本军国主义社会后，他改变了认识，在 2 月 19 日的日记中他记述道："'军国主义'在二十世纪上，我看是绝对不能存留了。我从前所想的'军国'、'贤人政治'这两种主义可以救中国的，现在想想实在是大错了。"②

赴欧留学期间，周恩来一如既往地重视社会实践考察。他在 1921 年 1 月 30 日写给表哥陈式周的信中表示："今方起首于此邦社

① 《周恩来早期文集》上卷，中央文献出版社、南开大学出版社 1998 年版，第 271 页。

② 《周恩来早期文集》上卷，中央文献出版社、南开大学出版社 1998 年版，第 327、337 页。

会实况之考查"。^① 他对英国的工人运动特别是煤矿工人罢工进行了持续关注和考察，并为天津《益世报》撰写了《英国矿工罢工风潮之始末》（1921年4月13日）、《英国矿工罢工风潮续志》（1921年4月21日）、《英国矿工罢工风潮之再志》（1921年4月26日）、《英国矿工罢工风潮之影响》（1921年5月27日）、《煤矿罢工中之谈判》（1921年6月1日）、《英国矿工罢工风潮之波折》（1921年6月7日）、《矿主矿工直接谈判》（1921年6月13日）、《英国矿工总投票之结果》（1921年6月20日）8篇通讯，通过对资本家的本质和阶级斗争的认识，他认为："资本家无往而不为利，欲罢工事之妥协难矣。劳资战争，舍根本解决外其道无由。"^② 在这些认识的基础上，他最终确立了共产主义信仰。

回国参加革命后，周恩来始终重视深入群众获取知识和智慧。1943年3月18日，他为自己写了7条"修养要则"，其中一条即是"永远不与群众隔离，向群众学习，并帮助他们。过集体生活，注意调研，遵守纪律"。1个月后，他在南方局为向干部作报告而写的提纲中提出：一切工作必须经过深入细致的调查研究，领导者"不仅要教育群众，还要向群众学习"，"因为领导者本身知识还不完全，经验还不够，领导地位并不能使你得到知识和经验"，"所以面向群众，汲取群众经验，十分必要"。^③

新中国成立后，周恩来更是经常到基层去，到群众中去调查研究、掌握实情。他三上大庆、三上大寨、三上三门峡、五上梅家坞、三上邯郸、两次到邢台地震灾区、七次到密云水库……，他到煤矿井下向工人了解作业情况，他在烈日下同农民一道推水车，他

---

① 《周恩来书信选集》，中央文献出版社1988年版，第26页。

② 《周恩来早期文集》下卷，中央文献出版社、南开大学出版社1998年版，第143页。

③ 《周恩来选集》上卷，人民出版社1980年版，第125、131页。

在西双版纳和傣族群众一起欢度泼水节，他在延边朝鲜族群众家里脱鞋上炕同主人拉家常，他在新疆和田葡萄园询问维吾尔族老人的病情……。1964 年 6 月 23 日，周恩来在京剧现代戏观摩演出大会座谈会上讲道：艺术实践和生活实践比较起来，生活实践更重要，"就拿我说，你要有一两年不到底下去，就会和群众有隔阂，许多群众的事情就会不晓得了。"① 周恩来终身"从无字句处读书"，使得他从群众中获得了无穷的智慧。

三、把理论和实际结合起来

周恩来读书，最反对脱离实际、学用分离，最强调所学与实践相结合。1951 年 9 月 29 日，周恩来在北京、天津高等学校教师学习会上说："如果我们不把书本上的知识跟实践相结合，这个知识就是死的，没有用的。反过来说，不相信书本知识，只相信自己的狭隘经验，也是危险的。我们要坚持毛主席倡导的理论与实践相结合的原则。"② 周恩来终生坚持学用结合、知行合一，不读死书，不死读书，而是坚持联系实际学习和思考。

从"无生"到"重生"

树无根不长，人无志不立。少年周恩来即立下"为中华之崛起而读书"的宏大志向，在南开学校读书时他还专门写了一篇题为《尚志论》的作文。他在文中列举了古今中外大量史实，论述事业的建树与个人志向之间的内在联系，认为无论"立功异域，封万户侯"的班超，还是"鞠躬尽瘁，死而后已"的诸葛亮，"若论其

---

① 《周恩来论文艺》，人民文学出版社 1979 年版，第 202—203 页。
② 《周恩来教育文选》，教育科学出版社 1984 年版，第 58 页。

成功之秘诀，因由于一种叱咤风云之气，坚忍不拔之操所铸成，要亦其最初之志，有以使之然耳"。他进而提出："故凡同一人类，无论为何种事业，当其动作之始，必筹画其全局，预计其将来，成一希望在"。"然后按此希望之路径以前进，则其结果鲜有与此希望相径庭。"对于什么是志向，他说："希望者何？志是也。志与希望，实一而二，二而一也。"对于树立什么样的志向，他说："志卑之害"在于"志在金钱者"和"志在得官者"，表示"立志者，当计其大舍其细，则所成之事业，当不至限于一隅，私于个人矣"。[①] 正是基于对立志的正确认识，周恩来自青少年时代起，就自觉地把"立志"与学习有机地结合起来。

世间学习成长的道路总是不平坦的，周恩来东渡日本求学，是为了寻求救国救民的真理，实现中华腾飞的鸿志。1918 年 2 月 6 日，他在日记中写道："现在的人，总要有个志向。平常的人，不过是吃饱了，穿足了便以为了事。有大志向的人，便想去救国，尽力社会。"[②] 实际上，这时的周恩来因为个人境遇和家庭状况，他的情绪是非常低落的，甚至陷入彷徨，曾经求助于佛教的"无生"，1918 年 2 月 15 日他在日记中写道：之前一段时间，我"看着世上一切的事情，都是走绕道"。"苦海无边，回头是岸"。我一度产生了"不如排弃万有，走那'无生'的道儿"的想法。恰在此时，周恩来重新阅读了此前没有"特别的去注意"读的《新青年》，联系思想实际和家国境况，他的思想发生了巨大转变。2 月 16 日，他在日记中写道："这几天连着把三卷的《新青年》仔细看了一遍，才知道我从前在国内所想的全是大差，毫无一事可以做标准的。来

---

① 《周恩来早期文集》上卷，中央文献出版社、南开大学出版社 1998 年版，第 49—50 页。

② 《周恩来早期文集》上卷，中央文献出版社、南开大学出版社 1998 年版，第 328 页。

到日本，所讲的'无生'主义，确然是高超了许多，然而却不容易实行。总起来说，从前所想的、所行的、所学者全都是没有用的。""我愿意自今以后，为我的'思想'、'学问'、'事业'去开一个新纪元才好呢！"①

通过联系实际阅读《新青年》，周恩来在思想上受到了一次洗礼，开始抛弃旧的思想，接受新的思想，使他犹如重获新生一般。2月17日，他在日记中写道："我自前天忽然的醒悟，将从前一切事体都看成了不足重的事，不足取的事，心里头非常的快活。'从前种种譬如昨日死'。我这时候的思想，与这句话一点儿也不错。我这时候的喜欢，好像比平常人信宗教还高兴十倍。宗教家常说人要信宗教就是'更生'、'重生'。我觉得我这回大领悟，将从前的全弃去了，别辟'新思想'，求'新学问'，做'新事情'，实在是'重生'、更生'一样子了'。""重生"的周恩来，从此"决不持固有的与新的抗，也不可惜旧有的去恋贪他"，而是"想比现在还新的思想"、"做现在最新的事情"、"学离现在最近的学问"，时刻注意联系实际，丰富和提高自己。②

周恩来后来一直保持了这种读书联系思想实际，解决思想问题的好学风。1943年3月18日，他为自己提的七条修养要则中有一条就是："要与自己的他人的一切不正确的思想意识作原则上坚决的斗争"③。周恩来的一生，就是不断地与各种不正确的思想意识做斗争的一生，就是不断地在观察和思考中抉择比对成为坚定的马克思主义者的一生。不仅是对自己，周恩来对全党特别是对年轻人养

---

① 《周恩来早期文集》上卷，中央文献出版社、南开大学出版社1998年版，第334—335页。

② 《周恩来早期文集》上卷，中央文献出版社、南开大学出版社1998年版，第335页。

③ 《周恩来选集》上卷，人民出版社1980年版，第125页。

成读书联系实际的学风非常重视。

在全面抗战爆发后，1937年12月31日，周恩来到武汉大学对青年学生发表演讲，他说，"今天，无疑是个变动的战斗的历史上从未有过的大时代"，"青年在这时代里所占的地位是最困难而又最重要的"，中国的青年"不仅要在救亡的事业中复兴民族，而且要担负起将来建国的责任"，你们要到军队里去、到战地服务去、到乡村去、到被敌人占领的地方去、到全国各个角落里去。大家要谨记："工作和学习是分不开的。如今我们只有在不断地学习中，我们的工作才能够顺利地展开。我相信，只要我们肯，在任何地方都可以学习的。我们要各找一个适合于自己的地方，去发扬我们自己的长处，去学习，去工作。这并不是说我们得抛弃以往的学习，而是根据以往的那点根基，去发扬光大，去使理论适合于实际，去把知识活用。"①

当革命即将取得全国性胜利的前夕，1949年4月22日，周恩来在中国新民主主义青年团第一次全国代表大会上作报告，他指出："青年人要学习，就要多听各方面的意见，然后加以集中。也有这样一种人，因为东听一句西听一句，把自己弄得惶惶无主，本来开始他还有主意，这样一听就失掉了主意。我们要听各方面的意见，但是还必须加以思考。"他接着生动地说："一个人生着两个耳朵，能听话；生着两只眼睛，能看东西；生着两个鼻孔，能闻味。听话，能听正面的，也能听反面的；看颜色，能看白的，也能看黑的；闻味，能闻香的，也能闻臭的。所以，人体的机能也是合乎辩证规律的。我们必须听各方面的意见，辨别是非，从青年的时候起，就培养这样的思考力。"对于有些人特别是青年人工作中有畏难情绪，怕与不熟悉的党外团外的人打交道的情况，他勉励青年人不要怕，要从群众中汲取勇气，不要"一个人坐在房子里孤陋寡

① 《周恩来选集》上卷，人民出版社1980年版，第88—91页。

闻"，"应该在千军万马中敢于与人家来往"，要说服教育尽可能多的人同我们一道前进和斗争，"这样才算有勇气，这种人叫做有大勇"，青年很需要养成这种作风。①

面壁苦读为"破壁"

1949 年 5 月 7 日，周恩来在中华全国青年第一次代表大会上说："毛泽东思想的特点，就是把普遍真理具体化，运用到中国的土壤上。"②同年 12 月 6 日，他在对出席民盟四中全会扩大会议的人员讲话时又说："单靠多读几本马列主义的书是不行的，问题在于实践。理论要同实践相结合才能真正解决问题，否则就是空话，于事无补。"③1917 年 9 月，周恩来赴日留学前写了一首抒发救国抱负的诗："大江歌罢掉头东，邃密群科济世穷，面壁十年图破壁，难酬蹈海亦英雄。"周恩来勤奋读书，不是为了学习而学习，而是要通过"面壁"的勤奋苦读，达到"破壁"改造社会的目的，因此，他读书治学最主张学以致用。

满招损，谦受益。学以致用，首要谦虚。一个人如果没有谦虚之心，往往容易骄傲自满，盛气凌人，看不起别人，因而很难虚心向他人学习。周恩来对谦虚有着深刻的认识，早在青年时期他就写过《论名誉》一文，文中指出：一个人应该把名誉"当第二生命"，"举凡一切处理，窃勿幸存邀名之心，当以正义绳其轻重"，"若夫汲汲于名犹汲汲于利之徒，日惟名誉之是谋，不遑计及实事，虚声盗世，眩世眩俗，以淆乱风气者，是名誉之罪人也。"④周恩来一生

---

① 《周恩来选集》上卷，人民出版社 1980 年版，第 329—330 页。

② 《周恩来选集》上卷，人民出版社 1980 年版，第 336 页。

③ 《周恩来统一战线文选》，人民出版社 1984 年版，第 157 页。

④ 《周恩来早期文集》上卷，中央文献出版社、南开大学出版社 1998 年版，第 48 页。

虚怀若谷，谦虚谨慎，与他接触过的人无不交口称赞。抗战时期，美国驻华外交官谢伟思与周恩来接触很多，他回忆说："在那些年月里，当他会见美国客人的时候，我对他进行了观察。他会见了许多美国客人，有地位高的，也有地位低的；有文职人员，也有军人；有非常通晓中国问题的，也有对中国问题一无所知的。可是看来他并没有因为有人无知而感到吃惊，也没有把任何问题看得过于琐碎或不相干而不予理睬。确实，不管情况多么使他感到为难，我从来没有看到他表现出厌烦、生气或疲倦。"① 周恩来不仅自己严格自律、谦虚谨慎，他还积极倡导不耻下问、戒骄戒躁的优良传统作风。他告诫青年人不要自己划个小圈子把自己圈起来，"青年人一定要非常谦虚，不要骄傲，应该觉得自己差得很，事情还做得很少；同时，我们还要团结所有能够争取的人。这就是说，对自己应该自勉自励，应该严一点，对人家应该宽一点，'严以律己，宽以待人'。"②

兼听则明，偏信则暗。理论要想科学地应用到实践中，就要集思广益，听取各方的意见。1949 年 4 月 22 日，周恩来在中国新民主主义青年团第一次全国代表大会上指出："我们要知道，有不同的意见的人跟我们来讨论、争论，真理才能愈辩愈明。辩证法就它的希腊字源来说，意思就是进行论战，联共党史上不是也讲了这一件事情吗？在历史上，许多哲学家、政治家也喜欢争辩。圣人都喜欢辩论，何况咱们后生小子乎！为了寻求真理，就要有争辩，就不能独断。什么叫独断？就是我说的话就对，人家说的话就不对，那还辩什么呢？你的意见是神圣不可侵犯的，那谁还跟你辩？即使自己有很多对的意见，但是还要听人家的意见，把人家的好意见吸取

①　新华通讯社编译：《举世悼念周恩来总理》，人民出版社 1978 年版，第 399 页。

②　《周恩来选集》上卷，人民出版社 1980 年版，第 328 页。

过来，思想才能更发展，辩证法就讲矛盾的统一，只有通过争辩，才能发现更多的真理。"①

辩证地看问题，是周恩来一贯的主张，是他应用马克思主义理论到实践中的基本态度和方法。1961 年 6 月 19 日，周恩来在文艺工作座谈会和故事片创作会议上深刻地论述了物质生产和精神生产的辩证关系，他说："物质生产的某些规律，同样适用于精神生产"，但若"搞得过了头，精神生产也会受到损害，甚至损害更大。"他拿作诗打比方说："我们的领导人中，陈毅同志喜欢写诗，写得很快，是多产作家，是捷才。毛主席则不同，他要孕育得很成熟才写出来，写得较少，而气魄雄伟、诗意盎然。当然，陈毅同志的诗也很有诗意。我们不能要求毛主席一天写一首诗，也不必干涉陈毅同志，叫他少写。精神生产是不能划一化地要求的。"接着他还把自己摆进去说：陈云同志喜欢听评弹，"我过去对评弹不懂，现在觉得比北方大鼓还好，当然各有千秋"。但是，"我仍愿意听北方曲艺，因为听评弹的苏州口音比较费力，所以不如陈云同志热心。不能一定要我和陈云同志一样，也不能因而说我不赞成评弹"，要因人而异，各取所需。②

方向就是原则，坚持方向就是坚持原则，而要实现方向就要制定具体的政策和策略。1964 年 12 月 18 日，周恩来在治理黄河会议上讲话，他先就治理黄河谈了具体的意见和看法，最后他又补充说："一切问题都要到现场去实践，通过实践，不断总结取得经验，然后再实践再总结。""头脑热的时候，总容易看到一面，忽略或不太重视另一面，不能辩证地看问题。原因就是认识不够。认识不够，自然就重视不够，放的位置不恰当，关系摆不好。"③ 这实际上阐述的

① 《周恩来选集》上卷，人民出版社 1980 年版，第 329 页。

② 《周恩来选集》下卷，人民出版社 1980 年版，第 328—329、339 页。

③ 《周恩来选集》下卷，人民出版社 1980 年版，第 438 页。

是从群众中来到群众中去的党的群众路线，政策制定出来后，不能捂着盖着，要公开透明，接受群众检验。1948年3月7日，周恩来在为中共中央起草的给晋绥分局的指示中提出："任何政策的决定或改变，任何政策中之正确的部分或错误的部分，必须适时地不但向干部而且向群众公开指出，才能得到群众的了解和拥护而成为力量。领导者必须经常掌握这一主动，不要因为过分小心，许多有关政策问题，仅限于少数干部知道，弄得群众及下级干部反彷徨不定，结果必使自己陷于被动。你们如果认为中央指示在某些具体问题上（不是原则问题上）在实行时还须加以解释，不致使下级干部看到后以为他们所做的凡不完全合这一指示的，都需推翻重做，那你们可作一个决议接受这一指示，而将应该注意之点写在上边同时发表。"①

在中外文化关系上，周恩来认为："我们的民族从来是善于吸收其他民族的优秀文化的"，我们要"先把本民族的东西搞通，吸收外国的东西要加以溶化，要使它们不知不觉地和我们民族的文化溶合在一起"，"这种溶合是化学的化合，不是物理的混合，不是把中国的东西和外国的东西焊接在一起"。② 因而，周恩来主张要打开视野，走出国门，学习外国的先进科学技术。新中国成立后，我国派出了大批留学生，周恩来在不同场合多次对留学生表达了要学以致用的殷切希望。1953年7月25日，他在欢送出国留学生晚会上殷切提出：派大家出国留学，是为了"学习建设社会主义的知识"，在学习中你们不要被原有的框框束缚住，要"把理论与实际结合起来，不要读死书，要活用。"③1965年3月25日，周恩来率中国党政代表团访问罗马尼亚时，又对我国留学生说：你们"到这里来学习，不是为了要什么毕业文凭，而是要把知识学到手，用在祖国的

① 《周恩来选集》上卷，人民出版社1980年版，第301—302页。
② 《周恩来选集》下卷，人民出版社1980年版，第343—344页。
③ 《周恩来教育文选》，教育科学出版社1984年版，第82页。

建设上。""要做到学以致用，使自己学成以后能为祖国的社会主义建设作出贡献。"①

没有一点历史知识不行

1971年4月12日，周恩来在接见全国出版工作座谈会领导小组成员时忧心忡忡地说：要出版历史书籍，要讲历史，不能割断历史，"没有一点历史知识不行"。② 周恩来这个话是有感而发，因为他一生喜欢读史，深知学史用史的重要性和必要性。

1915年春，周恩来在一篇作文中写道："况当兹神州存亡危急千钧一发之秋，吾党青年，正宜努力前途，以作砥柱中流自任，则博闻强识，尤非仅限于课本中。齐鲁义丐，洙泗遗风，燕赵屠狗，秦晋旧俗，皆吾人所当顾问及之。将来出而任社会事，秉国家钧，方不至无所措手，此太史公足迹遍天下，所以能成古今绝大之著作也。"③ 在这里，青年周恩来表达了对司马迁"读万卷书，行万里路"的敬仰，倡导青年人要走出书斋，用社会实践印证书中所学，同时亦可看出他对司马迁及其所著《史记》是非常熟悉的。《史记》是周恩来最喜欢读的历史书籍之一，实际上他对古今中外的历史著作都非常感兴趣。1975年7月8日，病重的周恩来嘱咐秘书将新、旧《唐书》中的《武则天传》找出送阅。8月16日，他又嘱咐身边的人员找出《鲁迅全集》中《评金圣叹》篇及各种版本的《水浒》送阅。④ 可以说，周恩来一生与历史书籍相伴，他有着超过常人的非常丰富

---

① 《周恩来教育文选》，教育科学出版社1984年版，第229页。

② 《周恩来选集》下卷，人民出版社1980年版，第470页。

③ 《周恩来早期文集》上卷，中央文献出版社、南开大学出版社1998年版，第51—52页。

④ 《周恩来年谱（1949—1976）》下卷，中央文献出版社2007年版，第714、717页。

的历史知识。

　　周恩来在青年时代接触马克思主义之后，就认识到军队对中国革命的重要性。1924年秋回国后，10月他即担任了中共广东区委委员长，不久兼任军事部部长，成为中国共产党最早从事军事工作的领导人之一。当时正值国共两党合作时期，他先后任黄埔军校政治部主任、国民革命军第一军政治部主任、东征军总指挥部政治部总主任等职。1925年2月，他参与领导黄埔军校校军参加讨伐陈炯明的东征。6月2日，在东征回师途中，周恩来向黄埔军校学生做了题为"军队的性质和组织"的演讲，在谈到军队的集成方式时，他结合中西历史讲道："明末张献忠、李自成造出很大的变动，由此可知道农业社会里遇到了灾的时候，常常会引起变的。还有好大喜功的君主，不但中国是这样，就是西方也是这样，俄国农民失业，大彼得扩充兵力到西伯利亚。要知道在农业社会里农人生活无保障，常常会迫着他去当兵的。中国现在还是农业社会破产、封建社会崩溃的时候，所以好招兵。他不当兵，便不能生活。"1926年7月，他又在国民革命军总政治部举办的战时政治训练班上就这个问题进一步分析说："中国数千年历史上的治乱，不在君主的贤愚，盖以经济的变迁为转移。每一朝代更替，时局扰攘，多由于社会上的失业游民太多，所以兵匪也多"，太平天国、义和团、同盟会革命运动等民族运动的兴起，也是缘于近代中国经济上发生了"极大的变动"。①

　　皖南事变后，在周恩来的关心和鼓励下，郭沫若接连创作了《屈原》《虎符》《高渐离》《孔雀胆》《南冠草》5部借古喻今极具影响力的历史剧，同时还写了《青铜时代》《十批判书》《屈原思想》和影响很大的史论《甲申三百年祭》等历史著作。每当有初稿完成，郭沫若总是先请周恩来阅提意见，而周恩来也总是直言不讳，谈自

　　① 《周恩来军事文选》第一卷，人民出版社1997年版，第7、16页。

周恩来审慎求真的学习志趣

己的真实看法。1942 年 2 月，郭沫若将《屈原研究》的"屈原思想"部分送请周恩来提意见，3 月 7 日周恩来致信郭沫若谈道："《屈原思想》读完了。你拿'德政''刑政'来作当时社会变革的两大思潮是很有趣的；但由此可以发生出这样一个争论，即前者是改良派而后者是革命派。当然，这种论据也不会充分，因为我以为中国封建制的最后完成，还在西汉，而陈胜、吴广乃至项羽、刘邦的革命方始完成这一改革，故'德政'也好，'刑政'也好，都还是奴隶制走向封建制的一种过渡时代的改革想法和做法，也正是当时时代的产物。拿屈原作为一个伟大的思想家而兼艺术家，我同意，说他是革命的思想家，容有商榷余地。质之你以为何如？"周恩来结合历史的这个分析是中肯的，他不仅提出了思想见解，在文字推敲上也提出了具体的意见，他建议将"关山煮海"改为"官山府海"；"该做就快做"的快字宜改为要字，因为觉得这样读起来比较辩证一些。①

　　1952 年 6 月 19 日，周恩来在中共中央统战部召开的全国统战部长会议上说道："为什么政务会议每个星期要开一次呢？难道我也是闲着没事干，高兴每个星期开一次会吗？不是的。这是有好处的。"因为政务会议上畅所欲言，提出了许多不同的意见，"我们听到这些话就能够启发思想。毛泽东同志常常讲'兼听则明，偏信则暗'，正是这样一个道理。我们管理着这样大的一个国家，就要注意听取各种意见。"②10 年后，1962 年 2 月 3 日，周恩来在中共中央扩大的工作会议福建组会上又说："要提倡讲真话，即使是讲过了火的也要听。唐代皇帝李世民，能听魏征的反对意见，'兼听则明'，把唐朝搞得兴盛起来。他们是君臣关系，还能做到这样，我们是同志关系，就更应该能听真话了。"③周恩来用唐代政治家魏征

---

① 《周恩来书信选集》，中央文献出版社 1988 年版，第 216—217 页。

② 《周恩来选集》下卷，人民出版社 1980 年版，第 103 页。

③ 《周恩来选集》下卷，人民出版社 1980 年版，第 349 页。

的名言"兼听则明，偏信则暗"，批评了党内产生的浮夸和说假话的现象，教育领导干部要听真话说真话，要听取各个方面不同的声音，全面地了解实际情况。

1954年1月9日，周恩来前往中山公园参观徐悲鸿遗作展，他指着徐悲鸿手书的"横眉冷对千夫指，俯首甘为孺子牛"的鲁迅诗词，对其夫人廖静文说：徐悲鸿就有这种精神！叮嘱她在出版徐悲鸿画集时应将这副对联印在扉页上。同时在《傒我后》油画前给在场人员讲解："傒我后"典出《书经》，这句话的意思是说，人民在暴虐的统治下渴望得到解放。徐悲鸿创作这幅油画正是"九一八"事变以后，祖国大片国土沦陷，这是针对国民党的腐败而抒发了人民对光明的渴望和期待。他对有关部门负责人说：成立徐悲鸿纪念馆很好，要好好保护这些作品。①

上述事例表明，周恩来读史，不拘泥于文本，而是活学活用，看似信手拈来的历史知识运用，背后体现的是周恩来深厚的历史学养。周恩来在讲话和著作中，不仅大量运用正史，其他诸如神话、寓言、诗歌、散文、戏剧、小说、成语等各种类型的典故他也是广泛借用，据不完全统计，《周恩来选集》上下卷中使用的谚语、成语和典故就有300余处。周恩来运用历史知识，不是为了追求辞藻的华丽，也不是为了炫耀知识的广博，而是为了联系实际解决现实问题，体现了他学用结合的一贯学风。

四、向科学进军

周恩来终身注意加强自身的学习和修养，同时也不遗余力地推动全党全社会特别是领导干部和青年人的学习和成长。1938年

---

① 《周恩来年谱（1949—1976）》上卷，中央文献出版社2007年版，第344页。

3月25日，周恩来出席在汉口召开的中国学生救国联合会代表大会，为大会题词："学习，学习，再学习。在学校里学习，到前线上学习，到军营中学习，到群众中学习，一切学习都为着争取抗战胜利，都为着建设国家，复兴民族！"①新中国成立后，1956年1月14日，在中共中央召开的关于知识分子问题会议上，周恩来根据时代发展潮流和我国的实际，适时地提出了"向科学进军"的口号，吹响了建设社会主义现代化国家的号角。

教育观念来个大改变

新中国成立初期，民生凋敝，百废待兴，摊子大，家底薄。周恩来自幼数学成绩好，心算比一般同学的笔算还快，他也喜欢用数字说话。1957年3月19日，周恩来在中国人民政治协商会议第二届全国委员会第三次全体会上作总结发言，他说：把我国建设成为伟大的社会主义工业国是一项十分艰巨的历史任务，而要完成这一伟大使命，就要继续弘扬艰苦奋斗的精神，"因为我们这个国家有这么几个数目字，就说明不是轻易可以建设得好的。六万万人口的国家，这样多的人口的国家，而我们现在可耕地只有十六万万亩。拿我去过的南亚的一些国家来比，只有东巴基斯坦那个地方人口密，耕地比较少，跟我们几乎相等。除那个地方以外，没有任何一个国家比我们耕地少的，都比我们耕地多，有的多了一半，有的多了几倍。我国人口跟可耕地面积比，平均每人不到三亩。城市人口不算，三亩多一点。要是五口人一家，一家就是一公顷，而人家总是一公顷半或者二公顷，乃至十几公顷。至于欧洲国家的人均耕地那就更多了！据调查，我们除去可耕地，可开垦的土地数目还不到可耕地数。当然，这是现在已经调查出来的，还有很多没有调查好

---

① 《周恩来年谱（1898—1949）》上卷，中央文献出版社2007年版，第416页。

的，可能要比这多。"①

正是在经济基础薄弱、发展水平低下的情况下，中国共产党要带领中国人民把我国建设成为现代化的社会主义强国，让人民生活更加幸福美好，这是中国共产党的奋斗目标，也是周恩来的理想和抱负。1954年9月23日，周恩来在第一届全国人民代表大会第一次会议上做的《政府工作报告》中提出："我国伟大的人民革命的根本目的"，是"解放我国的生产力"，"建设起强大的现代化的工业、现代化的农业、现代化的交通运输业和现代化的国防"，"提高人民的物质生活和文化生活的水平"，巩固国家的独立和安全。②1963年1月29日，周恩来在上海市科学技术工作会议上提出："我们要实现农业现代化、工业现代化、国防现代化和科学技术现代化。"③这是党和国家领导人首次对"四个现代化"作的准确完整的表述。1975年1月13日，周恩来在第四次全国人民代表大会第一次会议上做的《政府工作报告》中，响亮地发出"向四个现代化的宏伟目标前进"的伟大号召。从1954年到1976年的二十多年中，周恩来在不同场合，多次阐述过现代化问题，讲得一次比一次充实、丰富和深刻。

实现四个现代化的宏伟奋斗目标已经明确，但是严峻的现实国情摆在那里，周恩来经过深入的调研和思考，于1963年1月29日在上海市科学技术工作会议上，详细阐述了四个现代化之间的辩证关系，他说："把我国建设成为一个社会主义强国，关键在于实现科学技术的现代化。"实现科学技术现代化应遵循的主要原则是："实事求是，循序前进，相互促进，迎头赶上。"前两点主要是指要有科学的态度。"我们不仅要实事求是，循序前进，还要有雄心壮

①《周恩来经济文选》，中央文献出版社1993年版，第346—347页。

②《周恩来选集》下卷，人民出版社1980年版，第132页。

③《周恩来选集》下卷，人民出版社1980年版，第412页。

周恩来审慎求真的学习志趣

志，尽快赶上世界先进水平。我们的四个现代化，要同时并进，相互促进，不能等工业现代化以后再来进行农业现代化、国防现代化和科学技术现代化。"我们要努力学习世界各国的先进经验，利用最新科学技术成果，我们虽然不可能避免走弯路，但要"少走弯路"。"我们应该迎头赶上，也可以赶上。我们不应该跟在别人后面把所有的程序都走一遍，那样，我们将永远落在后面。只有把实事求是、循序前进和相互促进、迎头赶上统一起来"，才能比较快地赶上世界先进水平。①

掣肘实现四个现代化的关键在人才的缺乏。1951 年 8 月 22 日，周恩来在一些专业会议代表及政府各部门负责同志参加的会议上讲：人才缺乏"已成为我们各项建设中的一个最困难的问题"，我国的知识分子不是太多了而是太少了，为此"我们必须在教育观念上来一个改变"，"学制也要适应成年人的学习要求"相应进行改革，建立新民主主义过渡时期的学制，"这种学制除包括一般的小学、中学、大学外，还有工农速成中学，技术学校，文化补习学校等，要形成促进各类人才成长的新体制。②

其实，教育观念和教育制度的改变，新中国成立伊始即已启动。1950 年 6 月 8 日，周恩来在全国高等教育会议上指出："新民主主义的教育是民族的、科学的、大众的教育"，贯彻这一教育方针要采取"理论与实际一致的方法"，"教育改革是比较长期的事，要有步骤地进行"。③1950 年 12 月 14 日，周恩来署名发布《关于举办工农速成中学和工农干部文化补习学校的指示》，提出：要给工农干部接受专门教育的机会，"培养他们成为新的知识分子"，并

---

① 《周恩来选集》下卷，人民出版社 1980 年版，第 412 页。
② 《周恩来教育文选》，教育科学出版社 1984 年版，第 34—37 页。
③ 《周恩来教育文选》，教育科学出版社 1984 年版，第 5—12 页。

对修业年限、学员选调、生活保障等做了详细规定。①1952 年 3 月 31 日，周恩来署名发布《关于整顿和发展中等技术教育的指示》，指出："培养技术人才是国家经济建设的必要条件，而大量地训练与培养中级和初级技术人才尤为当务之急"，为此中等技术教育必须进行有计划有步骤的整顿与发展，指示从体制机制等各个方面做了全面规定和要求。②

周恩来立足中国国情，将教育与社会主义建设紧密结合起来，对我国的教育体制、教育结构、教育内容和方法等进行了改革和创新，为广大工农群众创造了前所未有的学习条件，提高了全民族的科学文化水平，适应了我国经济建设等各项工作的迫切要求，初步形成了一套适合我国国情的教育思想和制度。

周恩来尊重知识，尊重人才，关心知识分子的工作和生活。1956 年 1 月 14 日，周恩来在中共中央召开的关于知识分子问题会议上提出：为了"最充分地动员和发挥知识分子的力量"，党内外的知识分子都要给与充分的信任，要逐步改善他们的工作条件和生活待遇。③周恩来更是以身作则，他平易近人、平等待人，真诚同知识分子广泛交往，从不以领导者自居。1963 年 5 月 29 日，他在中共中央和国务院直属机关负责干部会议上说："一个人站在领导地位，不虚心，不平易近人，自以为了不起、什么都懂，只要有这种思想并且在作风中表现出来，就危险了。"④周恩来终身以其谦虚谨慎、广纳善策、平易近人、平等待人的风范，赢得了知识分子和党内外各届人士的信赖和爱戴。

①　《周恩来教育文选》，教育科学出版社 1984 年版，第 23 页。

②　《周恩来教育文选》，教育科学出版社 1984 年版，第 66 页。

③　《周恩来选集》下卷，人民出版社 1980 年版，第 170 页。

④　《周恩来选集》下卷，人民出版社 1980 年版，第 419 页。

人求上进先读书

青年是祖国的未来和希望，周恩来对青年人的学习和生活非常关心。由于旧中国贫穷落后，加上长期战争影响，新中国成立后青年人的身体状况不良令人堪忧。1951 年 7 月 13 日，周恩来在政务院第 93 次政务会议上讨论《政务院关于改善各级学校学生健康状况的决定》时发言说：青年健康状况差要引起我们的高度重视，"有许多青年干部的健康状况还不如我们这一代的好"，这如何得了，这对于"国防建设、经济建设和国家其他各项建设都是有妨害的，必须改变。"[①]1953 年 7 月 25 日，周恩来在欢送出国留学生晚会上，勉励留学生要努力做到"身体好，学习好，纪律好"。1954 年 2 月 21 日，周恩来在政务院第 205 次政务会议上提出青年学生要全面发展，他说："每个人要在德、智、体、美等方面均衡发展。不均衡地发展，一定会有缺陷，不仅影响个人能力的发挥，对国家也不利。均衡发展是要思想和身体都健康。思想健康和身体健康是相互影响的。[②]1957 年 5 月 4 日，周恩来在给天津市第十五中学的信中，勉励青年学生为"做一个体力劳动和脑力劳动相结合的知识分子而努力"。[③]1963 年 7 月 22 日，周恩来在北京市高等学校应届毕业生大会上，阐述了社会主义教育方针，他强调德育、智育、体育是相互联系和相互结合的，要努力全面发展，做有社会主义觉悟的有文化的劳动者。

老同志阅历丰富，知识积累多，许多人甚至就是历史的见证人。周恩来号召老同志在身体允许的情况下，多思考、多总结、多记述。1959 年 4 月 29 日，周恩来组织召开了一次别开生面的全国

---

① 《周恩来教育文选》，教育科学出版社 1984 年版，第 26 页。

② 《周恩来选集》下卷，人民出版社 1980 年版，第 129 页。

③ 《周恩来教育文选》，教育科学出版社 1984 年版，第 150 页。

政协委员茶话会，他只请了年满 60 岁的政协委员参加。他感慨地说：我也只有到今年才敢召开这个会，因为我今年刚过 60 岁。"陈毅同志喜欢用《秋江》里的一句台词，说过了六十岁又是一个新花甲。老道理新解，很好。"老了是自然规律改变不了，但我们"要做到人老精神不老"，努力把知识和经验留给后代。"现在当然首先要研究现实问题，反映新的情况，但对过去的东西也需要研究，新的东西总是从旧的基础上发展起来的。过去编的府志、县志，保留了许多有用的史料。收集旧社会的典型事迹也很有价值，如近百年来有代表性的人物、家庭和家族的情况就值得研究，看看他们是如何产生、发展和衰亡的。那些典型人物，他们所代表的那个社会虽然灭亡了，有的本人也死亡了，但事迹可以作为史料记载下来。"大家的经历都很丰富，要抓紧时间整理记录下来，如果不抓紧有些史料就收集不到了。写的内容也不要只局限于文化史，要结合经历和专长，政治史、军事史、经济史、外交史都可以写。他还表示：如果有时间，我也愿意写点东西，"谁要写蒋介石的历史，我还可以供给一些资料，两次国共合作我和他来往不少。"① 在周恩来的关心和支持下，全国各级政协组织征集和整理了大量的文史资料，其中有许多资料带有抢救性质，弥足珍贵，起到了传承历史的重要作用。

　　周恩来对老区人民有着深厚的感情，对老区的文化教育非常关心。1951 年 10 月 9 日，他在中国人民解放军总政治部举办的来京参加国庆节观礼的战斗英雄代表和老根据地代表联欢会上深情地说：我们要关心和支持老根据地的发展，一定要"下山不忘山，进城不忘乡"。1952 年 1 月 28 日，他署名发布《中央人民政府政务院关于加强老根据地工作的指示》，其中写道："老根据地人民的政

---

① 《周恩来选集》下卷，人民出版社 1980 年版，第 295—297 页。

治水平一般较高，对文化生活的要求尤为迫切，必须提倡文化下乡，电影上山，普及社会教育，并在这些地区增办小学、中学、工农速成中学和各种技术学校，以培养工农出身的知识分子及各种专门人才。为此，应以省为单位适当调剂教育经费与教员"，切实推动老根据地文化教育事业发展。①

对于国家工作人员特别是各级干部，周恩来对他们的学习要求就更高更具体。1963 年 11 月 16 日，周恩来在一次国务院全体会议上，要求各部部长多读书，提高理论修养。他说："不读书不行，不然我们总结经验、继续前进就要受到阻碍。提高认识水平不是毛主席一个人或党中央几个领导人的事情，必须大家的水平提高才能前进。"就在这次会议上，周恩来提出了"秀才班子多读书"的思路，他说："现在每个部里都有一个秀才班子，叫做政策研究室。他们是一批优秀的青年，年龄不过三四十岁。我们读书，也要让秀才班子多读书，这样就提高了他们的政治理论水平，对我们工作有好处。我们每天要处理日常事务，管政府工作的都有一个'门市部'工作，不管不行。现在各个部里都自己处理一些日常工作，处理错了也不好，党信任我们，所以我们必须提高政策水平，我们自己读书，还要提倡秀才班子读书，学习政策，共同提高，这样才能丰富我们的马列主义理论、政策的队伍。这一点重要！因为我们总结东西不是随随便便的，因此，需要提一提。"②周恩来强调"秀才班子多读书"，旨在推动全党加强学习，不仅是各级领导干部要学习，一般的工作同志也要学习，年长的同志要学习，年轻的同志更要努力学习。

对身边的工作人员，周恩来对他们的学习抓得更紧，要求他

---

① 《周恩来选集》下卷，人民出版社 1980 年版，第 79 页。

② 杨明伟：《世纪伟人周恩来》，安徽人民出版社 1995 年版，第 85—86 页。

们在实践中学习，在工作中提高。曾任周恩来秘书的纪东回忆说："为了提高我们的思想水平和综合分析能力，总理要求我们抓紧一切时间阅读各种书籍、资料，包括政治的、经济的以及文化艺术方面的等等。对理论方面，总理要求读原著，对经济、文艺、科技等方面专业性较强的，一般根据工作需要，作常识性的学习和了解。比如，反映国际动态的《参考资料》，每天两大本。总理要我都看一遍，并筛选出重要内容给他讲摘要。重要的地方，要原文讲给他听。有的重要文章和段落，我要用红笔画出来，供他亲自阅读。这就对我们提出了要求：要认真地看，仔细地读，要提高判断和选择能力。"有一次总理突然问我："唱歌和唱戏，什么是'真嗓'？什么是假嗓？怎么区分？中国的民歌唱法是不是真嗓？京剧行当很多，哪些是真嗓？哪些是假嗓？美声唱法是真嗓还是假嗓？"如此专业具体的问题，可见总理研究问题之深，若想回答得好，那就要靠平时的知识积累和储备。①

过好"五关"

新中国成立后，中国共产党成为执政党，各级干部手中都有或大或小的权力，面对各种新的挑战和考验，大多数党员干部能够继承和弘扬党的优良传统和作风，严格自律，敬业工作，但是也出现了不重视思想修养、官僚主义等不良思想有所抬头的现象。改造主观世界与改造客观世界是辩证统一的，周恩来在努力改造客观世界的同时，非常注意学以致用改造主观世界。1963 年 5 月 29 日，周恩来结合实际经深入思考，在中共中央和国务院直属机关负责干部会议上提出领导干部要过"五关"，就是过思想关、政治关、社会

---

① 纪东：《难忘的八年：周恩来秘书回忆录》，中央文献出版社 2007 年版，第 57 页。

周恩来审慎求真的学习志趣

93

关、亲属关和生活关。①

过好"思想关"，就是要把确立和保持马克思主义世界观和人生观，看作是一个不断改造伴随终身的长期历史过程。周恩来提出：思想改造"是一辈子的事"，因为"时代是不断前进的，思想改造就是要求我们的思想不落伍，跟得上时代，时时前进。事物的发展是没有止境的，因此我们的思想改造也就没有止境。"他提出思想改造一定要联系自身实际，他以自己为例说道："历史上我做过统一战线工作，跟蒋介石打过多次交道，跟美国的马歇尔也打过交道，在台湾有那么多的国民党同学和朋友，在美国也有很多朋友，我的关系可复杂了。从周围的环境看，我接触党内外的人和事很多，也接触外国人，有时候要出国访问，还到资本主义国家，跟那些国家的领导人打交道。这么一个复杂的情况，我就得注意自己的思想。我今年六十五岁了，是不是已经修养得很好不必改造了？我不敢这样说。"他进而提出："要经常反省，与同志们交换意见，经常'洗澡'。""要把思想改造看成象空气一样，非有不可。不然，你的思想就会生锈，就会受到腐蚀。"他把思想改造比作是"空气"和"洗澡"，可见思想改造的重要性，他要求："每个党员从加入共产党起，就应该有这么一个认识：准备改造思想，一直改造到老。还没有加入党的朋友，凡是参加革命，参加社会主义建设和社会主义改造的，也应该这样。"惟有如此，才能牢固树立马克思主义的人生观世界观。

过好"政治关"，就是要牢固树立共产主义远大理想信念，时刻注意和不断加强党性修养和锻炼，始终保持正确的政治方向和坚定的政治立场。周恩来认为，过政治关"最重要的是立场问题"，因"立场是抽象的"，所以"要在具体斗争中才能看出你的立场站

----

① 《周恩来选集》下卷，人民出版社 1980 年版，第 423—428 页。

得稳不稳"，"立场究竟稳不稳，一定要在长期斗争中才能考验出来"。他从而提出："过政治关不是简单的事，不能认为只要参加了革命，打了多少年的仗，过去有过功绩，立场就可以保险了。没有这样的事。"他还列举了王明等党的历史上的一些负面典型，希望领导干部引以为戒，时刻加强政治意识。

针对中国社会封建积弊深重的特点，周恩来"特别提出过后三关，是因为中国这个社会极其复杂，我们还有改造社会的任务。"由于改造社会的任务是长期的艰巨的，处在领导地位的同志担子就更重。"旧社会的习惯势力不是一下子就会消除的"，也不能"一次改造就成功"，况且，"你在这个地方过好了社会关，换一个环境，那个地方的旧势力、旧习惯又影响你。你在国内过好了社会关，到了香港或是到外国去又变化了。所以过社会关要有精神准备，要有长期的奋斗的决心。"周恩来的分析极有预见性，比如实行改革开放以来，有些人将市场经济规律搬到了党内政治生活之中，就滋生了权钱交易等不正之风。过好社会关的核心就是如何正确解决好权力观、地位观和利益观问题，如何以坚定的理想信念和过硬的意志品质，始终保持共产党人的初心。

过好亲属关，就是领导干部要树立清正的家风，严格要求子女、亲属和身边的工作人员。对这个问题，周恩来早就关注。1953年5月24日，他在视察北京市一〇一中学时，针对该校干部子弟比较多的情况，就对同学们说："八旗子弟，就是清朝的贵胄子弟"，"这些贵胄的祖先都是清朝立有战功的开国功臣，自小骑马射箭，能征善战，以后带兵灭了明朝，建立起清帝国，可是到了八旗子弟就不行了。他们从小娇生惯养，不骑马，要坐轿，整天提着鸟笼东游西逛，游手好闲，坐吃俸禄，不劳而获，过着骄奢淫逸的生活，甚至成了一群大烟鬼。后来，在帝国主义列强的侵略面前，他们束手无策，一败涂地，屈膝投降。"他用历史上清朝八旗子弟亡国的故事，教育学生不要脱离群众，"头脑里千万不要滋长特殊化的思想，不能骄傲，要谦虚，要尊敬老师，要向劳动人民学习，向劳动人民的子弟学习。"通过学习，不断改造自己，保持艰苦朴素作风，和劳动人民打成一片，成为对国家和人民有用的人。[①]在《过好"五关"》中，周恩来再次引用历史知识，他指出："秦始皇能够统一中国，可是他溺爱秦二世，结果秦王朝就亡在秦二世。我们决不能使自己的子弟成为国家和社会的包袱，阻碍我们的事业前进。"周恩来用秦始皇溺爱秦二世胡亥，结果导致秦朝很快灭亡的故事，教导广大领导干部，特别是党的高级干部，要过好亲属关。他说："过亲属关说起来容易，做起来就不那么容易了。天天跟你生活在一起的总有这么几口子。特别是干部子弟，到底是你影响他，还是他影响你？这个问题十分重要。"周恩来呼吁国务院直属机关负责干部，包括自己在内，"做出一点表率来"，"不要造出一批少爷"。老爷固然要反对，少爷也要反对，不然我们对后代不好交代。

共产党人不是生活在真空之中，周恩来提出领导干部要正确处理个人与国家、局部与整体的关系，过好生活关。他认为生活分两种：物质生活和精神生活。他认为："物质生活方面，我们领导干部应该知足常乐，要觉得自己的物质待遇够了，甚至于过了，觉得少一点好，人家分给我们的多了应该居之不安。要使艰苦朴素成为我们的美德。""精神生活方面，我们应该把整个身心放在共产主义事业上，以人民的疾苦为忧，以世界的前途为念。这样，我们的政治责任感就会加强，精神境界就会高尚。"过好生活关，就要弘扬艰苦奋斗的精神，戒除贪欲，知足常乐，陶冶情操，提高觉悟，形成高尚的共产主义品格和修养。

周恩来认为，对个人来说，过五关"不是一次就能过了的"，

[①] 《周恩来教育文选》，教育科学出版社 1984 年版，第 76 页。

而是要"一步一步地过"，要伴随着人的一生，这也是他一生的生动写照。周恩来终身坚持学习，不断改造自己的主观世界，做到了活到老，改造到老。他身为大国总理，但毫无官气，拜群众为师，视人民为父母，恪尽人民"总服务员"的职责和使命。他为政清廉，终身保持艰苦奋斗本色。他没有子女，但子侄亲属并不少，他对他们谆谆告诫，严格要求。他严于律己，勇于进行自我批评，以己之清正赢得了全党和全国人民的爱戴。

周恩来的一生是革命的一生，实践的一生，也是学习的一生。他"为中华之崛起而读书"的高远志向；谦虚谨慎，不骄不躁的学习态度；孜孜以求，审慎求真的学习精神；勤思多辨，广读博览的学习方法；学用结合，学以致用的学习目的；敦教励学，为人师表的学习风范，今日重温和学习仍然熠熠生辉。

刘少奇啃硬骨头的学习精神

刘少奇一生将读书视为生活中不可缺少的部分，无论是在求知若渴的青年时期、炮火纷飞的战争岁月，还是在工作繁忙的建设年代，他总是千方百计地挤出时间读书，如影随形，手不释卷，阅读思考。勤奋的学习，不仅使刘少奇具有了渊博的知识和卓越的智慧，也使他成为党内公认的理论家。在谈及对刘少奇的印象时，印度驻华大使曾告诉埃德加·斯诺："刘少奇首先给人一个平凡的表面印象。五分钟的谈话展示了这个人具有极严格的逻辑思维能力，能很快看出问题的核心并能作出有力和周密的简练回答。"① 观其一生，刘少奇在如何对待学习、如何开展学习、如何推动学习、如何反思学习等方面，都给我们作出了表率。

一、学习！学习！再学习！

刘少奇是伟大的马克思主义者，伟大的无产阶级革命家、政治家、理论家，他之所以能够从一个农民家庭出生的湘湖学子，成长为在理论和实践上均有卓越贡献的伟人，很大程度上源于他高远的学习志向和一生秉持的"学习！学习！再学习！"② 精神。高远的学习志向，决定了他学习不是为了单纯的学理研究或是取得一纸文凭、谋个好职位，而是"以天下为己任"，探寻救国救民的真理。"学习！学习！再学习！"的精神，使他不停地钻研和思考，不断地获得新知和智慧，因此也就比别人站得更高些，看得也更远些，最终成为卓越的马克思主义理论家。

聪明的"小书柜"

1898 年 11 月 24 日，刘少奇出生于湖南省宁乡县花明楼炭子冲一个农民家庭。刘家祖辈即以"老成持重，耕读传家"著称，刘少奇的父亲刘寿生是受过一定教育的农民，知书明理，为人忠厚，希望子女读书受教育。1906 年，刚满 8 岁的刘少奇，被父亲送到离炭子冲不远的柘木冲上私塾，照例先读《三字经》《千字文》，接着读《论语》等。1907 年，又换到了罗家塘私塾，读了《大学》《中庸》《诗经》等儒学经典。1908 年，转到月塘湾上私塾，读《诗经》等。1909 年，又到离炭子冲 10 公里的粉铺子洪家大屋读书。1910 年，

---

① 武原等编：《外国人眼中的中共群星》，四川人民出版社 1991 年版，第 164 页。

② 《刘少奇选集》上卷，人民出版社 1981 年版，第 71 页。

转到红米冲上私塾。1911年，在堂姐家寄读，学《左传》等。为克服学费等困难，从8岁到13岁，他像走马灯一样不停地变换私塾读书，几乎差不多一年换一个地方。幼年的刘少奇，举止沉稳、专心好学，学习成绩总是名列第一，深得老师和同学们的喜爱。刘少奇的私塾同学李桂生曾回忆道："刘九记忆强、理解快，老师点的功课，布置的作业，他总是完成得好，单字认得多，考试排第一。他读书很专心，不喜欢别人打扰他。最重要的是他勤于思考、善于思考。"①

在刘少奇学习过的众多私塾中，对他影响最大的是洪家大屋私塾。洪家是科举出身，数代为官，为了教育子女，请来的塾师是上过师范学校的杨毓群。洪家女子不缠足，可以同男子一起上学，给刘少奇留下了深刻的印象。更让他感到新鲜的是，杨先生不像别的教书先生那样只让学生呆板地背诵"四书五经"，而是教授国文、算术、自然地理等常识课程，而且经常给学生讲一些寓言故事、奇闻逸事，这都使刘少奇感到十分有趣。尤其令刘少奇兴奋的是，洪家大屋藏了很多书，虽然大部分是古书，但也有《世说新语》《古今传奇》《西游记》等"杂书"，这些书在家里父亲是禁止他看的，在这里却可以不受限制地阅读。然而，刘少奇的父亲却对洪家大屋的教学方式和内容很不满意，当他得知这位杨先生不好好教"四书五经"，而是给孩子们讲鹬蚌相争、渔翁得利之类的寓言，很是反感，决定让他转学。②

离开洪家大屋后，私塾枯燥单调的学习内容已不能满足刘少奇的求知欲望，而塾师陈旧的思想、呆板的教学方式也使他感到厌烦，他毅然从私塾退学，决定自学，于是他开始到处借书来读，成

①　唐振南等：《刘少奇在湖南》，湖南人民出版社1998年版，第7页。
②　《刘少奇年谱（1898—1969）》上卷，中央文献出版社1996年版，第5页。

刘少奇啃硬骨头的学习精神

了远近闻名的"读书狂"。刘少奇最常去的是与他家仅有一山之隔的首子冲——同学周祖三的家。周祖三的父亲周瑞仙是中国同盟会会员，曾在日本弘文书院留学，回国后在长沙、厦门等地教书办学，是一位思想倾向进步的知识分子。周家的书斋中有很多报刊书籍，既有数学、物理、化学、博物等教科书，又有当时流行的报纸、杂志、政治读物和一些新小说、新剧本。刘少奇发现后，如获至宝，经常到周家看书，有的还抄写在读书手册上。周家大人见刘少奇勤奋好学，也很乐意他来家和周祖三共同读书学习。这为刘少奇读书提供了很大便利，他经常是一头扎进周家书房，一坐就是半天，如饥似渴地阅读各种书籍。甚至有一次，在一个寒冷的冬天，看书入了迷的刘少奇，被炭火烤着了棉鞋都没发觉，周家因此风趣地叫他"小书柜"。因他排行第九，又好读书，从此同学和乡人送他一个雅号，叫"刘九书柜"。[①]正是这几年的苦读，使得刘少奇眼界大开，看到了一个缤纷的世界，虽身处偏远山区，但他对中国和外国的大事有所了解，对一些新知识也略知一二，并且从小养成了喜读书、勤思考的学习习惯。

当刘少奇在家一心苦读之时，伟大的辛亥革命爆发了。国家和社会发生的前所未有的变故，像层层涟漪传导和波及社会的每一个角落，使得青年刘少奇也深受震动。1912年，在湖南新军从军的二哥刘云庭，带回一本介绍辛亥革命始末的小册子，刘少奇读后深受启发。在他再三坚持下，姐姐帮他剪掉了头上的辫子，以表示对辛亥革命的拥护和对清政府的反叛。

风起云涌的革命、急剧变动的社会，使刘少奇对封闭的农家生活、单调的私塾教育越来越不满，他决心到外面的世界去，投入到时代的洪流中。在征得家人同意后，1913年他以优异成绩考取了

---

① 《刘少奇年谱（1898—1969）》上卷，中央文献出版社1996年版，第6页。

宁乡县第一高等小学，亦称玉潭学校，编入第十一班。玉潭学校的教学内容以西方自然科学和社会科学为主，学校教员中留学生、同盟会会员居多，思想进步，学校风气民主、开放。从传统私塾进入新式的"洋学堂"，刘少奇眼界开阔了许多，对这来之不易的学习条件，他格外珍惜，读书也十分刻苦。在3年的学习中，刘少奇学习了国文、史地、数学、物理、修身、体育、音乐、图画等课程，对数学、史地、国文尤感兴趣。考试成绩常得第一。他不偏科，爱好广泛，经常参加足球、篮球、武术等体育活动，闲暇时还喜欢吹笛子、拉二胡。玉潭学校订有来自上海等大城市的《申报》《大公报》《新闻报》等各种报纸，刘少奇一有空就悉心阅读。在玉潭中学读书期间，对刘少奇影响很大的一件事是他积极参加声讨袁世凯的卖国罪行。1915年5月，在得知袁世凯接受日本提出的丧权辱国的"二十一条"后，玉潭学校的师生们沸腾了，举行了罢课游行，刘少奇和几个同学胸前挂着"毋忘国耻"的牌子，手持"内除国贼，外抗强权"的小旗，走在游行队伍的最前面。这是刘少奇第一次投身到爱国的群众性运动之中，打破了他的平静读书生活，启发了他的思考。①

1916年夏，刘少奇以第一名的成绩从玉潭学校毕业，随后考入驻省宁乡中学，入学后他直接跳级进入二年级二期五班学习。在落下一年多的功课中，数理化课程尤其困难，但是刘少奇经过半年努力，到期末考试的时候，各科成绩在全班均名列前茅。1916年秋，受"武力救国思想"的影响，刘少奇以第一名的成绩考入湖南督军谭延闿在长沙开办的陆军讲武堂，以实现自己投笔从戎、以武报国的理想。1917年3月，陆军讲武堂正式开学，刘少奇立即结束了在驻省宁乡中学的学业，前去报到入学。长沙陆军讲武堂学制

刘少奇啃硬骨头的学习精神

———————————

① 《刘少奇年谱（1898—1969）》上卷，中央文献出版社1996年版，第11页。

是一年半，前半年主要是补习几何、代数、地理、物理、化学等文化课程，接着再学军事课程。孰料世事多变，军事课程刚学习了一个多月，护法战争爆发了，讲武堂被战火烧毁，留下一片断壁残垣。不久，皖系军阀张敬尧做了湖南督军，解散了讲武堂，刘少奇也只得离开长沙，回到了炭子冲老家。

远赴他乡取"真经"

从长沙回到炭子冲的一年里，刘少奇复习和自学了中学的全部课程和一部分大学课程，准备报考大学。此外，他还阅读了《御批增补袁了凡纲鉴》和《御撰资治通鉴纲目》等历史书籍。同时，他还起早贪黑地向人学习武术拳脚，锻炼身体，做好闯天下的准备。经过一年的"蛰伏"，1919 年夏，刘少奇邀集几位志同道合的同学来到北京。此时的北京正经历着五四运动伟大革命风暴的洗礼，许多著名思想家、政治活动家和追求真理的人士云集于此，各种新思想、新知识和新观点竞相传播，相互之间还开展着热烈的辩论，这一切都给刘少奇很大的震撼。1939 年 5 月 1 日，刘少奇在《中国青年》第一卷第二期《五四运动的二十周年》专栏发表感想与回忆，他说：当时是暑假，天津的学生也有不少到了北京，曾经在天安门举行很大的示威。五四运动开始了中国历史上一个最大的新文化运动，这个运动"成为中国彻底的民主主义的文化运动"，马克思主义"与中国工人运动人民反帝运动结合以后"，"成为中国政治生活中一个雄伟的力量"，此后，"马克思主义永远在新文化运动中占着主要的地位"。①

到了北京之后，刘少奇决定留下来读大学，经过一番考虑和选择，他报名参加了几所大学和军事院校的招生考试。不久，刘少奇

---

① 《刘少奇年谱（1898—1969）》上卷，中央文献出版社 1996 年版，第 252 页。

就接到了北京大学和陆军兽医学校的录取通知书。但是，他一打听，北京大学的学制长且学费贵，超出了他的承受能力，而军事学院的兽医学，他又实在不感兴趣，无奈他只得放弃了在北京上大学的计划。恰在此时，他了解到北京华法教育会正在组织青年赴法国勤工俭学，于是经人介绍，刘少奇进入保定育德中学附设的留法高等工艺预备班学习，为出国做准备。

1919 年 9 月，刘少奇进入留法预备班第三期学习。保定育德中学是一所颇具声望的私立学校，该校曾经是孙中山领导辛亥革命时的秘密活动场所，有着革命传统。学校里进步、民主气氛浓郁，学校教师对待新事物持开放态度。《新青年》《每周评论》等进步刊物学生可以随便翻阅。学校的图书馆中，还有不少介绍俄国十月革命和布尔什维克党情况的书籍报刊，李大钊《我的马克思主义观》一文，刘少奇就是在此读到的。这一切，都对刘少奇影响很大，特别是在纷至沓来的各种主义和思潮的冲击下，他的思想越来越进步，视野也越来越开阔。1958 年 5 月 30 日，刘少奇在中央政治局扩大会议上，曾回忆起在保定育德中学令人难忘的学习经历："我青年时在保定育德中学上过一年半工半读，有一个技师、两个技术工人教我们。作坊就是三个小房子，一个五马力的发动机，三部车床。我们一班六十个人，上午上四小时课，下午做四小时工，书也读了，身体也好了，还能赚钱。现在清华大学的刘仙洲副校长，那个时候教我们机械学。一年的半工半读，我们就学了打铁、翻砂、钳工、车床工、模样，五样都学了，还学了一门法文，准备到法国勤工俭学。"[1]

1920 年 6 月，刘少奇从保定育德中学留法预备班毕业。此时，因法国当局开始阻止中国学生入境，华法教育会停办了学生的赴法

---

① 《刘少奇选集》下卷，人民出版社 1985 年版，第 324 页。

刘少奇啃硬骨头的学习精神

手续，刘少奇的赴法愿望落空，只得返回长沙。这时长沙《大公报》的一则赴俄消息吸引了他，消息称：湖南成立了"俄罗斯研究会"，该会宗旨是开展俄罗斯研究、组织留俄勤工俭学。对俄国十月社会主义革命，刘少奇很向往，于是他当即决定改赴法为赴俄，到列宁的故乡去寻求真理。长沙的"俄罗斯研究会"实际组织者是毛泽东、何叔衡等人，是热心传播马克思主义、培养先进青年的革命团体，稍后他们又组建了社会主义青年团，聚集了一大批有志青年。刘少奇进入"俄罗斯研究会"不久，就申请加入了社会主义青年团，准备赴俄勤工俭学。他后来在谈到这一时期的思想转变时说："在共产党产生以前，马克思主义也传到中国来，我就是在一九二〇年看到了那样的小册子。从前听说过社会主义、无政府主义，后来看到无政府主义的小册子，又看到马克思主义的小册子。此外，还有一个最大的事情，就是俄国十月革命的胜利，这个革命把全世界想要革命但又没有找到出路的人都惊醒了。特别是在中国，我们那时感觉到了亡国灭种的危险，但又不晓得朝哪里跑，这一下就有办法了。"[①]

　　1920 年冬，刘少奇来到上海外国语学社学习俄语，为赴俄做准备。上海外国语学社是以陈独秀为首的上海共产主义小组在共产国际的帮助下成立的，具体负责人是维经斯基和杨明斋，其主要目的是输送进步青年赴俄学习，为中国革命积蓄骨干力量。外国语学社的学员经常保持在三四十人左右，许多学生挤住在一栋楼里过集体生活，和刘少奇同期在此学习的还有任弼时、肖劲光、罗亦农等人。学员主要是学习俄文，同时还学习马克思列宁主义的基本知识。除了正常的学习外，刘少奇还参加了陈独秀发起的上海工读互助组和上海马克思主义研究会的活动。和刘少奇同在外国语学社学习的肖劲光后来如此回忆这段生活："少奇同志当时一心扑在学习和工作

---

　　① 《刘少奇论党的建设》，中央文献出版社 1991 年版，第 507 页。

上。上午他和我们一起学俄文，下午又一起参加一些社会活动。有时在一起刻钢板、印传单；有时到工厂联络，作些宣传工作；有时做工。遇有纪念日，就参加游行，在前面举旗竿的多是我们这些人。我们除学习俄文外，每星期天还学习马列主义，主要是请人来演讲。我记得常来讲课的是复旦大学的教授陈望道，他主要讲他翻译的《共产党宣言》。这是我们看到的第一本马列书籍，书的封面上印有马克思的大胡子像。少奇同志几乎没有个人爱好，从不闲聊天，也不随便上街。我们不住在一起，但看见他的时候多是在学习俄文、阅读《共产党宣言》、思考着中国革命问题。"[1]虽然，在上海外国语学社的学习只有不到半年时间，却坚定了刘少奇的马克思主义信仰。

　　1921年5月，刘少奇与罗亦农、任弼时、肖劲光等一行十几人从上海出发，历经3个月的艰苦跋涉，到达了莫斯科。1960年12月7日，刘少奇在出席莫斯科各界为欢迎中国党政代表团访苏在中央列宁运动场举行的苏中友好群众大会时回忆了这段旅程，他说："为了学习十月革命的经验，一九二一年春，我和其他几十个青年团员，第一次来到你们国家。我们从上海到海参崴，经过赤塔到莫斯科。那时候，海参崴还被日本军队占领着，远东共和国也没有进行社会主义改革。从海参崴到莫斯科走了三个月，火车时开时停。当时火车是烧木柴的，有时候还要乘客从山里去搬运木柴，火车才能继续行走。当时你们的国家处在革命后最困难的时期，我们看到了并且亲身经历了这些困难。我们当中有部分人对于社会主义的信心发生了动摇，但是我们另一部分人对于社会主义的信心却因此而更加坚定了。"[2]

　　到莫斯科后不久，刘少奇等人被安排进东方劳动者共产主义大

────────────

　　①　《缅怀刘少奇》，中央文献出版社1988年版，第71页。

　　②　《刘少奇年谱（1898—1969）》下卷，中央文献出版社1996年版，第498页。

刘少奇啃硬骨头的学习精神

学学习。这所大学是 1921 年 5 月由共产国际创办的，目的是为东方各民族培养革命干部，学员有来自远东各国的革命青年，也有苏俄远东各少数民族的干部，由斯大林任校长。莫斯科东方大学按照学员国籍编班，刘少奇、任弼时、肖劲光、罗亦农、彭述之、袁达时、曹靖华等三十多人是第一批中国班学员。学校为中国班开设的课程主要有：哲学、政治经济学、无产阶级革命理论、俄共党史和工人运动史等。此时，苏俄正处于严重经济困难时期，苏维埃政府不得不实行战时共产主义政策，刘少奇等在东方大学的学习生活极其艰苦，吃不饱是常态。尽管物质生活艰苦，但是刘少奇却意志坚定，从不叫苦，抓紧时间学习无产阶级革命理论和苏俄革命经验。肖劲光回忆说："在东方大学学习的中国学生中有那么几个人受不住那个苦，想退学。少奇同志却始终表现得很坚定，对自己要求严格，纪律性很强，有明确的革命事业心，能团结我们大家一起克服困难坚持学下去。"①

在这一段难得的时间里，刘少奇系统学习了《共产党宣言》《国家与革命》《资本论》《政治经济学》等马列主义经典著作，通过体悟他逐步掌握了观察、认识和改造世界的科学方法，此时他认识到："资本主义已不能统治全世界了，社会主义的社会组织必将由人类的努力开始实现，我们处在这时代的人，应把无穷的希望，促进这段历史。"②从这以后，刘少奇确立了共产主义信仰，并于1921年冬加入了中国共产党，从此将他毕生精力和智慧都毫无保留地献给了党。他后来回忆说："在东方大学学了八个月跑回来了，也算取了经，取到的经不多就是了。当时我们学得不多，倒是我自己的革命人生观开始确定了。"③

---

① 《缅怀刘少奇》，中央文献出版社 1988 年版，第 76 页。

② 《刘少奇年谱（1898—1969）》上卷，中央文献出版社 1996 年版，第 21 页。

③ 《刘少奇论党的建设》，中央文献出版社 1991 年版，第 510 页。

看书是最好的休息

从苏联归国后，刘少奇便投身革命洪流，成为著名的工人运动领袖。抗日战争期间，他指导中原抗战，开辟和扩大了华北华中革命根据地，其后又受命于危难，重整皖南事变中受到重创的新四军。解放战争时期，他曾代理中央主席，主持中央工作，参与制定全国战略决策和土地改革的方针政策。新中国成立后，他曾任全国人大常委会委员长、中华人民共和国主席等党和国家重要领导职务。虽然工作繁忙，日夜操劳，但他从没有放松过读书学习，他多年来养成了每天读书写作到深夜的习惯。

1939 年 9 月下旬，刘少奇受中央委托，前往华中敌后根据地，执行"发展华中"的战略方针。从延安到华中的一路上，刘少奇不顾劳顿，读完了厚厚一本《联共（布）党史简明教程》，还读了有关中国历史和政治经济学方面的几本书。等到了 1942 年 3 月，刘少奇同随行去延安的一百多名干部，由八路军第一一五师教导五旅第十三团护送，从苏北阜宁单家港出发回延安。在将近一年的时间里，他跋涉万里，越过日伪 103 道封锁线，途中还参加了滨海、沙区、太岳区三次大的反"扫荡"战斗，就是在这样极其危险的敌后环境中，刘少奇还是一路跋涉一路读书，硬是把中国历史和中国哲学史比较系统地学了一遍。

1948 年 12 月 14 日，刘少奇在刘马列学院第一班学员讲话时指出："现在中国革命胜利了，不读书，可不成。以前在山头上，事情还简单，下了山，进了城，问题复杂了，我们要管理全中国，事情更艰难了。"我们"领导全国人民组织国家，如果搞得不好，别人也能推翻我们。""因此，不是说胜利了，马克思的书就不要读了，恰恰相反，特别是革命胜利了，更要多读理论书籍，熟悉理论，否则由于环境的复杂，危险更大。"① 因此，新中国成立后，他虽身兼党和国家多个重要领导职务，担负着巩固新生政权、治理国家的繁重工作，但对读书学习他反而比革命时期更加重视，无论工作多么繁忙，他从未间断过学习。

1951年秋，由于长期的紧张工作，刘少奇的身体有点吃不消。出于对他的关心和爱护，党中央和毛泽东特意安排他到南方休养。而刘少奇却把这次难得的修养当作安心读书的好时机，临行前他别的东西都不带，只带了几本厚厚的范文澜著《中国通史简编》。在杭州休假期间，他很少出门游览风景，而是每天饭后便戴上老花镜，在屋里埋头苦读。他一边阅读，一边查字典和地图，并在书上圈圈点点，书页空白的地方写满了批语。就是这样，休假结束时，几大本《中国通史简编》也读完了。

1959年4月，刘少奇当选国家主席，担子更重了，但他对读书学习却没有丝毫放松。他的卫士长李太和回忆："少奇同志担任国家主席之后，国事活动非常繁忙。正常情况下一天要工作十七八个小时，遇上开会或其他特殊任务，每天只能睡眠二三个小时，有时还要连轴转。他的时间观念是分秒必争，但他的工作也有规律。每天起床后，先让秘书报告有什么急件和活动安排，然后浏览当天的报纸，早饭后如果没有别的活动，就开始批阅文件或写东西，一直到第二天清晨两点钟左右才离开办公室，回到寝室也不马上睡觉，常常是盘腿坐在床上看当天的国内外参考资料。有时，一看就是两三个小时，不说别的，就是盘腿坐在床上看资料这一点，大家都十分钦佩。"② 正是凭着这种工作和学习精神，刘少奇虽然日理万机，但也读了"万卷"的书。

---

① 《刘少奇选集》上卷，人民出版社1981年版，第412—413页。

② 《在少奇身边的日子》，中央文献出版社2010年版，第355页。

在湖南刘少奇纪念馆里，收藏和陈列了王光美于1992年捐赠的上万册图书，内容涵盖了马列主义经典著作、毛泽东著作、法律、政治、经济、军事、外交、历史、自然科学等方面的书籍，这些书就是刘少奇勤奋学习、博览群书的最好见证。

二、学习方法要弄对

作为党内公认的马克思主义理论大家，刘少奇不仅从理论上论述了正确的思想方法和工作方法，而且更懂得实际工作的辩证法，在实践中创造了正确的思想方法和工作方法，从而能在纷繁复杂的工作中迅速理出头绪，抓住要害，事半功倍。刘少奇的读书生活同样如此，他十分注重策略和方法的运用。刘少奇不仅主张要勤于学习，更强调一定要善于学习，要掌握科学的学习方法。1948年12月14日，他刘马列学院第一班学员讲道：没有理论是不行的，不学马列主义理论是不行的，而"要学得一点东西，必须靠自己努力，方法也要弄对"，"只努力而方法不对，也学不到什么，自认为学到了，也是假的，靠不住的"[1]。

要有蚂蚁啃骨头的精神

在陕北的时候，刘少奇鼓励身边的工作人员多学习文化知识，他曾经语重心长地对时任中央警卫团班长的许志望讲："当然了，学文化有困难，困难可以克服嘛。哪一个人的文化也是通过艰苦努力得来的，要有点蚂蚁啃骨头的精神。"他还鼓励说："一天学两个字，明白这两个字的意思，那么一个月就是六十个，几年过后你就是个'秀才'，这种日积月累的道理你不会不懂吧，就看你有没有

---

① 《刘少奇选集》上卷，人民出版社1981年版，第411页。

刘少奇啃硬骨头的学习精神

毅力了。"① 刘少奇不仅勉励别人用"蚂蚁啃硬骨头的精神"读书，他自己更是坚持这种"攻书"精神的典范，锲而不舍地"啃书"是刘少奇终身坚持的一种生活状态。

1939 年年底，正值抗日战争处于非常艰难的时期，时任中共中央中原局书记的刘少奇，来到了新四军江北指挥部。张爱萍回忆说："很久以来，我们时常被一个问题苦恼着，就是感到敌后的环境紧张，战斗频繁，工作杂乱，抽不出时间学习。"但是有一天他发现这样的想法是错了。"事情是这样的：反顽战斗后不久，少奇同志就亲到苏皖纵队视察工作去了。一天晚上，我们部队到达离苏皖纵队比较近的地方宿营。深夜，我独自一人骑着马到了少奇同志住的村子。我一面转弯抹角向前走，一面看看表，已是深夜下一点多钟了，心里想：少奇同志已经早休息了，此刻去，会不会耽误他的休息呢？正在进退两难，犹豫不决的时候，忽然看见村中间的一个大院落里有隐约的灯光，我本能地朝着灯光走去。在大门口询问值班的警卫员，知道少奇同志正在这里。灯光在漆黑的深夜里，显得分外明亮。我怀着激动的心情，轻轻推开了房门。"少奇同志坐在桌旁，正对着那闪闪跳动的烛光，聚精会神地读书，顺眼看去，"书页上画了好些红的蓝的圈圈点点，有的上面还批了字"。刘少奇深夜"啃书"的情景深深感动了张爱萍，他由衷地说："我们经常强调客观原因抓不紧学习的论调不驳自倒了，难道少奇同志工作不比我们更忙些更紧张些吗？环境不是也一样吗？"我们没有理由不刻苦学习。②

新中国成立后，虽然刘少奇担任党和国家的重要领导职务，工作繁忙，但他仍然一如既往地坚持用"啃硬骨头"的精神读书学习。

---

① 许志望：《少奇同志关怀我们警卫战士》，《陕西日报》1980 年 3 月 21 日。

② 《缅怀刘少奇》，中央文献出版社 1988 年版，第 125—126 页。

由于长期伏案工作，刘少奇患了严重的肩周炎，病情发作时，胳膊抬不起来、伸不直，只能用吊带绑起来，十分痛苦。经党中央同意，1959年11月刘少奇到海南休假疗养。这时，"大跃进"运动已搞了一年多，工作中出现的各种矛盾，应该如何认识和应对，是刘少奇苦苦思索的问题。1958年11月9日，毛泽东在《关于读书的建议》的党内通讯中，号召全党同志认真学习斯大林著《苏联社会主义经济问题》《马恩列斯论共产主义社会》和苏联编写的《政治经济学教科书》，于是刘少奇决定利用这次难得的休假机会集中精力"啃啃"苏联科学院经济研究所编写的《政治经济学教科书（修订第三版）》下册（社会主义部分）。

1959年11月1日，刘少奇到海南刚休息了不到两天，便召集身边的随行人员，同他一起学习政治经济学。他说："我们要充分利用这个难得的机会，好好学习政治经济学，我们大家都参加，共同组成一个学习小组。"为了帮助辅导学习，刘少奇还特地致信中央办公厅主任杨尚昆，请他物色两位在政治经济学等相关领域有建树的学者来，一同学习。经杨尚昆等研究，决定派著名经济学家薛暮桥、王学文参加刘少奇的读书小组。此外，主持广东工作的陶铸、林李明及海南地方和驻军的部分负责人也应邀参加了读书活动。为了开阔学习视野、启发大家思考，刘少奇在一次学习讨论会上说："我们这是学习讨论会，大家都是学员，没有上下级之分，我们要各抒己见，畅所欲言，也可以争论辩论，不要怕说错。社会主义经济问题是很复杂的，需要我们好好地研究探讨。既然是研究探讨，那就要汇集各方面的不同意见，只有这样，我们才能在实践中少犯错误，少受损失。我们既要学习理论，又要密切联系实际，理论基础较差的同志，可以结合自己的实际生活多讲点感受。对理论问题既不能轻视，也不能神化。苏联的政治经济学教科书，是他们根据自己的经验写成的，也不是普遍真理。"① 刘少奇的这番讲话，消除了大家的思想顾虑，活跃了学习气氛，从而使读书学习活动进行得异常顺利。

从 11 月 2 日到 22 日，刘少奇与学习组成员一起，抓紧一切时间学习《政治经济学（修订第三版）》下册。最初以阅读为主，刘少奇逐字逐句地读，并不断地圈圈点点，遇到疑点难点问题，就查阅资料，或向薛暮桥、王学文两位专家请教。11 月 10 日至 20 日，召开了 9 次讨论会，逐章逐节进行讨论。讨论时，刘少奇总是带头发言，结合中国实际，讲了很多新见解。

11 月 10 日，刘少奇在发言中提出："不论做什么工作，总离不开吃饭穿衣。一个经济学，一个哲学，不论做什么，总离不开。"因此，要辩证看待教课书中的一些观点，如教科书说："社会主义社会根本就没有阶级对抗和民族对抗，它的特点是团结一致，十分稳定。""这里只讲一致，不讲矛盾"，显然不科学全面。在 11 日的发言中，刘少奇重点谈了发展社会主义工业化过程中要注意农、轻、重的关系问题，他说："社会主义工业化，苏联从重工业开始，对农业的发展，注意不够，我们也有这个问题。所以现在提出农、轻、重，以农业为基础，发展轻工业，同时发展重工业的方针，免得发生长期性的工农比例、轻重比例失调。"在 13 日的发言中，刘少奇提出"要研究经济中的主要矛盾：生产关系与生产力的矛盾"，要正确认识国民经济发展中"有计划"和"按比例"的关系。刘少奇在 16 日的发言中指出：认识、掌握和利用客观规律有一个过程，社会主义社会是"共产主义社会的一个阶段"，"但它刚刚从资本主义脱胎出来，带有许多旧的痕迹，这些痕迹不能很快脱掉，很快脱掉是不行的，要使它成熟，要经过一个相当长的时期，是不能性急

---

① 刘振德：《我为少奇当秘书》，中央文献出版社 1994 年版，第 98 页。

的。"在17日和18日的讨论中，刘少奇着重谈了商品问题，他说："只要按劳分配存在，就要有商品的存在"，要"对商品的作用在社会主义和资本主义有哪些不同"进行全面的研究。在19日和21日的讨论中，刘少奇突出强调要重视经济核算在经济发展中的作用，他讲："经济工作越做越细"，更需要"全面的经济分析"。"如果以为有政治挂帅就不要算账那是错误的"，搞经济工作"既要有政治挂帅，又要有经济核算"，"大账小账都要算"。刘少奇在11月22日第9次讨论时，谈了要正确认识和区分两类不同社会性质的矛盾，提出"社会主义和共产主义社会人民内部矛盾的基本性质是非对抗性质的"，"不可把非对抗矛盾当作对抗性矛盾"。①

刘少奇经过二十多天"啃书"得出的认识和思考，尽管有历史局限性，但很多见解极有价值，为全党认真学习研究经济理论树立了标杆，也充分体现了他学思结合的学习特点。一眨眼20天就过去了，刘少奇度过了一个有意义的学习式休假。

缺一面就不是真理

1948年9月至10月，党中央为了改进和加强新闻工作，在西柏坡召集人民日报社、新华社华北总分社的部分记者进行学习。10月2日，刘少奇在这次学习的集会上发表了谈话，后来被称为"对华北记者团的谈话"。在谈话中刘少奇讲道："报纸办得好，就能引导人民向好的方向走，引导人民前进，引导人民团结，引导人民走向真理。"新闻工作者要把工作做好，就要具备正确的态度、艰苦的工作、马列主义理论修养、熟悉党的路线和政策等条件。关于"要有正确的态度"，他解释说："你们是人民的通讯员，是人民的

---

① 《刘少奇年谱（1898—1969）》下卷，中央文献出版社1996年版，第468—473页。

记者，要全心全意为人民服务。"而要做到这一点，就要"了解人民群众中的各种动态、趋向和对党的方针政策的反映"，"要善于分析具体情况"，"要采取忠实的态度，把人民的要求、困难、呼声、趋势、动态，真实地、全面地、精彩地反映出来。""要做到真实，就要全面，缺一面就不是真理"。① 这个分析体现了刘少奇重视全面、崇尚思辨的学习态度和方法，而这种科学的学习态度和方法使得他在实际工作中能够坚持实事求是不盲从。

正确处理理论学习和具体实践的关系，是推动马克思主义中国化的关键问题。1941 年 7 月 13 日，华中局党校教员宋亮（即孙冶方）在学习斯大林《论列宁主义基础》中的"方法"与"理论"两章时，就如何理解理论与实践的关系问题，写信给刘少奇请求解答。当天，刘少奇就复了信。他在信中分析了中国共产党在理论学习方面的状况，指出轻视理论或轻视实践"这两种意见都是错误的。一种是过分强调实践，轻视理论的重要性，轻视理论对实践的指导作用；另一种是过分强调理论，轻视实践的重要性，轻视实践对理论的基源性与优越性。他们都没有把理论与实践的关系正确解决与正确联系。"在辩证分析了理论和实践的关系后，刘少奇在信中着重批评了轻视理论研究的倾向，他说："中国党过去的屡次失败，都是指导上的失败，是在指导上的幼稚与错误而引起全党或重要部分的失败，而并不是工作上的失败。直至现在，缺乏理论这个弱点，仍未完全克服（虽然党内少数同志特别中央的同志是有了对马列主义理论与中国社会历史发展的统一理解）。因此，现在提倡党内的理论学习，就成为十分必要。中国党只要克服了这个弱点，就能有把握地引导中国革命到完全的胜利。"② 这一分析体现了刘少奇全面

---

① 《刘少奇选集》上卷，人民出版社 1981 年版，第 396、402 页。

② 《刘少奇选集》上卷，人民出版社 1981 年版，第 218、220 页。

辩证的思维特点，既强调了理论和实践并重，又针对实际提出理论不足是重点。

刘少奇善于辩证学习和思考的特点，在如何对待孔孟传统文化方面表现得也很突出。1942年，刘少奇前往山东分局指导工作。山东是孔子故里，孔孟思想在当地群众中很有影响，而其中一些封建思想对抗战民主建政和开展群众运动构成了一种阻力。因而，山东分局的一部分干部认为，应该对孔子加以批判，砸烂孔子的牌位，彻底消除孔子的影响。还有一部分干部认为，不能对孔子进行批判，否则会伤害群众的感情。据与刘少奇同行的吕振羽记述，刘少奇了解情况后，否定了山东分局干部的两种意见。他认为："孔子的思想在当时是反映了社会前进的倾向和要求的，到今天还有其合理的因素；但不能否认，其主要方面又成了阻碍社会前进的有害东西。""孔子思想在群众中的影响，不光是个历史传统问题，还存在着一定的社会依据。因此，要群众把这长期以来的传统思想改变，要完全消除孔子对群众的消极影响，不是一个简单的问题。"但是，目前主要的问题是抗战，所以根本解决问题，还须待抗战胜利之后。现在，一方面要"对有害的思想作斗争"；另一方面要看到"孔子思想的合理因素"，譬如"孔子曾说过'微管仲，吾其披发左衽矣！'这是主张民族自卫、反对外来侵略的思想，对我们抗日民族革命战争就有用，我们就应该充分利用它，不应该把孔子一笔抹杀。"[①]刘少奇不为激愤情绪所胁迫，不为偏激言论所左右，历史辩证地看待孔子思想，对澄清群众的模糊认识，推动全民族抗战，起到了推动作用。

实业救国是近代以来涌动的一股爱国思潮，刘少奇在青少年时代就曾立志"从工业入手改造中国"。1948年12月25日，刘

---

① 《吕振羽全集》第10卷，人民出版社2014年版，第58—59页。

少奇在华北财经委员会上，响亮提出要把"经济建设作为党的总任务"。① 然而，要把一个经过长期战争破坏的、经济落后的农业大国，改变成为一个工业化的现代化社会，这是一个十分困难而艰巨的历史任务。为了实现这一历史任务，刘少奇不仅在新中国成立初期即设想了在中国实现工业化的具体道路，而且还远见卓识地提出了民主化和工业化齐头并进的战略性思想。1951 年 2 月 28 日，在中共中央政治局会议做出"三年准备，十年计划经济建设"的决策10 天之后，刘少奇在北京市第三届人民代表会议上指出："经济建设现已成为我们国家和人民的中心任务"，而"新民主主义的经济建设必须有新民主主义的政权来领导和保障"，"没有新民主主义的政治，就不能有新民主主义的经济"，这是由社会发展规律和社会主义经济性质决定的。反过来，"新民主主义经济的发展和国家的工业化，又要大大地加强和巩固新民主主义政权的基础"，为进一步加强民主建设提供坚实的物质基础。因而，"我们的基本口号是：民主化与工业化！"② 刘少奇在新中国成立初期即把民主化与工业化作为党和人民努力奋斗的双重目标提出来，几十年社会主义建设的风雨历程证明这一思想是难能可贵的。关于推进工业化的思想，在当时即是全党的普遍共识，是党的七届二中全会以后就一直大力倡导的基本口号。然而，把民主化与工业化并提并加以详细论述，这在当时还是不多见的。

1937 年 3 月 4 日，刘少奇致信张闻天，谈过去对白区工作的看法，他说："'左'倾错误是八七会议以来就有的"，产生这种错误的根源，"一方面固然是对于形势的估计错误，另一方面还是一个思想方法、哲学方法上的错误，还是我们的行动有了原则，还应

---

① 《刘少奇论新中国经济建设》，中央文献出版社 1993 年版，第 45 页。

② 《刘少奇选集》下卷，人民出版社 1985 年版，第 60 页。

否实事求是，应否估计形势，以及如何估计形势的问题。"①刘少奇在这里不仅较早地使用了"实事求是"这个科学概念，而且还把他提到哲学思维方法的高度加以概括。刘少奇给很多人的印象是看问题比较"透"，凡事能够举一反三，这要归结于他善于通过学习将具体问题提高到哲学理论的高度加以实事求是地分析和概括，从而能做到全面辩证历史地看问题。

实践才能出真知

刘少奇对年轻人始终寄予厚望，对年轻人的学习始终倍加关心。1957 年 5 月 17 日，刘少奇接见北京地质勘探学院应届毕业生代表，他首先勉励地院毕业生要争做"建设时期的游击队、侦察兵、先锋队"，接着他语重心长地说："你们现在大学毕业了，学了很多知识，但是你们到底有多少知识，要有个正确的估计。""其实你们在学校所学的东西是一知半解的，也就是说知识还不够完全。""你们读了很多书"，"似乎知识很多"，"我看你们实际的知识、真正的知识还没有接触到"，"真正的知识是从实践中来的"。同时毕业的同学，过若干年后，发展的有快有慢，其中影响的关键是在工作中是否善于学习，善于学习的"可能在政治上、业务上进步更快"，不善于学习的"到后来可能差别很大"。②注重向社会实践学习，是刘少奇坚持一生的学习方法。

革命时期，刘少奇重视调查研究，新中国成立后，面对社会主义建设的新形势和新挑战，他更加重视调查研究。空说无凭，我们以数字说话。据粗略统计：1955 年 12 月至 1956 年 3 月，在 3 个多月的时间里，刘少奇先后约请中央和国务院 37 个部门的主要负责

刘少奇啃硬骨头的学习精神

①　《刘少奇年谱（1898—1969）》上卷，中央文献出版社 1996 年版，第 176 页。

②　《刘少奇选集》下卷，人民出版社 1985 年版，第 317—322 页。

人进行座谈；1957 年 2 月 18 日至 4 月 14 日，刘少奇南下调研人民内部矛盾问题，视察了河北、河南、湖北、湖南和广东 5 个省；1958 年 2 月 19 日至 3 月 29 日，刘少奇走了河北、山西、四川 3 个省；7 月 1 日至 21 日，刘少奇视察了北京、河北、天津、山东 4 个省市，仅石景山钢铁厂、发电厂就蹲点 5 天；9 月 1 日至 29 日，刘少奇又到了河北、河南和江苏视察；10 月 15 日至 11 月 6 日，刘少奇又赴山东、江苏、安徽、上海、浙江 5 个省市视察；1960 年 3 月 26 日至 28 日、4 月 17 日至 5 月 28 日，刘少奇赴天津、河北、河南、陕西、四川等 13 个省市视察。正是凭借着调查研究这一"做好工作的最根本的方法"，刘少奇了解了实情，及时完善了政策，从而保证了党和国家决策的正确，而这其中最具代表性的是 1961 年的湖南农村调查。

1959 年庐山会议之后，国民经济再次陷入了一味强调"大干快上"的误区，从中央到地方充斥着盲目乐观情绪，对"大跃进"和人民公社化运动产生了持续的催化作用，"继续跃进"成为全党的口号，这种违背客观经济规律的做法，使国民经济在 20 世纪 60 年代初遭遇了重创，全国进入严重困难时期。严酷的现实，使得毛泽东和党中央开始头脑冷静下来。1961 年 1 月 13 日，毛泽东在中央工作会议上提出：全党同志"要把实事求是的精神恢复起来"，大兴调查研究之风。[①] 刘少奇对毛泽东提倡调查研究，内心里高度认同，行动上高度重视，3 月 19 日，他在中南、华北地区小组会上专门就调查研究问题作了讲话，他指出：这几年调查研究工作减弱了，"中央有些政策，决定前缺乏很好的调查研究。根据不够，决定之后，又没有检查执行情况，发现问题，及时纠正。"同时，他还提出"调查研究是今后改进工作的最根本的方法，要提到这样

---

① 《毛泽东文集》第八卷，人民出版社 1999 年版，第 237 页。

一个高度"，"我本人也要下决心搞调查，搞一个工作组，这比看报纸、听汇报要好得多。"①4月1日，刘少奇来到长沙，开始了为期44天的湖南农村调查。

开展科学的调查研究，调查者要放下架子，深入群众，亲民但不扰民。在调研前，刘少奇即同中南局和湖南省委的负责人说："这次去湖南乡下，采取过去老苏区办法，直接到老乡家，睡门板，铺禾草，既不扰民，又可以深入群众。人要少，一切轻装简从，想住就住，想走就走，一定要以普通劳动者的身份出现。"②到了湖南后，刘少奇又向陪同的工作人员重申了这条纪律。4月1日，刘少奇到达长沙，次日就到了宁乡东湖塘公社王家湾生产队，住在原生产队养猪场一间破旧的空房里，担负警卫和陪同任务的时任湖南省公安厅厅长李强回忆说："房子窗户是敞开的，就用布挡着风，原来的旧木床上加点稻草，两张方桌拼起，四条长凳围摆"，房子没有电灯，"点燃两支蜡烛照明"。③刘少奇就是在这间异常简陋的"办公室"兼"卧室"里，听取了先期到湖南调查的中央调查组和湖南省有关领导干部的汇报。

公共食堂问题是刘少奇此行调研的重点。在结束了王家湾生产队的调研后，刘少奇一行到了长沙县广福公社天华大队。天华大队是湖南省农业合作化运动以来竖起的一面"红旗"，但刘少奇事前了解到的情况却并非如此。因此，刘少奇一到天华大队，就对大队干部说："请你们谈话的时候，解放思想，一点顾虑都不要，一点束缚都不要，愿意讲的话都讲，讲错了也不要紧，不戴帽子，不批评，不辩论。不要怕，不要怕不办食堂就是不要社会主义了，不要人民公社了，只看怎么有利于发展生产，怎么有利于群众的方便。

① 《刘少奇论党的建设》，中央文献出版社 1991 年版，第 685—688 页。

② 《刘少奇年谱（1898—1969）》下卷，中央文献出版社 1996 年版，第 510 页。

③ 《缅怀刘少奇》，中央文献出版社 1988 年版，第 349 页。

刘少奇啃硬骨头的学习精神

当然，还要有利于社会主义，有利于集体，有利于国家。"①刘少奇的诚恳态度，打消了干部群众的思想顾虑，大家开始纷纷讲掏心窝子的话，实情就浮出了水面。

刘少奇在天华大队一住就是 18 天，除了公共食堂问题，他还就粮食问题、社员住房问题、山林问题、民主和法治问题等做了细致调研。比如，刘少奇一贯重视民主法治建设，在天华大队调查期间，他了解到该队饲养员冯国全父子，因他们喂养的一头耕牛于 1957 年 2 月死亡，解剖后在牛肺内发现一根三寸多长的铁丝，即被认为有意破坏而受到批斗和关押。刘少奇初步调查后，对此案表示怀疑，指示湖南省公安厅复查。湖南省公安厅复查后为冯国全父子平了反，并于 6 月 30 日向中共湖南省委和公安部写了具体的调查报告。7 月 10 日，刘少奇审阅了报告并致信公安部部长谢富治："各地如冯国全这样的冤案还是有的，应由各地公安政治机关进行认真的调查研究，作出合乎实际情况的结论。"②通过这件事，刘少奇深深感到加强农村基层法治建设的迫切性，经他推动，不久全国各地普遍建立起了区人民法庭，有力地推动了农村的法治建设。刘少奇这次调研的一个特点是，一边发现问题，一边解决问题。经过他艰苦细致的工作，初步摸清了各方面情况，解决了群众迫切要求解决的许多问题。

在调研期间，4 月 30 日下午，刘少奇在湖南省、市、县委工作队全体干部会议上作了讲话，他说：调查是为了解决问题，但要把事情搞清楚"不是一件容易的事"，"不容易就是人的主观世界要反映客观世界不容易，要经过一个过程，甚至是一个曲折的过程，可能短，到底多长，各有不同"。③1961 年湖南农村调查，刘少奇运用深入细致的调查方法和高明的调查策略，取得丰硕成果，成为

① 《刘少奇年谱（1898—1969）》下卷，中央文献出版社 1996 年版，第 511 页。

② 《刘少奇年谱（1898—1969）》下卷，中央文献出版社 1996 年版，第 518 页。

③ 《刘少奇年谱（1898—1969）》下卷，中央文献出版社 1996 年版，第 517 页。

党的历史上调查研究工作的典范。

三、为了用才去学习

刘少奇善于向书本学习，善于向实践学习，更善于把这两方面结合起来学习，他注重把马克思主义基本原理同中国革命和建设的具体实际相结合，对理论和实践问题提出自己的见解。他的这种可贵精神的养成，一方面在于他终生坚持学习，不断提高，另一方面在于他善于结合实践学习，不是单纯的研究学问，而是为了解决实践中的问题，正如他在谈"共产党员的修养和群众的革命实践"问题时所说：共产党员"学习马克思列宁主义，学习高深一些的理论"，不是为了将来"提高自己的地位"，而是"为了用才去学习"，为了党和人民的伟大事业才去学习。①

他是一针见血的医生

老一辈革命家都是在实践中思考，针对现实需要，然后再到马克思主义经典著作中找立场、观点和方法，思考怎样去结合，刘少奇也是如此。这其中最具代表性的就是，1936 年他在主持北方局前后，创造性地把马列主义与现实斗争情况相结合，形成了党的白区斗争理论，使得现实斗争有了理论指导，教育了广大干部，从而一举扭转了党在白区工作的不利局面。

在王明"左"倾教条主义的错误指导下，一度在国民党统治区蓬勃发展的党组织丧失殆尽，但在华北还保留了一个中共中央北方局，这是一个十分可贵的工作基础。然而由于北方局长时间和正在长征的中共中央失去联系，对于瓦窑堡会议提出的"建立最广泛的

---

① 《刘少奇选集》上卷，人民出版社 1981 年版，第 111 页。

抗日民族统一战线"、"党内主要危险是关门主义"等重要决定并不了解，加之过去长期占据统治地位的"左"倾错误在党内仍很有影响，虽然抗日救国运动不断兴起，但是北方局的党组织已经难以适应和领导日益高涨的抗日救亡运动，这种情况亟待改变。为此，中共中央决定派遣具有丰富白区斗争经验的刘少奇去领导北方区工作，打开北方党组织的工作新局面。刘少奇此行是受党中央重托，对他而言也可以说是临危受命。

1936 年春，刘少奇抵达天津后，立即开展工作。经过一段时间的调查研究，他发现遵义会议后就全党来说关门主义和冒险主义已经不占统治地位，但是，在国统区"左"的思想仍然很严重，"打倒一切，拒绝合作，斗争到底"的思想仍占据着许多北方局干部的思想。于是，刘少奇在 4 月初撰写了《肃清立三路线的残余：关门主义冒险主义》的文章，发表在河北省委的内部刊物《火线》上。文章深刻指出：当前"党的策略任务，就是要用极广泛的民族统一战线，去团聚各阶级、阶层、派别及一切抗日反卖国贼的分子和力量，开展神圣的民族革命战争。"能否建立"广泛的民族革命统一战线"，"成为我党领导中国革命到胜利之路的中心问题和主要关键"。文章阐明了冒险主义和关门主义的严重危害：关门主义和冒险主义"使党脱离群众，使党孤立，使同盟者离开我们，使某些部分的群众和同情者对党产生某些疑惧，使许多企业中的很好的同志和群众离开我们，不愿见我们的面，使许多的工作和组织塌台，使许多的同志和干部受到不必要的逮捕与屠杀。"刘少奇还着重指出："现在必须彻底揭发这些错误，必须给这种错误以致命的打击并把它彻底从党内清除出去。教育我们同志学会领导群众的艺术，学会策略运用。"①

---

① 《刘少奇选集》上卷，人民出版社 1981 年版，第 23—33 页。

恰在此时，北平发生了"三三一"学生"抬棺游行"遭镇压事件。此次学运的起因是北平高级中学学生郭清，因参加抗日救亡活动，被捕惨死狱中，北平学联在北平市委的支持下，举行了大规模的"抬棺"抗议活动，招致当局大规模镇压，使党领导的进步力量受到沉重打击。这件事情刘少奇事先并不知情，当他得知后，即以革命家的敏锐嗅觉认识到问题的严重性，并决定抓住这个事件在党内进行教育。4月5日，他给北平同志写了一封题为《论北平学生纪念郭清烈士的行动》的信，信中总结了北平三三一"抬棺游行"的教训，指出："当敌人想尽一切办法来进攻爱国人民的时候，处于防御地位的爱国阵线，应该采取的正确的策略是：更加巩固与扩大人民的统一战线，保存、巩固与加强自己的组织和阵地，暂时避免和敌人进行决定胜负的战斗，以准备击退敌人对于人民的进攻。"信中还写道："郭清是应该追悼的，应利用这件事来更激发群众抗日反汉奸的情绪。但不应该采取这样的方式，叫以设置灵堂由各界人士自由去致祭、送挽。"如果这样做，我们"不会失掉群众和社会的同情，也不会引起敌人的严重压迫"。[1]刘少奇的信震动了各级党组织和干部，北平市委做了许多善后工作，纠正了学运中"左"的偏向。

为了彻底肃清"左"的影响，转变干部工作作风，整顿和恢复北方地区党的组织工作。刘少奇理论结合实际，相继写了《关于白区职工运动工作的提纲》《人民阵线与关门主义》《论合作抗敌的一封信》《肃清空谈的领导作风》《公开工作与秘密工作的区别与联系》等多篇文章，对党的干部进行教育。其中，他在《肃清空谈的领导作风》中指出："我们并不需要盲目的信仰和盲目的服从，我们需要同志们真切了解党的策略任务，并会拿到各种不同的环境中去运

① 《刘少奇年谱（1898—1969）》上卷，中央文献出版社1996年版，第148页。

刘少奇啃硬骨头的学习精神

用"，"为着要使我们的工作开展和进步"，我们要"很实际地去了解问题，了解环境，很实际地去布置、计划与指导工作。"①这些文章是刘少奇长期在国统区领导工人运动斗争经验的总结和升华，是坚持同党内"左"倾冒险主义和关门主义斗争，贯彻执行新形势下抗日民族统一战线的结果。在统一思想的同时，刘少奇还大力加强北方地区的党组织建设等各方面工作。在刘少奇的大力推动下，北方白区工作出现了新气象。

1936年8月5日，中共中央书记处写信给刘少奇和中共河北省委。信中指出：自从刘少奇同志到任工作后，北方党的工作"有了基本上的转变"。主要表现是："在政治领导的加强，纠正了过去河北党中严重的关门主义倾向，且能采取适当的方式，直接影响全国统一战线最有权威的刊物。表现在努力扩大抗日战线，不仅企图建立华北各界的救国联合，而且能顾及全国，在学生、军队、农民等群众中，均有较好的成绩。表现在组织上，河北的党不仅能够帮助环绕河北各省建立党的组织，而且能够顾及到上海、西南、武汉等地党的建立等等。"这些主要转变"是已奠定了胜利的基础，开展着光明灿烂的伟大前途"。②由此可见，中央对刘少奇到北方局开展的工作是高度肯定的。

在北方局工作取得阶段性胜利后，刘少奇并未停止思考，他结合实际工作又相继撰写了《所谓具体领导》《把一般原则与现实生活中的具体问题联结起来》《怎样进行群众工作?》《论"全国抗战是否立刻爆发"和救亡阵线当前主要的任务》《民族统一战线的基本原则》等一系列文章。特别是1937年2月和3月间，刘少奇又连续给中共中央写了《关于大革命历史教训中的一个问题》《关于白区工作》等

---

① 《刘少奇选集》上卷，人民出版社1981年版，第44—45页。

② 《刘少奇年谱（1898—1969）》上卷，中央文献出版社1996年版，第157页。

4封长信，总结党的白区工作经验教训。刘少奇的信引起了中央的高度重视，两个月后，中央在延安召开了专门研究白区工作的会议。刘少奇和张闻天共同主持了这次会议，并受中央委托做了《关于白区的党和群众工作》的报告。刘少奇的这个报告，着重批判了党内白区工作中长期存在的"左"的错误，阐明了彻底转变白区工作的必要性和艰巨性，是对白区工作深刻生动的总结，成为我党指导白区斗争的重要指导思想和历史性文献，推动了白区工作稳步向前发展。6月3日，毛泽东在中央政治局会议上评价道：少奇对白区工作有着丰富的经验，他在具体直接解决纠正白区工作的"左"倾错误时，基本上是正确的，"他懂得实际工作的辩证法"，"他系统地指出党过去在这个问题上所害的病症，他是一针见血的医生。"[①]毛泽东对刘少奇的这个评价是相当高的，也是符合历史事实的。

党的入门教科书

刘少奇学习思想的一个显著特点，就是每当面临新情况、发现新问题或某项工作告一段落时，他总会用自己的所学、所思和所得及时总结，努力从理论上做出新的概括说明，使实践在理论的指导下正确进行。刘少奇一生著述颇丰，其中最著名的莫过于《论共产党员的修养》这部"党的入门教科书"[②]。

中国共产党历来重视从思想上建党，这主要是基于中国革命战争长期在农村环境下进行，在革命发展壮大过程中，吸收了大量的农民和小资产阶级加入，因此，如何克服党内的非无产阶级思想带来的影响，保证党在思想上和组织上的纯洁性，就成为党的建设的重要问题。在1938年召开的扩大的中共六届六中全会上，毛泽东

① 《毛泽东年谱（1893—1949）》上卷，中央文献出版社2002年版，第677—678页。

② 《缅怀刘少奇》，中央文献出版社1988年版，第25页。

刘少奇啃硬骨头的学习精神

远见卓识地向全党提出了大力推进马克思主义中国化的历史任务，他还提出了要加强"中国党的马克思主义的修养"①的命题。毛泽东提出加强党的思想建设和推进马克思主义中国化的论述，引起了刘少奇强烈的思想共鸣。马克思、恩格斯、列宁等经典作家，虽然对党的建设有过不少的论述，但是，他们多是着重阐述党的路线、方针和政策，而对于无产阶级共产党员的个人修养，并没有专门性的论述。毛泽东"着重从思想上建党"的理论，重点强调了实行民主生活、加强党的纪律、反对极端民主化等外在性方面，对于共产党员的内在性方面，即如何从思想上做一名合格党员，如何使党员具备马克思主义的立场、观点、方法、修养、道德、品质，也没有做深入性的探讨。

刘少奇通过对党内生活的长期观察和深入思考，于 1939 年 1 月在中共豫西特委举办的党员训练班上作了关于共产党员修养和中共党史的报告。7 月 8 日，从中原回到延安的刘少奇，应时任马列学院院长张闻天的邀请，在马列学院窑洞外的广场上，讲了共产党员的党性修养问题。刘少奇在这次演讲中首次系统地阐述了党性锻炼和党性修养问题，他深刻分析了共产党员加强党性修养的必要性：共产党员在实践中改造自己，"是社会发展的客观规律的要求"，是非做不可的，否则，"就不能进步，就不能实现改造社会的任务"。任何党员想要成为革命家，都"要经过一个很长的革命的锻炼和修养的过程"。至于修养的内容，他提出要有马克思列宁主义理论的修养，要有运用马克思列宁主义的立场、观点和方法去研究和处理各种问题的修养；要有无产阶级的革命战略、战术的修养；要有无产阶级的思想意识和道德品质的修养；要有坚持党内团结、进行批评和自我批评、遵守纪律的修养；要有艰苦奋斗的工作作风的修养；

---

① 《中共中央文件选集》第 11 册，中共中央党校出版社 1991 年版，第 657 页。

要有善于联系群众的修养，以及各种科学知识修养等。对于共产党员修养的原则，他提出："个人利益服从党的利益，地方党组织的利益服从全党的利益，局部利益服从整体的利益，暂时利益服从长远的利益，这是共产党员必须遵循的马克思列宁主义原则。""党的利益高于一切，这是我们党员的思想和行动的最高原则。"对于提高党员修养的目的，他提出直接目的是"为了保持我们无产阶级的先锋战士的纯洁，提高我们的革命品质和工作能力"。对于提高党员修养的途径，他提出："要虚心地学习马克思列宁主义的立场、观点和方法，学习马克思列宁主义创始人的高贵的无产阶级的品质。"①

刘少奇的演讲使马列学院的学员们深受教育和震动，反应非常强烈。新中国成立后曾任广东省韶关地委书记、广东省委党校副校长的郑星燕，是1938年冬由"抗大"选送投考到延安马列学院学习的，50年后他如此回忆："刘少奇同志讲解《论共产党员的修养》，由于总结了历史的经验教训，紧密联系实际，教育深刻，很受欢迎。我印象最深的，是讲了每个共产党员都必须在改造世界及在进行阶级斗争的实践中，同时改造自己。即不断进行锻炼、学习、修养、提高，克服自己身上存在的旧社会和剥削阶级中带来的各种毛病与缺点。并具体提出党员要进行马列理论上修养，立场、观点、方法上的修养，道德、品质及工作作风上的修养等等。完全不是指脱离实践、闭门修养。"在学习中，郑星燕还曾经写了一首诗："征途实践出真知，品德兼优百炼时。精琢细磨雕玉石，凌霜傲雪岁寒枝。"另一位延安马列学院学员、新中国成立后曾任河北省承德地区行署副专员的李铮夫，细致地回忆了当时听刘少奇演讲时的情景：1939年，刘少奇同志从苏北回来后，给我们作报告《论共产党员的修养》，"他在烈日暴晒的广场"上，"铿锵有力"地讲了两个

刘少奇啃硬骨头的学习精神

① 《刘少奇选集》上卷，人民出版社1981年版，第97—167页。

半天，"少奇同志对党内各种错误思想意识的表现举例说明，对我震动很大"，"我因水平所限，当时还不能全部理解，只是对自己敲起警钟。少奇同志所指出的一些非无产阶级思想意识，自己力求克服，尽量少犯。"①

张闻天认为刘少奇所讲内容十分重要，是广大党员迫切需要的，遂请刘少奇整理成稿，准备公开发表，组织学习。刘少奇用了一周时间将讲稿整理成文。张闻天把它送给毛泽东审阅，毛泽东审阅后给《解放杂志》编辑部写信，认为这篇文章写得很好，"提倡正气，反对邪气"，应尽快发表出来。②《论共产党员的修养》发表后，在党、政、军、民各界迅速产生了广泛的影响，应广大党员干部的要求，延安新华书店很快发行了单行本，之后各根据地相继翻印，成为党员干部的必读经典书目。

1942 年，延安整风运动开始后，中央制定和印发了一系列的学习文件，其中刘少奇的《论共产党员的修养》和毛泽东的《改造我们的学习》《整顿党的作风》《反对党八股》等 22 个文件被列为全党整风学习的基本文件。特别是整风运动进入文件学习与思想工作检查阶段后，《论共产党员的修养》被列为学习文件的重中之重，要求学员反复学习讨论。广大党员干部以《论共产党员的修养》中所要求的态度和方法来学习马克思列宁主义的理论和方法，在批判反思中不断加强党内团结的修养、组织纪律的修养、工作方法上的修养，以个人利益服从党的利益为原则来进行党性锻炼，强化党的宗旨意识。从那时起，这篇文章就被公认为中国共产党人进行党性锻炼的经典著作，教育了一代又一代共产党人，在马克思主义党建史上占据了重要历史地位。

---

① 吴介民主编：《延安马列学院回忆录》，中国社会科学出版社 1991 年版，第108—109、170—171 页。

② 《刘少奇年谱（1898—1969）》上卷，中央文献出版社 1996 年版，第 259 页。

数十年来，《论共产党员的修养》一直是中国共产党对党员进行思想教育，提高党员政治觉悟的重要文献。《论共产党员的修养》出版后，历经几十年经久不衰，先后印刷数十次，总印数以千万计。此外，该书的英文、日文、捷文、荷文、西班牙文等多种译本也先后在几十个国家发行。《论共产党员的修养》何以影响这么深远，新中国成立后曾任卫生部副部长的黄树则回忆说："一想起少奇同志，就会想起我们曾经熟读的《论共产党员的修养》。这是一本深入共产党员之心的书。我们这一代，谁没有受过它的熏陶和教育啊！"在延安整风期间，"当同志们之间进行思想交流的时候，经常使用这一本书的语言"，"用以制止一些无原则的争论"，"用它来对照自己"，"特别是其中提到的应该纠正的几种错误思想，好像一斧一凿似地时时在引起我们的警惕"。①

怎样进行党内斗争

党的历史经验表明，中国革命能否取得成功，不仅仅取决于有没有一条坚定正确的马克思主义政治路线，而且很大程度上取决于党能不能为坚持这条正确的政治路线进行正确的党内斗争，从而防止错误思想、克服错误倾向。因此，如何进行正确的党内斗争，就成为党生存和发展的一个极其重要的问题。在解决这个重大的理论和现实问题上，刘少奇作出了突出贡献。

中国共产党在领导革命过程中，犯过"左"的错误，也犯过右的错误，但从党长期的历史来看，危害最大的是"左"的错误，特别是在党内开展过火的党内斗争。这其中较为典型的是 20 世纪 30 年代，王明"左"倾错误占统治时期，在党内斗争中，对党内同志实行"残酷斗争，无情打击"，"要精神和肉体上加以消灭"的过火

---

① 《缅怀刘少奇》，中央文献出版社 1988 年版，第 290 页。

政策，一大批同志遭到迫害，使中国革命力量受到严重破坏。就连刘少奇本人也因抵制关门主义和冒险主义的错误，被指责为"一贯的机会主义路线错误"，撤销了党内职务。对此，刘少奇曾批评道："有些同志以为党内斗争是斗争得愈凶就愈好，问题提得愈严重愈好，搜集别人的错误愈多愈好，给别人戴的帽子愈大愈好，批评的语句愈尖刻愈好，批评与斗争的方式和态度愈严峻愈粗暴愈好——讲话的声音愈大、面孔板得愈凶、牙齿露出来愈长……就以为是愈好，就以为是'最革命不过'的了。"这种毫无限制的斗争，是"完全不对"的。①

为解决好"党内斗争"这个事关党的建设全局的重大问题，刘少奇进行了长期的实践观察和理论思考。扩大的中共六届六中全会之后，刘少奇一直密切关注党的思想建设和组织建设，写了影响深远的《论共产党员的修养》。皖南事变后，刘少奇临危受命，出任新四军政委，在深入华中领导斗争的过程中，他深感加强党的思想建设和组织建设的重要性和迫切性。华中各抗日根据地的党组织，大部分是以原苏区的党组织为基础发展起来的，长期分散的农村游击环境滋长了自由散漫等不良习惯，在开辟抗日根据地的过程中吸收人员过快过多也不免带来一些不良风气，特别是在总结皖南事变的经验和教训过程中，有些地区和部门也产生了一些偏向。针对这些问题，刘少奇连续写了《做一个好的党员，建设一个好的党》等七八篇计十余万字的关于党的思想建设和组织建设的文章，成为他继 1936 年以后的又一个创作高峰。其中，他于 1941 年 7 月 2 日至 3 日在华中局党校为学员们作的《论党内斗争》讲演，全面总结了党内斗争的历史经验，阐述了进行党内斗争的正确方法和原则，在党内外产生了重大影响。

---

① 《刘少奇选集》上卷，人民出版社 1981 年版，第 194 页。

1939 年，刘少奇在作《论共产党员的修养》时，曾概括地论述过这个问题，但是未深入阐述。随着党内思想斗争的展开，特别是现实斗争中党的建设的迫切需要，使得刘少奇对党内斗争问题进行了深入思考，并在《论党内斗争》中做了集中阐述。刘少奇非常明确地指出了党内斗争的目的和性质。他说："我们的党从出生的那一天起，就不只是同党外的敌人进行斗争，并且也同党内各种非无产阶级的影响进行斗争。""党内斗争，主要的是思想斗争，它的内容是思想原则上的分歧与对立"，"是保持党的纯洁与独立，保证党的行动在代表无产阶级最高利益的路线上进行，保持党的无产阶级性质所完全不可缺少的。"对于党内斗争需要克服的错误倾向，他提出主要有三种：一是党内的自由主义与调和主义；二是机械的、过火的党内斗争，党的组织问题上及党内斗争的"左"倾机会主义；三是党内无原则的纠纷与斗争。对于党内斗争的立场与原则，他则提出："党内斗争是一件最严重最负责的事，绝不可以草率从事，我们必须以最严肃最负责的态度来进行；必须自己首先是完全站在正确的党的立场上，站在为党的利益、工作的进步，为帮助其他同志改正错误和弄清问题的大公无私立场上来进行；必须自己首先把事情弄清楚，把问题弄清楚，实行系统的调查研究，同时还必须是有组织地、有领导地、有准备地去进行。"对于党内斗争的具体方法，他提出：对党的组织、对同志、对工作的批评要适当，要有分寸；应首先"对事"，然后"对人"；要给被批评被处罚的同志以一切可能的申诉的机会；党内斗争与党外斗争有明确的界限；禁止党内的无原则纠纷。① 刘少奇的这篇讲话，有理论、有现实，针对性很强，是对当时普遍存在的党内过火斗争的尖锐批判，在党的建设理论中，如此全面系统地集中论述党内斗争的问题尚属首次。

① 《刘少奇选集》上卷，人民出版社 1981 年版，第 178—217 页。

刘少奇《论党内斗争》的部分内容，刊登在 1942 年 2 月 10 日出版的《真理》第五期上；同年 10 月 9 日，延安《解放日报》全文发表，毛泽东为此亲自写了编者按语，他称赞刘少奇"理论地又实际地解决了关于党内斗争这个重大问题"，这篇文章"为每个同志所必读"，特别是"现当整风学习开展与深入的期间"，全党同志一定要联系思想实际注意研读。①

刘少奇的《论党内斗争》，在延安整风中发挥了重要作用。1943 年 9 月，为了彻底清算王明错误路线，中共中央召开了政治局扩大会议。在会上，许多同志纷纷揭露王明的错误，出于对错误路线的愤恨，特别是在党的历史上一度受到不公正对待的同志，言辞难免尖刻，空气一度紧张。刘少奇敏锐地察觉到这个问题，他在 10 月 6 日的发言中深刻指出："在党内七百名干部中间自由讨论党的路线，是一种很重要的事，是一种党内斗争。过去党内斗争传统有许多不好的，如八七会议反陈独秀闹成宗派斗争，不让陈独秀参加，只许反陈的人说话，不许陈独秀方面的发言；六大以后的顺直省委变成清谈俱乐部，不做任何工作。""只有遵义会议的斗争与延安反张国焘的斗争是很好的，缺点是未从思想上解决问题。这一次应该有意识地造成健全的布尔什维克传统，除了思想上解决问题外，还要在组织上打散宗派。"这要注意用正确的方法："首先要有自由批评空气，特别是中央负责同志应有这种精神准备，随时接受干部和群众的监督与批评。""其次批评只准明枪，不许暗箭，彼此挑拨也是不对的。""第三，发言一律称同志，不称首长，以利争论的展开。"②刘少奇的这些建议与主张得到了毛泽东的重视，他在会上讲：关于党内斗争的方法，我"赞同少奇同志的意见"，他说，"过去党内斗争

① 《毛泽东年谱（1893—1949）》中卷，中央文献出版社 2002 年版，第 406 页。

② 《刘少奇年谱》上卷，中央文献出版社 1996 年版，第 430—431 页。

有正确的与错误的两个传统。这次整风要避免党史上的错误斗争方法。""这次整风继续贯彻以马列主义自我批评方法来惩前毖后，治病救人。"[①] 毛泽东和刘少奇的讲话，中肯有力，直击要害，对于教育广大党员干部适应党内斗争的新情况起到了重要作用。

刘少奇关于党内斗争的论述，丰富了马克思列宁主义建党学说，对推动党的思想建设和组织建设，对开展正确的积极的党内斗争，保证党的政治路线的正确，起到了积极作用。

四、动员全党学习

作为党和国家的领导人，刘少奇深知学习的重要性，他不仅自己长期坚持读书学习，还特别重视广大党员干部的学习和教育。1937 年 5 月，刘少奇在延安举行的白区党代表会议上指出："一切工作，一切转变，都依靠我们的干部，因此干部问题是党内的中心问题。训练出大批的干部分配到各条战线上去，是党的中心工作。"[②] 因此，训练和培养党的干部，重要的任务就是动员全党主动学习、自觉学习。刘少奇一生积极努力推动全党的学习，对广大党员干部提高素质、掌握本领，起到了重要作用。

文化不够就"理论不起来"

1942 年 7 月 20 日，刘少奇离开华中局调党中央工作，在回延安的途中，他给华中局、新四军负责人陈毅等人写了一封长信，他在信中指出，"今天来说，对我们最要紧的，是如何克服困难，渡过今后两年。没有现在，就没有将来。我们的将来，只有从现在就

---

① 《胡乔木回忆毛泽东（增订本）》，人民出版社 2003 年版，第 291 页。

② 《刘少奇选集》上卷，人民出版社 1981 年版，第 69 页。

刘少奇啃硬骨头的学习精神

加以准备"，"为战后建立新中国创造条件"。在谈了一系列需要做的准备工作之后，他语重心长地讲："为了实现这一切，目前必须经过一个关键，就是经过我们的中下级干部。而中下级干部的状况，则不是令我们完全满意的。他们还很幼稚，没有成熟，没有必要的理论基础，不了解或不完全了解党的政策，作风也有很多不正的"，"这是我们目前一个很大的弱点"，需要用心来解决。① 刘少奇在长期的革命建设实践中，始终高度重视全党的读书学习，大力推动提高党员的理论水平和修养。

学习理论首要的是具有一定的文化基础，正如 1948 年 12 月 14 日刘少奇对马列学院第一班学员讲话时所说："许多同志文化水平不够。要学习理论，文化不够是一个缺陷。因此，为了学马列主义，学习文化是必要的。"文化知识不够，你就"理论不起来"。② 由于中国革命的特点，广大工农群众不用说，党员干部文化水平不高也是一个长期的普遍的现象。针对于此，刘少奇始终强调文化知识学习与理论的提高要紧密地结合起来。

1922 年春，刘少奇从苏俄回国后，即投身到工人运动的洪流之中。他在安源路矿组织成立了工人俱乐部，特别重视对工人的组织和文化教育。安源路矿工人原先为生计所迫整天劳作不息，普遍缺少文化，不知革命为何物。在刘少奇领导下，安源工人创办了不少的事业。如设立了工人学校 7 所，工人读书处 5 处，工人图书馆 1 所，有工人子弟学生七百余人，工人补习学生六百余人。"安源的工人，作完了工可以读书，可以看戏，可以听讲，又可以做各种游艺。"③ 随着安源工人运动的发展和党组织的壮大，新入党的党员有从事实际革命斗争的经历，虽然有的也参加过工人补习学校的学

---

① 《刘少奇选集》上卷，人民出版社 1981 年版，第 223—232 页。

② 《刘少奇选集》上卷，人民出版社 1981 年版，第 417—418 页。

③ 《刘少奇论工人运动》，中央文献出版社 1988 年版，第 17 页。

习，但大多都没有接受系统的马克思主义理论教育，党的基本知识也十分缺乏，因而迫切需要参加学习与培训，以提高马克思主义理论水平，增强无产阶级的战斗力。1924年秋，刘少奇在安源办了一所中共党校，该校分初级班、高级班，开设了政治经济学浅说、俄共党史、少年运动史3门课程，分别培训工人和学生中的革命积极分子。这是中共历史上创办的最早的一所正规意义上的党校。

北伐战争开始后，刘少奇作为中华全国总工会及其汉口办事处的秘书长，全力以赴推进工人运动。工人运动突飞猛进的发展，工会干部虽然工作热情高涨，但是政治觉悟和文化水平都不能适应工作的需要。为了培训工会干部，1926年10月底，刘少奇和李立三领导创办了湖北省工人运动讲习所，刘少奇主讲工会组织法、工会经济问题，他还针对工会建设中迫切需要解决的思想和理论问题，撰写了《工会代表会》《工会经济问题》《工会基本组织》3本小册子。为了便于文化水平不高的工会干部和工人阅读和理解，刘少奇将3本小册子写得很大众化，深入浅出，通俗易懂，工会干部和工人们学习后，既提高了文化水平，也提高了业务能力，有力地推进了工会工作和工人运动的开展。

全面抗战爆发后，刘少奇投身华北抗日游击战争。在工作中他发现："由于党的正确政策，八路军的胜利与良好的纪律，党与八路军在人民中的威信大大提高了。党已一般地取得了公开活动的可能。党与群众运动，华北人民的武装抗日运动，到处都有大发展之可能，到处都有群众寻找和等待共产党与八路军去领导他们"，而我们最大的问题就是"干部的缺乏"，缺乏既有理论文化又有实践经验的干部去推动"民族革命运动的真正高涨"。[①] 为了提高干部的文化水平和领导能力，刘少奇领导北方局和八路军驻晋办事处，

刘少奇啃硬骨头的学习精神

---

① 《刘少奇选集》上卷，人民出版社1985年版，第257页。

在临汾举办了多期为时一周的训练班，特别是开办了培养游击战争骨干的"学兵队"。刘少奇亲自主持党训班，为晋南各县建立党组织培养了具有一定文化和理论知识的干部，晋南各县的党组织很快就建立和发展起来了。

皖南事变发生后，刘少奇临危受命，重建新四军军部。1941年4月华中局成立后，为进一步提高党员的文化理论水平、加强党员的培训教育，刘少奇提议成立了华中局党校，他亲自兼任校长，经常到校讲课，他的著述《人的阶级性》《答宋亮同志》《反对党内各种不良倾向》等都是他在华中局党校作的演讲或谈话。这一时期，刘少奇不仅高度重视党员干部文化理论的学习，还非常重视文化在抗战中的重要作用。1941年4月，由华中总指挥部（后为新四军政治部）主办的综合性月刊《江淮文化》创刊，他为该杂志题词："《江淮文化》的出版，它将为抗战服务，为在敌后建立抗日根据地、长期坚持敌后抗战、争取抗战最后胜利服务，为抗日民主政权的建设与巩固服务。它将坚决地不留情地反对敌寇、汉奸的奴隶文化及引导人民走向民族叛变与堕落腐化的文化，而为提高民族气节、民族自尊心、自信心努力。同时，它将反对封建的武断的文化及引导人民走向愚昧、黑暗、盲从的文化，而为拥护科学的真理与提高人民的觉悟程度及政治文化水准而斗争。它将在文化战线上首战敌寇、汉奸及黑暗倒退的反动势力，而为自由独立幸福的新中国在思想上准备强固的基础。"① 在刘少奇指导下，《江淮文化》偏重于文艺性和群众性，对于提高干部群众文化理论、繁荣根据地文化作出了很大贡献。

革命胜利后，面对新的形势和任务，刘少奇认为各级干部的文化理论短板问题比以往更加突出，1950年9月10日，他在马列学

---

① 《刘少奇年谱（1898—1969）》上卷，中央文献出版社1996年版，第340页。

院第二、三班开学典礼上讲道：中国革命胜利了，各项工作做得很好，但理论工作却是很薄弱的一环。"我们很多干部，甚至是负重要责任的高级干部，斗争经验丰富，可是理论水平不高。"因此，他提出"重要的任务是提高干部的文化水平和理论水平"，要不遗余力地推动广大党员干部的读书学习活动。①

没有"自来红的马克思主义"

刘少奇在《论共产党员的修养》中，开篇谈"共产党员为什么要进行修养"，接着讲"做马克思和列宁的好学生"，他说："按照党章的规定，只要承认党纲、党章，交纳党费，并且在党的一个组织内担负一定工作的人，就可成为党员。不具备这些条件，就不能成为共产党的党员。但是，我们每一个共产党员，不应该只是做一个起码的够格的党员，而应该按照党章的规定力求进步，不断提高自己的觉悟程度，努力学习马克思列宁主义。把伟大的马克思列宁主义创始人一生的言行、事业和品质，作为我们锻炼和修养的模范。"② 这样，刘少奇就阐明了共产党员学习文化提高理论应主要学习的内容，那就是马克思列宁主义。

1938 年 10 月，毛泽东在扩大的中共六届六中全会上提出："十七年来，我们的党，一般地已经学会了使用马克思列宁主义的思想斗争的武器"，但是这种"一般地研究学习"是远远不够的。面对新的形势和任务，面对党肩负的新的历史使命和政治要求，"党的马克思列宁主义理论修养还很不够"，这种思想理论状况与我们党在抗日民族解放战争中的历史地位是很不相称的，因此，"普遍地深入地研究马克思列宁主义的理论的任务"，"还是一个亟待解

---

① 《刘少奇选集》下卷，人民出版社 1985 年版，第 48—49 页。

② 《刘少奇选集》上卷，人民出版社 1985 年版，第 103—104 页。

刘少奇啃硬骨头的学习精神

决并须着重地致力才能解决的大问题"。①

刘少奇是全党深入研究马克思列宁主义理论的楷模。他勤于思考，善于作新的理论概括，他提出的许多独创性理论，都极大地丰富和发展了毛泽东思想。如他写的《论共产党员的修养》《论党内斗争》《论党》等不朽著作，都丰富了党的理论宝库，对党的建设产生了重要影响，教育了一代又一代中国共产党人，为推动全党马克思主义理论水平的提高、为推动党的思想理论建设的发展作出了重要贡献。同时，刘少奇又是推动全党由一般地研究向普遍深入地研究马克思主义的践行者。推动全党学习马列主义，刘少奇不仅是在理论上阐述，更是在实践中积极推动。

据方纯回忆：刘少奇高度重视新四军干部的政治理论学习，1940 年春，他化名胡服到新四军江北政治部了解情况，当他了解到干部的政治理论学习制度化不完善时说："我们对马列主义的信仰，依靠我们对革命世界观的建立。马列主义是人类智慧的结晶、革命经验的总结。它不能自发形成，没有'自来红的马克思主义'，所以我们应该十分重视倡导干部对马列主义政治理论的学习。不学习怎能懂得马列道理？不懂马列道理，怎能树立对马列主义的信仰？没有对马列主义的真诚信仰，我们军队固有的阶级立场、党性原则、党军的革命本质又怎能坚持下去而不流为空谈呢？"当政治部主任邓子恢谈到工学矛盾时，刘少奇说："工作忙些是实际情况，可我们共产党人哪天才能够不忙呢？所以要明令拒绝任何以工作忙来抵制学习的借口。我们做领导的同志在这方面应有点远见，还要下点狠心。""过去的白区地下党进行工作时，读马列主义的书是会招致杀身之祸的，但我们许多同志甘愿冒着生命危险，仍然如饥似渴地学习、钻研马列的书，这表明什么呢？这表明一个革命者和马

---

① 《毛泽东选集》第二卷，人民出版社 1991 年版，第 530—533 页。

列主义两者之间有着特定的关联。马列主义是革命真理，是革命的科学，是革命者用以指引方向、改造世界的至宝。好比指南针是航海人绝不可缺的至宝一样。所以具有强烈革命愿望和热情的革命者，自然会对学习、追求马列真理如饥似渴奋不顾身。那么，反过来，如果说明道理，有些人就是执意不听，仍然对学习马列不予重视、毫无兴趣的话，是不是也表明：这种对学习冷漠的态度实际上是我们某些同志自身革命愿望和热情在冷漠下去的反映呢？"接着，他又特意叮嘱说："道理虽然如此，做具体工作时，切莫简单化了！应该了解绝大多数同志一时表现对学政治理论缺乏兴趣，只是因为尚未懂得学习的重要性，或因文化低一点，读书本吃力，一时学不出味道来，这便要靠耐心说服，善于启发引导，切切不可在学习态度上轻易给人家扣什么帽子，损伤同志。"① 刘少奇耐心的正确指导，有力地推动了新四军江北指挥部机关的政治理论学习。

而要学到真马列，刘少奇主张一定要读原著、悟原理。针对一些党员干部把学习寄托在教员的讲解上，而自己不下功夫的情况，他指出：有些同志认为"读过马恩列斯的书的同志，讲给我听，我就可以不读了。这是懒汉的精神，想依赖别人。这种精神，是与共产党的精神不符合的。""自己不进行独立的艰苦的工作，要想学到一些理论知识是不可能的。所以学习主要是靠自己。"② 读原著如果拘泥于个别字句，就会陷入教条主义的泥潭。对此，刘少奇特别警惕和注意，他说学习马克思主义理论，一定要"学习它的立场、观点、方法"，这是一个非常重要的观点和认识。"仅仅读了几本书，有了一些理论知识，并不等于就有了理论。读了书，增加了

---

① 《中国抗日战争胜利的意义和思考：北京新四军暨华中抗日根据地研究会纪念抗日战争胜利 60 周年大会论文集》（四），解放军出版社 2005 年版，第 425—428 页。

② 《刘少奇选集》上卷，人民出版社 1981 年版，第 410—411 页。

一点理论知识，这只是有了运用理论的可能，而处理实际问题并不是单靠书本能解决的。"① 他还批评说："教条主义者是跛足式的马克思主义者，而经验主义者是爬行的马克思主义者，看得不远，迷失方向。"② 而要做到不迷失方向，刘少奇认为就要把学习马列主义与思想改造紧密结合起来。他指出：理论学习要把读书与锻炼思想作风两者兼顾起来。之所以要兼顾，是因为"马克思列宁主义是无产阶级的革命的科学，是工人阶级建设社会主义和共产主义的科学。只有彻底站在无产阶级立场的人，以无产阶级的理想为理想的人，才能彻底了解和掌握它。没有坚定纯洁的无产阶级的立场和理想，是不能彻底了解和真正掌握马克思列宁主义这门科学的。"③ 这些深刻而富有远见的思想，对于促进党员干部提高理论水平起到了重要的作用。

历史里面有普遍真理

高度重视和善于总结历史经验，是中国共产党能够不断取得成功的重要因素。解决问题时联系历史，从历史中寻找智慧，从历史中扩展思路，从历史中总结教训，是刘少奇一直坚持的工作方法。为此，他大力号召干部要读史、懂史、用史。

1943 年 7 月，刘少奇在《清算党内的孟什维主义思想》一文中指出："必须用中国革命的经验来教育中国的革命者，用中国党的经验来教育中国的党员，才能收到更直接的实际的效果。如果抛开如此丰富的中国革命斗争的经验，如果轻视我们党二十二年来在伟大历史事变中的斗争经验，不用心研究这些经验，不用心向这些经验学习，而只去学习离开我们较远的外国革命经验，那就

① 《刘少奇选集》下卷，人民出版社 1985 年版，第 49 页。
② 《刘少奇选集》上卷，人民出版社 1981 年版，第 416 页。
③ 《刘少奇选集》上卷，人民出版社 1981 年版，第 113 页。

是轻重倒置，那就要使我们再走许多弯路，再受许多挫折。"①1956年，刘少奇在党的八大上强调："党的领导的任务之一就是要研究和分析过去所犯的错误，取得教训，从而求得在今后的工作中少犯错误，尽量不重复已经犯过的错误，并且尽量不使小错误变成大错误。"②1961年，在总结社会主义建设失误的教训时，他再次指出："这几年的工作有很多宝贵的经验教训，犯错误也是宝贵的财富，对己自勉，对人鉴戒。应该好好加以总结。我们搞了十多年社会主义，应该可以把一些感受最深而又带有规律性的东西加以分析、归纳，使之成为教育全党的经验教训。"③这样，在党内逐渐形成了学习研究中共党史的热潮。

　　除了推动党员干部学习近代史和党史，刘少奇还注重对古代史和西方史的学习。在延安整风运动前，由于对党的历史重视不够，所谓的"中国问题"研究，是十分零散的，很不系统。为此，毛泽东在《改造我们的学习》中尖锐地批评了那种"言必称希腊"，而对自己党的历史和鸦片战争以来的中国近百年史一点不懂，或知之甚少的情况。这种情况，在延安整风运动后，得到了一些改善。但是对中国古代史和西洋史的学习始终没有得到应有的重视，尽管中央当时也曾经指示，要编辑西方革命运动史，翻译西方史，结果却是响应寥寥，不尽人意。针对这种情况，1948年，刘少奇在对马列学院第一班讲话时，专门谈了这个问题。他说："有人提出为什么要学西方史？不学行不行？不学不行。因为学西方历史是为了读懂马列主义。"他还驳斥了一部分党员干部中存在的"只学中国的，不学国外的"思想，他说："有的人认为，何必学习这些外国东西，

---

① 《刘少奇选集》上卷，人民出版社1981年版，第291—292页。

② 《刘少奇选集》下卷，人民出版社1985年版，第265页。

③ 吴冷西：《调整时期的中流砥柱：纪念刘少奇诞辰一百周年》，《党的文献》1999年第1期。

刘少奇啃硬骨头的学习精神

中国的书还读不完，毛主席的书还读不完呢，或者至少先读中国书，再读国外书吧！这个说法是不对的。"因为"任何一个重要革命问题的解决，光有根据具体情况的具体分析还不行，还必须参照各国的革命经验、历史经验"，"只有中国革命的经验，而不吸取世界革命的经验，就不但不能担负世界革命的任务，而且不能指导中国革命取得胜利。"①

1948年，刘少奇在担任马列学院院长期间，为了推动历史学习，专门成立了中共党史、联共（布）党史、世界近代史与中国历史教研室。同时，还开设历史讲座，请范文澜讲中国历史上的民族问题，杨向奎讲中国奴隶社会和初期封建社会，田余庆讲秦汉史，白寿彝讲《史记》，唐长儒讲魏晋南北朝隋唐史，汪篯讲唐太宗与武则天，邓广铭讲两宋辽金史，韩儒林讲元史，郑天挺讲清史，尚钺讲中国资本主义萌芽问题。② 这些举措，使广大学员深受其益，为党员干部学习历史开辟了良好风气。

刘少奇晚年在处境最艰难时曾讲："好在历史是由人民写的"，这深刻体现了他的人民至上观点。人民是历史的创造者，向人民群众学习，以人民群众为师，是刘少奇劝人向学的重要特点。为了使全党同志充分认识"当群众的学生"这个问题的重要性，1945年5月14日，刘少奇在党的七大上做的关于修改党章的报告中专门论述了向人民群众学习的观点。他提出读书学习，除了学好理论、学好文化、学好专业，"更重要的一点，就是向人民群众学习。"因为，"群众的知识、群众的经验是最丰富最实际的，群众的创造能力是最伟大的"。"只有我们同志虚心地向人民群众学习，把群众的知识和经验集中起来，化为系统的更高的知识，才能够具体地去启发群

---

① 《刘少奇选集》上卷，人民出版社1981年版，第415—416页。

② 王渔：《刘少奇与马列学院》，《中共中央党校学报》1998年第4期。

众的自觉，指导群众的行动。如果不向群众学习，而自作聪明地从脑子中想出一套东西，或生硬地从历史经验与外国经验中搬运一套东西，来启发群众与指导群众，那是一定无用的。"①1956年，在党的八大的政治报告中，他还举例说："我们党的领袖毛泽东同志所以在我们的革命事业中起了伟大的舵手作用，所以在全党和全国人民中享有崇高威信，不但是因为他善于把马克思列宁主义的普遍真理同中国革命的具体实践结合起来，而且是因为他坚决地信任群众的力量和智慧，倡导党的工作中的群众路线，坚持党的民主原则和集体领导原则。"②刘少奇还经常借用毛泽东"先当群众的学生，后当群众的先生"的话教育党员干部，对那些遇事不同群众商量，不倾听群众意见，不顾群众感受的同志，刘少奇多次批评，认为没有向群众学习的观念，既不可能有民主精神，也不可能克服官僚主义。

对于如何"当好群众的学生"的问题，刘少奇也做了有益的探索。他提出首先要有"一切为了群众"的态度。如果工作中忘记了群众、自以为是、自作聪明，将个人意志强加于群众，必然会犯严重错误。因此，他强调制定各项政策，必须以群众利益为重，"必须和广大劳动人民建立密切的联系，必须代表广大劳动人民的利益，代表自己民族的利益，也就是要代表占中国人口之百分之九十几的利益。"③只有正确的态度是不够的，还必须有密切联系群众的工作方法。他说："党的领导机关和领导干部，必须学会'从群众中来，到群众中去'的工作方法"，要善于"集中群众的经验和意见"。党的领导机关在决定重大问题时，必须在"适当的集体中进行充分的讨论"，"容许不同观点的无拘束的争论"，以便"比较全

① 《刘少奇选集》上卷，人民出版社1981年版，第353页。

② 《刘少奇选集》下卷，人民出版社1985年版，第271页。

③ 《刘少奇论党的建设》，中央文献出版社1991年版，第115页。

刘少奇啃硬骨头的学习精神

面地反映党内外群众的各种意见"，即"比较全面地反映客观事物发展过程中的各个侧面。"① 这些思想使得广大党员干部充分认识到要敬畏历史、要向人民群众学习的重要性，对保证党的政策的正确性起到了重要历史作用。

2018 年 11 月 23 日，习近平在纪念刘少奇诞辰 120 周年座谈会上的讲话中，高度评价了刘少奇的一生，他说："刘少奇同志的英名，同中国人民、中国共产党、中华人民共和国波澜壮阔的奋斗历史紧密相连。"刘少奇同志是不忘初心、对党忠诚的光辉榜样；是坚持真理、实事求是的光辉榜样；是敢于担当、勇于创造的光辉榜样；是勤于学习、知行合一的光辉榜样；是心系人民、廉洁奉公的光辉榜样。这其中讲刘少奇勤于学习、知行合一，主要是阐发了刘少奇的学习思想及其当代意义。奋进新时代，学习、继承和弘扬刘少奇的学习思想，可谓正当其时。

---

① 《刘少奇选集》下卷，人民出版社 1985 年版，第 269—270 页。

朱德追求真理的实践学习法

朱德一生波澜壮阔，光辉伟大。从辛亥革命、护国战争、北伐战争，到南昌起义、抗日战争、解放战争，再到新中国的成立、社会主义改造和社会主义建设，都留下了他的身影。正如徐向前所说，"大浪淘沙卷万里，潮头难留几许人"，朱德同志"就是这'几许人'中的一个"。[1] 如果要追寻他的卓命足迹，那么了解他的读书历程则是必不可少的。朱德一生坚持学习，也正是读书使他充满了智慧与力量。艰难困苦

---

[1] 《回忆朱德》，中央文献出版社 1992 年版，第 2 页。

时，读书带给他内心的平和与乐观；思想迷茫时，读书指引他找到了人生的理想与信念；转折关头时，读书使他判明了前进的方向与道路。与此同时，读什么书，怎样读书，以什么样的态度方法读书，以及如何运用学习成果，他同样作出了自己的思考，时至今日他的这些认识仍熠熠生辉。

一、学一辈子也不会够

1940 年 6 月 6 日，中共中央宣传部举行延安在职干部学习周年总结表彰大会，会上朱德被推选为"模范学生"。朱德在讲话中说了这样一番话："前方后方很多同志都说我是一个模范学生，老实讲，怕算不上。因为我小的时候读了些'诗云'、'子曰'很多要不得的东西，要重新学起，一面学新的，一面还要丢旧的。我只知道一句俗话：'做到老，学到老，还有三分学不了。'我们要向前看，不然就要掉队。"① 这段朴实无华的话，讲出了朱德对读书学习的基本信条，那就是学无止境、知也无涯。

富国强兵没知识不行

1886 年 12 月 1 日，朱德出生在四川省仪陇县马鞍场乡李家塆一个贫困佃农家庭。由于家境贫寒，朱家祖祖辈辈没有一个读书识字的人。1944 年 4 月 5 日，朱德在回忆母亲的文章中写道："我是一个佃农家庭的子弟，本来是没有钱读书的。那时乡间豪绅地主的欺压，衙门差役的横蛮，逼得母亲和父亲决心节衣缩食培养出一个读书人来'支撑门户'。"② 1892 年，刚满 6 岁的朱德，被送入本姓

---

① 《朱德年谱（新编本）》中卷，中央文献出版社 2006 年版，第 971 页。

② 《朱德选集》，人民出版社 1983 年版，第 112 页。

家族办的药铺垭私塾就读，塾师是朱德的远房堂叔朱世秦。朱德从《三字经》学起，接着读《大学》《中庸》和《论语》，还读了《孟子》的一部分。朱德是学生中年龄最小的，但聪明好学，认字也最多。读了一年后，由于原来"蒙学还可以的"先生"教的不太行了"，朱德改读地主丁邱川的家族私塾，继续读"四书"，还读了《诗经》《书经》，并且开始习作对联。

1895 年腊月，因无力满足地主的加租要求，朱德一家被迫在大年除夕退佃、搬家。全家分居两处：生父朱世林一家迁居陈家塆；朱德随着养父母和祖父母搬到了大塆。第二年，朱德又到离家不远的席家砭私塾读书，塾师是席聘三。席聘三是当地一位颇有见识的学者，是个"很有情趣有骨气"又"很懂得人情世故"的人，思想开明，喜欢纵古论今，抨击时弊，"把做官的人常常骂得狗血淋头"。朱德称赞他"是个周身叛骨、朝气蓬勃的评论家"。席聘三教课的内容丰富，形式灵活，学生想学什么，他就给学生们教授什么，"四书"、"五经"也讲，诗、词、歌、赋也讲，还有《纲鉴》《二十四史》《左传》，等等。在这期间，朱德广泛阅读古籍，打下深厚的"旧学"功底。同时，他还利用各种机会阅读戊戌变法以来社会流传的各种"新书"，读地理、数学等西方自然科学书籍，甚至还见到过别人从外地带来的地球仪，由此，"眼光放大了"，"晓得有世界，知道有个地球"，脑中也萌发了"去看看世界"的念头。从 10 岁到 18 岁，朱德一直跟随席聘三读书，适逢中华民族陷于内忧外患的苦难之际，席聘三对守旧顽固势力的痛恨，对国家的担忧，对民族炽热的情感，都影响着"已经懂得问国家事"的朱德，在其年少的心灵萌发了朴素的爱国主义情怀，他后来回忆说："在当时充溢着的思想，就是'富国强兵'，我们晓得'富国强兵的事'没知识不行。"[1]1960

① 《朱德自述》，国际文化出版公司 2009 年版，第 20—24 页。

年 3 月 10 日，朱德回家乡视察时，还专门抚慰了席聘三的后代。

　　1905 年，年满 19 岁的朱德，感到旧式的私塾学习太沉闷，急切地寻求新学，整天想着如何到外面的世界去。这年，朱德在家人的支持下，前往仪陇县城参加科举考试，在县试一千余名考生中考入了前 20 名。随后，又通过了顺庆府的府试。可就在这时，清政府推行"新政"，废止了科举制度，使得朱德考取秀才的愿望落空了。但是，他仍然决定继续求学，并于 1906 年春考入了南充县官立高等小学堂，一学期后又升入顺庆府官立中学堂。在这两所学校一年的学习中，朱德比较系统地学习了国文、数学、物理、化学、历史、地理、外语、法制、格致、美术、体育等课程。尤其喜欢研究军事，他研读了《孙子兵法》，熟记世界历史课中的著名战例，他几乎能把"滑铁卢战役图"背下来。学堂监督张澜曾留学日本，思想比较进步，朱德在课余时间常去他家，听他讲日本明治维新以来的事情，看他从日本带回来的理化仪器和幻灯片。这些对朱德很有吸引力。虽然在顺庆府学习的时间比较短，但他在这里接受了科学教育，完成了从学"旧学"到学"新学"的转变，也是他人生思想发展的一个重要转折。

　　1907 年，朱德从同学口中得知成都新建了一批学堂，有武备学堂和体育学堂，都是他感兴趣的，毕业后的出路也比较好，他决意到成都继续求学。他先考入了武备学堂，后来因为家人的反对，没有入学。随后，他又考入了四川通省师范学堂附设的体育学堂。这所学校学风开化，老师们都不留辫子，学生们读书认真，"对国家大事很关心"，当时"一般人也把希望寄托在学生身上"。在成都的一年时间里，朱德的同学很多，来往的人很多，"革命思想"也逐渐多了起来，开始产生了要"推翻皇帝建立一个好的国家"的想法。[1] 年

----

① 《朱德自述》，国际文化出版公司 2009 年版，第 29—30 页。

末，朱德以优良成绩从体育学堂毕业。1908年春，已经接受了两年新式学堂教育的朱德，应聘到仪陇县高等小学堂任体育教习兼庶务。由于正处变革年代，新旧势力的冲突交锋很激烈，朱德所在的高等小学堂也遭到了一班旧秀才、举人的抵制和破坏。后来，朱德回忆道："那时新旧思想冲突得很厉害。我们抱了科学民主的思想，想在家乡做点事，守旧的豪绅们便出来反对我们"，这时他开始了自己所说的反对封建主义的真正斗争。① 在仪陇高等小学堂一年的经历，对朱德的影响很大，他看到了中国封建社会的腐败与黑暗，也使他看清了"教书不是一条生路！"年末，朱德辞去了该校的教职，在离开仪陇之前，他慨然赋诗一首赠诸友："志士恨无穷，孤身走西东。投笔从戎去，刷新旧国风。"

朱德投笔从戎的愿望很快就实现了，1909年底他考入云南陆军讲武堂，这是他人生的一个重要转折点。云南陆军讲武堂是中国近代史上一所著名军事院校，与天津讲武堂和奉天讲武堂并称三大讲武堂。云南讲武堂分设甲、乙、丙三班；设步、骑、炮、工4个兵科。它的军事教育和训练都是近代化的，且非常严格。各科军事教材使用的都是日本士官学校的教材，其中有战术学、兵器学、军制学、地形学、交通学、筑城学等。为了培养学员实际指挥能力，学校还开设了战术作业、沙盘教育、实地测绘和野外作战等课程。朱德后来在回忆这段学习生活时说："这时候我学习得很舒服，又没有什么挂虑。家嘛，离得老远，也没有亲戚朋友"，可以说是一个特别专心学习的时期。② 朱德在云南讲武堂的同学杨如轩回忆说："朱德当时给我印象最深的就是他的刻苦好学，即使是休息时间他也用来看书或锻炼身体。不论学科和术科，朱德都名列前茅。他的

① 《朱德选集》，人民出版社1983年版，第112页。

② 《朱德自述》，国际文化出版公司2009年版，第36页。

朱德追求真理的实践学习法

术科更是特别出众。比如在体操方面，他过天桥、跳木马都表现得特别勇敢，给人以非常英武的印象。他翻杠子，可以转大车轮。而指挥队伍，喊口令，更是全校之冠，声音宏亮，动作干净，气宇轩昂，博得了教官和同学们的一致好评。遇有演习或观礼，朱德经常被委派带队领操。"①

朱德在云南陆军讲武堂，除了接受专业军事训练和学习文化课程外，思想也得到巨大进步。讲武堂的筹办人多是从日本士官学校毕业回国的，许多人在日本就加入了孙中山领导的同盟会，所以学校风气清新，有着浓厚的革命倾向。正是在这种"民主革命思想影响下"，朱德秘密加入了同盟会。他和其他同盟会会员，不仅传阅进步刊物《云南》杂志，还如饥似渴地阅读从外地偷运来的《民报》《天讨》《警世钟》《猛回头》《革命军》等革命书刊。朱德后来回忆说：那时"大家经常讨论的和考虑的"是"怎样发动革命起义"，当时的云南讲武堂是"云南革命力量的重要据点"。② 除了参加秘密革命活动外，朱德还阅读了大量近代西方的书籍，如亚当·斯密的《原富》、卢梭的《忏悔录》、孟德斯鸠的《论法的精神》等，还读了有关乔治·华盛顿的书和意大利、日本、俄国有关改革的书，增长了知识，开阔了视野，如他自己所说："我一心一意地投入了讲武堂的工作和生活，从来没有这样拼命干过。我知道我终于踏上了可以拯救中国于水火的道路，满腔热忱，觉得中国青年着实可以使高山低头，河水让路。"③

不久，辛亥革命爆发，朱德被蔡锷任命为连长，参加了攻打云贵总督府的战斗，很快推翻了清政府在云南的封建统治。袁世凯帝

---

① 《话说朱德：知情者访谈录》，中央文献出版社2000年版，第10—11页。

② 《朱德选集》，人民出版社1983年版，第378—379页。

③ ［美］艾格妮丝·史沫特莱著，梅念译：《伟大的道路：朱德的生平和时代》，东方出版社2005年版，第103页。

制自为，为维护共和，朱德又参与讨袁的护国战争，并一战成名，成为滇军名将。可是令朱德不解的是，袁世凯倒台后，共和并没有到来，而中国却陷入了愈演愈烈的军阀混战，自己多年征战，仍然无法换得安宁，朱德开始对自己曾经抱有很大希望的资产阶级民主制产生了怀疑，中国的出路到底在何方？这个问题开始萦绕在朱德心头久久不去。

到马克思的故乡去

正当朱德苦苦寻找救国之路时，五四运动爆发了，它以迅雷之势猛烈地冲击着中华大地。当时，朱德正在泸州值守，五四运动的风潮把大量新思想、新观念带到了这里。朱德从这些进步书刊中，接触到了马克思主义、无政府主义、社会主义等各种新思潮，并且产生了浓厚的兴趣。从1919年下半年起，朱德就和他的挚友孙炳文埋头书斋，阅读《新青年》《每周评论》《新潮》等传播新思想的刊物，还认真阅读了陈独秀的《吾人最后之觉悟》《法兰西人与近代文明》，李大钊的《联治主义与世界组织》，蔡元培的《劳工神圣》，孟真的《社会革命——俄国式的革命》《万恶之源》，高语罕的《论青年与国家的前途》，达尔文的《进化论》，以及卢梭的《社会契约论》等文章和书籍。虽然许多观点各异的思想，在他头脑中兼收并蓄地混在一起，一时难以分辨清楚，但其中对朱德"影响最深的是种族和民族平等、被压迫的殖民地人民有权独立以及国家发展工业和文化等等思想。"[1]毫无疑问，这些书刊对朱德以后走上革命道路产生了很大影响。

在广泛的阅读过程中，俄国十月革命的胜利，特别引起了朱德

① ［美］艾格妮丝·史沫特莱著，梅念译：《伟大的道路：朱德的生平和时代》，东方出版社2005年版，第149页。

的注意。对介绍苏俄新社会、新制度的文章，他总是反复阅读。他特别赞赏苏俄劳动法典中提到的"不劳动不得食"的原则，认为"中国实行这种原则，才可能使穷人摆脱苦难"。他还和好友孙炳文、戴与龄组成了学习小组，集中精力聚焦研究苏俄革命经验。朱德后来回忆当时情况说："我已亲身认识到用老的军事斗争的办法不能达到革命的目的，加上受到十月革命的影响，我深深感到有必要学习俄国的新式革命理论和革命方法，来从头进行革命。"① 为了寻求真理和革命经验，朱德决心无论如何也要去外国学习，于是他辞去高官厚禄，远赴重洋，前往马克思的故乡德国"取经求教"。

1922 年 9 月，朱德乘坐法国邮轮"安吉尔斯号"前往欧洲，于 10 月 12 日抵达柏林。在那里，朱德见到了"严肃而聪颖"的中共旅欧组织负责人周恩来，并向他表达了不愿再回到旧的生活里、想要加入党组织的强烈愿望。11 月，经中共旅欧党组织负责人张申府、周恩来介绍，朱德加入了中国共产党，从此他将一生毫无保留地献给了党的事业，直到生命最后一刻。

1923 年 5 月，朱德从柏林移居到德国中部小城哥廷根。在这里，每周三朱德都会参加党小组的读书活动。在此期间，他反复阅读了马克思的《共产党宣言》、恩格斯的《社会主义从空想到科学的发展》、列宁的《帝国主义是资本主义的最高阶段》、梅林的《唯物史观》、布哈林的《共产主义 ABC》以及《马克思、恩格斯通信集》等著作。还阅读《向导》《英特纳雄耐尔》《国际通讯》等杂志上刊登的有关中国革命的文章。马克思、恩格斯、列宁的精辟论述，渐渐解开了他心中的苦闷与疑惑。他经过艰难探索，终于找到了复兴中国的道路——马克思主义道路。除了学习马列著作，军人出身的朱德，对军事方面的学习也是兴味盎然。他阅读了许多德文版的军

① 《朱德选集》，人民出版社 1983 年版，第 385—386 页。

事书籍，潜心研究世界军事，在租住房屋时他特地选了一位曾经在德皇军队担任过将军的男爵做房东，目的就是为了请他讲述第一次世界大战中的战法和战例。

经过一年多的学习，1924年12月，朱德回到柏林，开始专门从事革命工作。1925年5月30日，上海发生了震惊中外的"五卅惨案"，这个消息传到德国后，中国留学生群情激愤。朱德迅即在党内提出，应该放下一切工作，全力投入到这场运动之中。6月18日，朱德带领在柏林的中国留学生参加集会时，突然遭到德国警察的逮捕，后来，经过各界人士的多方奔走和呼吁，经过短时间监禁获得释放，但是他的共产党员的身份已经暴露，护照也被当局扣押。恰恰就在此时，朱德前一时期写信要求前往苏联学习军事的申请获得了批准。在国际友人的大力协助下，7月4日，朱德乘船前往苏联。他后来回忆说："我从德国这样被赶出来，非常痛恨。不过在这几年中间，脑筋思想都大大改变了，坐在帝国主义家里来看帝国主义，倒是清楚一些。在研究马克思列宁主义方面，也有很大的进步，我读过了很多这种书籍。在这'休养'时期，重新准备的时期，我把自己的思想、行动都重新检讨了。现在想起来，那时的确是有很大的进步。"①

1925年7月上旬，朱德一行抵达苏联列宁格勒，即被邀请到苏联的工厂、机关、学校去演讲和参观，揭露帝国主义的罪行，宣传中国革命情况。同行的一些同志，因苏联物质匮乏生活艰苦而感到大失所望，颇有抱怨。朱德耐心做这些人的思想工作，向他们说明苏联的暂时经济困难是由于激烈的内战造成的，但是要看到，"同西方资本主义国家相比，在列宁格勒就没有游手好闲的人；苏联人民过着俭朴的生活，节省了许多钱，还做了很多事。"他进一

---

① 《朱德自述》，国际文化出版公司2009年版，第76页。

步说："我们从这一点来看，社会主义是正在一点点搞起来。这一点看不穿，那是资本主义的眼光。"①7月下旬，根据中共旅莫支部的安排，朱德进入莫斯科东方劳动者共产主义大学学习，他系统地学习了辩证唯物主义、历史唯物论、政治经济学、军事学，还有中国和世界经济地理等知识，理论水平得到进一步提高。10月，朱德又被派往莫斯科郊外莫洛霍夫卡村的秘密军事训练班接受培训，学习城市巷战和游击战术，并担任学员队长。在课堂上，朱德因有丰富的实际作战经验，在苏联教官讲解时，他负责具体解释，被学员视为"实际教官"。

1926年，中共中央为了加强党的军事工作，支持北伐战争，决定从苏联抽调一批军事政治人员回国。5月18日，朱德结束了3年半的国外学习生活，带着对中国革命全新的认识，踏上了回国的旅程。他后来回忆说：经过国外的学习、观察和思考，我"认识了历史发展的规律，结合其他的研究和经验，我就找到了了解中国历史——过去和现在——的一把钥匙。"②

在战斗的间隙里读书

1926年，朱德归国后很快投身到革命的洪流之中。但是无论革命形势多么危急，无论工作多么繁忙，朱德从没有中断过学习，在艰苦的井冈山上，在险恶的长征途中，在太行山深处，在延安的窑洞中，都留下了他刻苦读书的身影。

在革命战争年代，环境危险，物资匮乏，条件艰苦，要想获得书籍和报刊不是一件容易的事，想读书却无书可读，对于酷爱读书的朱德来说，是一件十分痛苦的事。朱德曾回忆说：那时，"我只

---

① 《朱德年谱（新编本）》上卷，中央文献出版社 2006 年版，第 66—67 页。

② ［美］艾格妮丝·史沫特莱著，梅念译：《伟大的道路：朱德的生平和时代》，东方出版社 2005 年版，第 197 页。

要拿得到报纸和书籍，一定不放过；可是那些年找书籍杂志看也不是容易的事情。有时从上海寄来几包书，然而大家争先恐后地抢，等我去拿，早就分光了。那时候，我决心增加对马列主义的认识，凡是我们能找到的这类书，我都反复地研究。在敌人的第一次'围剿'里，我们缴获了许多有关军事战略和战术的书籍和小册子，我都看了，对我们部队很有好处。"①

　　1938年，朱德领军转战华北敌后，在他的坐骑上总会驮着一个袋子，里面装的不是吃的，不是用的，而是书籍和报刊，就如同一个流动书架，只要稍得闲暇，朱德便会取书来读，直到部队再次出发。在险恶的战争环境中，朱德不仅阅读了《反杜林论》《共产主义中的"左"派幼稚病》《两个策略》，还写出了近10万字的《论抗日游击战争》，并在八路军总部出版的《前线》周刊上以连载的形式陆续发表，这部著作与毛泽东的《论持久战》等著作一起，成为八路军、新四军和全国抗日军民坚持抗战、战胜日军的强大思想武器，对抗日游击战争的胜利产生了巨大的推动作用。在朱德的倡议下，1942年中央军委成立了高级参谋室，每周进行战术研讨。除了集中阅读和研讨相关文件外，朱德还组织编写了《中国军阀战争史》《帝国主义德国的军事策略》等专题教材，对提高官兵的军事素质起到了积极的作用。

　　在革命战争年代，毛泽东的一系列著作是中国共产党人的思想指南和精神食粮，因而毛泽东的著作也是朱德学习的重中之重，如《论持久战》《统一战线中的独立自主问题》《战争和战略问题》《中国革命和中国共产党》《新民主主义论》等文章，他都是反复研读思考，并与他对中国革命的深切体验相结合，从理论到实践，再从实践到

---

　　① [美]艾格妮丝·史沫特莱著，梅念译：《伟大的道路：朱德的生平和时代》，东方出版社2005年版，第344—345页。

理论，通过读书和实践，加深了他对中国革命的理解。1957 年 7 月 31 日，朱德在北京市各界人民庆祝中国人民解放军建军 30 周年大会上讲道：从 1927 年 8 月 1 日南昌起义到 1929 年 12 月红四军第九次党代表大会举行为止的这段时期，毛泽东同志"所写的《中国的红色政权为什么能够存在?》《井冈山的斗争》和《关于纠正党内的错误思想》等文件，就是红军第四军在井冈山地区和赣南、闽西地区的斗争经验的总结。在这些文件中，毛泽东同志把马克思列宁主义的普遍真理创造性地应用到中国革命的具体实践中来，提出了中国共产党的正确的政治路线和军事路线。从此，把中国革命推进到一个新的历史时期，创立了崭新的局面，奠定了革命胜利的基础。"①

新中国成立后，朱德虽然年事已高，但是仍然在党、国家、军队的领导岗位上担任重要职务，为了新中国的各项建设呕心沥血，日夜操劳，做了大量卓有成效的工作。无论工作多忙，他始终雷打不动地坚持读书学习。1960 年，中央号召领导干部学习马克思、恩格斯、列宁、斯大林的 32 本书，朱德积极响应这个号召，他将所列的书籍都通读了两遍，部分毛泽东哲学著作，甚至读了 10 遍以上，读书时他总是认真画圈点、作眉批，并在每篇末尾注上阅读时间、地点和次数。为了系统学习马克思主义理论，他还根据《马克思传》《卡尔·马克思》《社会主义提纲》等著作，亲笔写了马克思主义发展历史阶段的提纲。1966 年 4 月 14 日，朱德在全国人大常委会扩大的第三十次会议上讲话，要求大家认真学习马、恩、列、斯的 32 本书，他说：我现在天天读书，"今书也读，古书也读"，"今书就是毛主席的书，古书就是马、恩、列、斯的书"，同志们也要读。②

---

① 《朱德选集》，人民出版社 1983 年版，第 357 页。

② 《朱德年谱（新编本）》下卷，中央文献出版社 2006 年版，第 1950—1951 页。

朱德晚年，虽然饱受疾病困扰，但他仍读书不辍。他常对身边的工作人员说：人老了，说明剩下的时间不多了，应该抓紧时间，把该学的东西赶快学完，把该做的工作都做好，不然就来不及了。1976 年 5 月 18 日，成仿吾将新译的《共产党宣言》送给朱德提意见。朱德 19 日收到了书，20 日就迫不及待地阅读了一遍，并不顾身边工作人员的劝阻，21 日亲自到中央党校看望了成仿吾。朱德鼓励成仿吾说：翻译《共产党宣言》等马列主义经典著作，"是根本性的工作"，意义重大，因为"现在许多问题讲来讲去，总是要请教马克思、恩格斯，总得看《宣言》是如何讲的"。你的"这个新译本很好，没有倒装句，好懂。"他还郑重指出，"做好这个工作有世界意义。"① 一个多月之后，朱德就不幸与世长辞了。朱德一生读的第一本马克思主义著作是《共产党宣言》，临终前读的最后一本书也是《共产党宣言》，他用自己的实际行动，兑现了"活到老、学到老"、奋斗到老的人生誓言。

二、读书要从实际出发

作为中共党内卓越的军事指挥家，朱德行军打仗十分有艺术性，对策略与方法的驾驭更是炉火纯青，读书也是如此。朱德一生读书无数，但从不"死读书，读死书"，特别重视读书的方式方法。1943 年 8 月 18 日，朱德在延安《解放日报》上发表了《军事教育必须从实际出发》，文中他主要讲如何加强军事教育提高战斗力，他说学习军事与"其他的事情一样"，道理都是相通的，"只有从实际出发才能正确地解决问题"，要重视学习，勤于学习，更要善于学习，要注重把握学习规律，读书学习要"老老实实"、"按部

---

① 《回忆朱德》，中央文献出版社 1992 年版，第 410 页。

就班"、"由低级到高级"、"由浅而深"。①

119 本工作笔记

老一辈革命家都有"不动笔墨不读书"的习惯，朱德同样如此，且堪称这方面的典范。护国战争中，朱德一马当先，屡担重任，声名鹊起，但是在烽火硝烟中，他也未忘读书学习。1917 年年中，他在南溪家中布置了一间精致的书房，陆续购置了大批清代木刻典籍文献，这些典籍文献除了专门托人从上海商务印书馆买回的一套"涵芬楼二十四史"外，还有大量的史籍。至今，这些藏书大部分都保存在四川泸州图书馆，计有 1500 余册，藏书盖有"仪陇朱氏藏书之印"和"德字玉阶"印章。

在读书的时候，朱德联系历史、现实社会和个人际遇，在史籍上写了大量批语。在治国安邦方面，他写道："知过能悔，可以为明"；"勤而不怨，必能兴邦"；"法礼并行"；"不听谏，危矣哉"；"乱世贼匪多，能治匪者得民心，终成功"；"乱世有大志无力者，均远避，养力以等，后多成功"；"亲相离何能成事"；"尚才不尚德，功成而民无生气矣"；"历代创业之君艰苦备尝，事理政举，寿亦永。继之者养尊处优溺于嗜好，不知世事之艰难，均以文理治之"。在用兵打仗方面，他写道："师屈为老"。"敢战者成功，不敢战者不成功"。"联军不战，必将内图，内衅一开，立见消亡。""师出无名，焉得不大败！""成大事者起兵以义"。"骄兵必败"。"无能之将兵，恃器械为雄，终不可恃。""谋士贪财，主将无谋，败必矣"。"政教兵并行，成事。""小人弄得兵权，焉得不乱！""弃兵而逃者，愚也"。"以才为敌，不以兵为敌，恃势力大者可耻"。"坐失机会，不协力，自亡也"。"不协战，兵多无用，故败"。"军人不能与人有私仇"。在为人

---

① 《朱德选集》，人民出版社 1983 年版，第 96—99 页。

处世方面，他写道："乱世毁人家室者人必毁之，当存厚道"。"不屑居人下，又无特长，何能成事？""人思自利未有不解体者"。在点评历史人物方面，他称范蠡是"千古奇人"、曹操"尚才不尚德"、汉高祖刘邦乃"真无赖子"、袁绍"有才而不用"自取灭亡。[①]

1922 年，朱德为了"求真理，取真经"，来到德国柏林。初到异国他乡，语言问题成了最大障碍。朱德并不是整天关在屋子里学德文，而是买了一张柏林地图，把每一条街道和每一处机构的名称都用中文注音，标在上面。靠着这张地图，他几乎走遍了柏林的街道、大型建筑物和值得一看的机构。他参观军事博物馆，拜访议会，浏览公园，遍游波茨坦的宫殿和庭院。甚至还参观了教堂，看它与中国的寺庙有何不同。他走访了许多工人家庭，也走访了许多知识分子家庭，了解他们的陈设和生活。他拿着中国领事馆的介绍信，先参观柏林的工厂，后又访问柏林附近各城市的工厂、矿山和其他机构，并逐渐扩展到远处。在这个过程中，朱德口袋里时刻揣着笔记本。在笔记本上详细地记录每日的所观、所访、所感，在他离开德国前夕，有关德国的笔记本已经满满地装了一箱子。几个月后，朱德的德文程度已经可以买东西、旅行、坐车，借助字典可以阅读德文书籍。这时朱德已经 36 岁了，学语言进步如此之快，实属不易。过了语言关，学起马列著作，朱德学得更加刻苦。据与他同时留学的刘鼎回忆："朱德同志学习很认真，记了不少本笔记。他读的书，圈圈点点，密密麻麻，写满了批注。对他这种刻苦学习精神，连接近他的德国同志都很感动。他们说：'一个中国将军到德国来学马克思主义，这么刻苦，我们德国人难道不应该好好学吗！'"[②]朱德能够学有所获，一方面是刻苦，同时与他勤动笔的

朱德追求真理的实践学习法

---

① 《朱德年谱（新编本）》上卷，中央文献出版社 2006 年版，第 37—38 页。

② 《回忆朱德》，中央文献出版社 1992 年版，第 124—125 页。

正确学习方法关系甚大。

记笔记是朱德一生都坚持的学习方法。无论是烽火岁月，还是建设年代，他都从未停笔。如现在保存下来的朱德长征记录，许多是铅笔匆匆记下的，字迹虽潦草，但文笔流畅自然，有的记录了一场战斗的情景，有的分析战役成败的原因，也有记录当地人民生活的情景。1991 年，康克清为庆祝中国共产党建立 70 周年献出了一份珍贵礼物，她将朱德生前的 119 本工作笔记献给了中央档案馆。这批笔记的写作时间自 1947 年始至 1969 年止，长达 23 年，记述的内容也是相当丰富，归纳起来主要有：一是朱德参加中央常委会或全国人大常委会有关问题的发言要点；二是朱德参加中央工作会议以及与中央其他领导碰头会的笔记；三是各省、市、自治区领导向朱德汇报工作时的摘记；四是朱德在全国各地参观、视察、调查研究、参加会议和出国访问时由秘书代笔的记录；五是朱德自己写的读书笔记、大事记和抄录与创作的几百首诗词。它们涉及人民战争、军队建设、党的建设、外交事务、经济建设、工农业生产和人民生活等许多方面。① 这些笔记的内容再现了朱德晚年勤于学习的生动情景。

朱德记笔记，不是简单的文字摘录与随笔，而是一种思想的再加工、外在知识内化于心的过程。2015 年年底，在清理朱德遗物时，发现一本朱德学习并收藏的《整风文献》，在书中刊载的 28 篇文章中，朱德在 21 篇文章 170 多页上做了圈点，其中在 70 多页上写了眉批。以 1941 年 7 月 1 日中央政治局通过的《关于增强党性的决定》为例，朱德在学习这个《决定》时，在第 1 页（甲）上眉批"统一意志统一行动统一纪律"，他认为这是全体党员和各级党组织增强党性的基本要求，团结起来，成为有组织的整体。如《决

---

① 石维行：《康克清献交一批朱德笔记》，《人民日报》1991 年 2 月 7 日。

定》指出：没有这样坚强的统一的集中的党，便不能应付革命过程中长期残酷复杂的斗争，便不能实现我们所担负的伟大历史任务。在第2页列举缺乏党性的倾向表现上眉批"政治""组织""纪律"，即政治上自由行动、组织上自成系统、思想上个人主义。在第3页（丙）纠正违反党性的倾向必须采取的办法上眉批"统一集中""检查""纠正""纪律教育"，即：强调全党的统一性、集中性；严格检查一切决议决定之执行；对错误即时发现即时纠正；在全党加强纪律教育，因为统一纪律是革命胜利的必要条件。1941年7月1日，朱德还在《解放日报》上发表了《中国共产党与革命战争——纪念中国共产党诞生二十周年》，文章指出："二十年的中国革命战争过程，证明了一个真理：只有中国共产党，才能最英明地掌握中国革命战争的发展规律；只有中国共产党，能在一切历史时期中，永远为当时最革命的政治目标而坚决地进行革命战争，反对当时中华民族和人民的主要敌人；只有中国共产党，能定出和坚持当时最革命的战略方针。"[1] 这些批注表明朱德对党充满着坚定信心和信念，他认为通过扎实整风，更能实现党的宗旨和目标。这些笔记与摘录真实地记录了朱德学习时的思考，也体现了他认真好学的态度，善于阅读的能力，独到见解的思维，纵览博采的素养。[2]

在实际斗争中学习

重视实践，勤于做调查研究，善于从实践中获得真知，是朱德坚持一生的学习方法。1949年4月11日，朱德对即将南下的第四野战军高级干部讲："在实际斗争中学习"，"是很重要而且不可缺少的"，"如大家就是在战场上、工作中学会本领的"，"这是很实际

---

① 《朱德年谱（新编本）》中卷，中央文献出版社2006年版，第1066页。

② 罗淑蓉、林品强：《朱德与延安整风学习：从朱德一本藏书说起》，《百年潮》2016年第12期。

朱德追求真理的实践学习法

的、很好的学习"，但是，必须要提高，"大家要把实际斗争的经验总结起来，提高一步，使之条理化。"①

1915 年，朱德弃笔从戎后，每次带兵打仗，战前他总是事先勘察地形地貌，周密计划每个细节。这种遇事先摸清情况，再作决策的方法，使得他经常能打胜仗，很快成为著名的滇军将领。后来，为了求解心中困惑，寻找革命真理，朱德又远赴重洋，到德国和苏联进行学习考察。朱德在国外的生活，除了读书，就是深入社会，他经常深入农村和工厂，进行实地调查研究，从而认清了"中国革命问题是与国际问题相连的，而且了解到革命绝不是某一块地方的事"，"同时更把中国的事看通了"。②

投身革命后，特别是在系统学习了马克思列宁主义后，朱德对向实践学习有了更深刻的认识和理解。比如，1945 年 4 月 25 日，朱德在《论解放区战场》中如此讲述开展军事斗争的心得："我们用兵的主张，可概括为：有什么枪打什么仗，对什么敌人打什么仗，在什么时间地点打什么时间地点的仗。第一句是根据部队武器装备，第二句是根据敌情，第三句是根据时间地形各种条件，这就是实事求是的唯物主义的用兵新法。"③这个用兵新法，体现了朱德重视军事调研在军事决策中的重大作用。

延安时期，朱德在协助毛泽东领导全国抗战的同时，仍不忘进行调查研究工作。1940 年以后，各抗日根据地进入了物质极端匮乏的时期，朱德也是忧心忡忡。9 月，朱德邀请了董必武、徐特立和从事边区经济工作的几位负责人，一起走访考察了边区各地的工、农、商各业情况，并在调查研究基础上，写出了《论发展边区经济建设》《参观边区工厂后对边区工人的希望》等文章，阐述了

---

① 《朱德选集》，人民出版社 1983 年版，第 259 页。

② 《朱德自述》，国际文化出版公司 2009 年版，第 79—80 页。

③ 《朱德选集》，人民出版社 1983 年版，第 168 页。

极具价值的边区经济发展构想。中共陕甘宁边区中央局采纳了朱德的意见，作出《关于发展边区经济建设的决定》和《关于财政经济政策的指示》，推动了边区经济发展。

边区经济困难中最紧迫的是吃饭问题，为此中央号召开展大生产运动，其中最为著名的是南泥湾的开发。李维汉回忆说："军队实行屯田是朱德倡导的。他从前线回延安后，非常关心部队的生产，主张以部队强壮众多的劳动力，投入到生产运动中去，以减轻人民的负担，密切军民关系，同时帮助边区的建设，也改善部队本身的生活。"① 为了论证南泥湾开发和建设的可行性，朱德亲自带队深入南泥湾进行考察，据他的时任警卫李树槐说："总司令带着王震同志和我们一起亲自到南泥湾勘察。原来我们打算只让总司令在森林四周看看就可以了，不让他进去，森林里净是小路，有的地方也没有路，而且那里的水有毒，不能喝，我们钻进去观察好了。但总司令不干，一定要亲自进去。他亲自带着干粮和饮水进去，在破窑洞里吃干粮，喝自己带去的水。就这样，总司令带着我们，在不见天日的森林里，翻山越岭，踏遍了南泥湾每一个地方，亲自取得了南泥湾的第一手资料。"② 艰辛的南泥湾调研，体现了朱德坚忍不拔、一干到底的大无畏精神和注重调查研究、实事求是的科学态度。1942 年 12 月 12 日，延安《解放日报》发表社论《积极推进"南泥湾政策"》，文章赞誉朱德说：朱总司令"亲自踏看南泥湾，亲自组织南泥湾的开辟工作"，经"披荆斩棘，耕耘种植"，将"空无人烟""鸟兽纵横"的南泥湾建设成为"陕北江南"。"南泥湾政策"成了屯田政策的嘉名，"而这个嘉名永远与朱总司令的名字联在一起"。③

朱德追求真理的实践学习法

---

① 李维汉：《回忆与研究》下册，中共党史资料出版社 1986 年版，第 546 页。

② 《话说朱德：知情者访谈录》，中央文献出版社 2000 年版，第 291—292 页。

③ 《朱德年谱（新编本）》中卷，中央文献出版社 2006 年版，第 1119 页。

新中国成立后，为了恢复国民经济和开展国家建设，朱德花了大量时间，深入到基层一线进行调查研究。1954年到1966年间，他每年都有几个月的时间在外调研，到全国各地去考察，深入农村、工厂与农民、工人交谈。仅1958年4月至12月的8个月内，72岁的朱德就连续视察了包括新疆、青海在内的11个省、市、自治区的广大地区。在炼钢炉旁，在广阔的田野上，在哈萨克牧民的毡房中，都出现过朱德与干部、群众亲切交谈的身影。在这11年中，朱德调查研究的领域涉及工业、农业、手工业、商业、财政、交通、矿业、水产以及市场建设等，并向中央致函电24封，写出了调查报告13篇，为新中国的建设提出了许多宝贵意见。即使在"文革"期间，朱德仍突破重重阻力进行调研工作。1972年88岁高龄的朱德，第六次到北京炼焦化工厂视察、调研，对厂里生产和工人生活作出了指示和安排，帮助他们解决实际问题，同时为中央决策提供了大量一手资料。

朱德搞调查研究很出色，缘于他诚恳的态度和科学的方法。诚恳的态度，就是实事求是。1942年11月16日，朱德在延安军事学院第一期学员毕业典礼上告诫学员：同学们毕业后是要干事的，"要想做成几件事，只有老老实实、实事求是"，这是我们党的优良传统，"一切最好的战略战术，都是实事求是，合乎辩证法的。有什么样的武装，有什么样的敌人和地理条件，就必须打什么样的仗，调皮是不行的"。"革命是群众干的，没有群众什么也干不成"，必须深入群众、团结和带领群众。①

调研能否有成效，方法很重要。从朱德的调研记录和报告来看，朱德调研的方法和手段主要有以下4种：一是读材料。朱德每次在调研前，必阅读所调研地区的相关材料，从而做到心中有数。

---

① 《朱德年谱（新编本）》中卷，中央文献出版社2006年版，第1117页。

二是谈话。每到一地，朱德总要和当地的负责同志谈话，以迅速了解情况。如他在 1954 年视察广东时，就先后与中共华南局工业部部长、广东省政府副主席等十几位负责干部进行谈话。三是开座谈会。朱德说："开会也是调查研究"，座谈会包括各级领导干部座谈会、群众座谈会、民主人士座谈会等。朱德正是通过这种方式直接聆听干部和群众的意见。四是派遣身边工作人员下去调研。为了获得更加全面准确的情况，朱德除了自己调研，还发动身边的同志调研，将发现的情况直接向他汇报。

朱德的调研，不是漫无目的，根据兴趣爱好，即兴为之；而是紧紧围绕党和国家的中心工作展开。革命战争年代，朱德的调研工作总是围绕着军事战略、根据地建设等方面进行。新中国成立后，朱德调研的重心则是如何搞好经济，推动新中国建设。朱德具有极强现实针对性的调研，使得其调研成果的实效性和可操作性都很强，从而极大地推动了党和国家的各方面工作。

干事业要有坚强体魄

从 1886 年出生到 1976 年去世，朱德享年 90 岁。有资料显示，他终生没有掉过一颗牙齿，年老时，依然腰身不萎，肩背不驼，精神矍铄，这与他几十年来持之以恒地坚持体育锻炼密不可分。他认为干革命事业，要有一副坚强的体魄。身体强健，精力充沛，才能为革命多作贡献。坚持读书与体育并行，这种劳逸结合的学习方法，对当下有着尤为重要的借鉴意义。

少年朱德就非常喜欢体育锻炼。1906 年，朱德考入顺庆府官立中学堂，顺庆府距离仪陇县有三百多里路程。贫穷的朱德在亲友们的捐助下，背上简陋的行装，穿着自己打的草鞋，翻山越岭，昼行夜宿，只用了两天多的时间就走到目的地。这次旅途十分辛苦，中间本来可以乘一段路程的船，但朱德没有这样做。有人问他为什么不乘船，朱德回答说："这样可以节省钱，走长路也是一种锻炼，不仅可以培养毅力，还可以增长知识。"[1]在顺庆府官立中学堂学习期间，朱德一方面埋头苦读，一方面加强身体锻炼，在学校各种体育项目比赛中经常夺得第一名。

参加革命后，朱德十分重视体育锻炼的作用，在他的指导下，无论条件多么艰苦，部队总会开展体育活动，昂扬革命豪情。1936年，在长征途中，朱德认为环境越艰苦，越要鼓舞部队斗志，令人没想到的是，他提出要举办一次运动会，振奋干部战士精气神，增强部队体质。在他的推动下，5月1日，红军部队在川西高原炉霍举行了一场别开生面的运动会。运动会设有赛跑、球赛、刺杀、投弹、识图、测距、骑兵表演等项目，还有朱德提出为准备过草地而增设的烧牛粪比赛、烧饭比赛等项目。朱德在开幕式上号召大家继续振奋革命精神，勇敢顽强地同各种困难作斗争，把长征的道路走到底。在闭幕式上他总结说："这次运动会，是对我们思想、意志、军事、生活等方面的一次大考验，大演习，大检阅"，大家昂扬的精神和出色的成绩证明，"我们工农红军是钢铁的红军，是永远打不败、压不垮、拖不烂的"。[2]

全面抗日战争爆发后，朱德作为八路军总司令，率部挺进前线，部队南征北战，居无定所，但是朱德仍然因地制宜见缝插针地组织部队开展体育活动，他自己也经常参加各项比赛。为了便于组织体育活动，1942年1月25日延安新体育会成立，朱德任会长，他在成立大会上要求："今后各机关、部队都要有组织、有计划地开展体育运动，并要把体育与卫生密切联系起来。"经过紧锣密鼓的筹备，9月1日在延安召开了著名的九月运动会，朱德在开幕式

---

① 王亚丽：《生活中的朱德》，解放军出版社 1999 年版，第 227 页。

② 《朱德年谱（新编本）》上卷，中央文献出版社 2006 年版，第 563—564 页。

的致辞中指出："举行这次运动会的目的在于广泛地开展体育运动，健全体格。"第二天，朱德为《解放日报》撰写了代论《祝九月运动会》，他在文中把军事体育提到了抗战全局和理论的高度。他说："从华北我们军民与敌人的作战中，使我深深感觉我们在体力上是逊于日本很多的。回到后方，看见机关、学校办事人员文弱多病、动作迟缓、精神不振的样子，这种感觉更为强烈。用这种体力去和敌人竞争，不论在战场上，在工作中，或在学习中，我们都要吃亏一着的。"他提出要从两个方面改进军民体力：一是改善军民生活，丰富军民的给养；二是普及体育运动和卫生保健知识。"只有变文弱为雄武，军强文壮，才好打仗办事。"他还特别号召青年人，"不但要以近代科学的丰富知识来充实自己，而且要养成健全强盛的体魄，把自己锻炼成坚强结实的一代，来担负抗战建国的艰巨事业。"闭幕式上朱德也讲了话，他还为运动会题词："运动要经常。"①

1945 年 4 月 25 日，朱德在党的七大上作军事报告，他在谈到如何练兵时再次强调了加强锻炼强健体魄的重要性，他说："练兵分三方面：一是智力，二是体力，三是技术。"练智力，就是要提高政治觉悟，"没有政治觉悟的勇敢，只是血气之勇，有了政治觉悟的自觉的勇敢，乃是大勇。"关于练体力，他说："打仗是格斗，是角力，所以体力锻炼很重要。增强体力，首先要吃饱穿暖，其次才是各种体力操练。"他批评了军内存在的"不尊重体力与技术的偏向"，他说：有人"以为军队只要有了政治觉悟就够了"的观点是错误的，过去我们也打了胜仗，但是并不能说明我们的体力和技术已经好了，只有"有了政治觉悟，再加上体力好、技术好"，才能以更小的伤亡打更大的胜仗。②

① 《朱德年谱（新编本）》中卷，中央文献出版社 2006 年版，第 1092—1093、1112—1113 页。

② 《朱德选集》，人民出版社 1983 年版，第 164—165 页。

朱德追求真理的实践学习法

新中国成立后，朱德仍十分关注体育事业的发展。1952 年 8 月 1 日，在庆祝中国人民解放军建军 25 周年和全军第一届体育运动大会上，朱德提出："为加速部队建设及提高军事技术，需要普遍开展体育活动，以锻炼坚强的体力。提倡开展适合军事需要的体育活动，为战斗和国防建设服务。要着重普及。要发扬集体主义、团结进步的精神，提倡革命竞赛，反对锦标主义。"他还为大会题词："锻炼自己成为铁的体质，保卫我们最可爱的国家。"在这次运动会的讲话中，朱德主要是从强军的角度，阐释开展体育运动的重要性。1954 年 1 月 16 日，在中央人民政府体育运动委员会第一次全体委员会议上，朱德则从国家和个人等多个角度谈了开展体育活动的重大意义，他说："从国防上说，国家需要强大的技术兵种，这就要青年们都有很强壮的身体，要有灵活、勇敢、敏捷、坚忍不拔的品质；对国家的经济建设和文化建设也是同样需要的。"从个人说，身体好"就是最大的富足"。他展望未来深情地讲道：如果我们一代一代身体都更加强壮起来，再加上国家的经济建设不断取得成就，"我们国家就真是富强了"。①

除了关注体育事业，朱德本人也终身坚持体育锻炼。年轻的时候，他就注意体育锻炼，练就了强健的体魄。朱德戎马一生，打了几十年仗，但是从来没有掉过一次队，从来没有坐过一次担架。到了晚年，他的生活很有规律，根据自己身体状况和多年经验，自编了一套适合自己身体情况的体操，每日早晚，都会做操，从未间断。散步也是朱德每日的必修课，1974 年年初，已 88 岁高龄的朱德，每天仍在自己的住处周围走 3 圈，每圈两里地。直到去世前十天，也就是最后住院的前一天，他还在坚持散步。用他自己的话说：能多走一天，就能为革命多工作一天。

---

① 《朱德年谱（新编本）》下卷，中央文献出版社 2006 年版，第 1433、1464 页。

三、使理论和实际打成一片

1933 年，朱德在中国工农红军学校出版的《红色战场汇刊》上，发表了一篇专门谈战术的文章，他开篇就引用了当年苏联军事学校中曾经广为张贴过的一条标语："离开理论的实践，是盲目的实践；离开实践的理论，是空洞的理论。"朱德非常信服这个道理。①1940年 7 月 14 日，朱德出席抗大第三分校第五期毕业典礼，他在讲话中号召学员们上前线后，仍然"要继续学习，要从工作中学习，使理论和实际打成一片"。②朱德读书学习最主张理论联系实际，他认为学习应该在两个方面进行：一是"在实际斗争中学习"；二是"理论学习"。朱德这种理论和实践并重的学习思想，体现了中国共产党人普遍的学习观念。

为将者要知古今

朱德喜欢读史书，仅他在泸州的藏书，除了二十四史外，还有《战国策》《论衡》《重修政和证类本草》《谈史碎金》《齐民要术》《说苑》《尚书》《诗经传说汇纂》《仪礼义疏》《周官义疏》《大学衍义》《大学衍义补》《礼记义疏》《法苑珠林》《孔丛子》《盐铁论》《新序》《越绝书》《甫金文集》《皮子文集》《王子安集》《张龙之文集》《元遗山文集》《元氏长庆集》《群书治要》《真文忠公集》《南雷文集》《攻瑰集》《栾城集》《栾城应召集》《温文正司马公文集》《诚斋集》《宋学士文集》《小畜集》《张右史文集》《陈嘉陵文集》《水心文集》《豫章文集》《嘉集》《渭南文集》《苏平仲集》《萨天锡诗集》《禅月

---

① 《朱德选集》，人民出版社 1983 年版，第 14 页。

② 《朱德年谱（新编本）》中卷，中央文献出版社 2006 年版，第 978 页。

集》《于湖文集》《剡源文集》《釜山文集》《松斋文集》《牧斋文集》《李直讲文集》《元丰类稿》《凫澡集》《曝书亭集》《三百名家集》《史存》《诗文据中》《升庵集》《象山集》《三鱼塘集》《斯文集萃》《文苑》《带径堂集》《胡文忠公政书》《胡文忠公集》《彭刚直公奏稿》《简斋诗集》《唐文萃》等各类的古书典籍。① 通过广泛涉猎各种古籍，朱德不断寻求历史的经验和借鉴，使自己获得前进的智慧。

作为军人，朱德最喜欢读的还是《史记》《三国志》《孙子兵法》等富有军事斗争经验的史籍。在阅读史籍的过程中，朱德结合军事斗争实践，特别注重对军事战例的分析和总结。同时，他还善于从已有的历史定论中，推陈出新，总结出新的思想和观点。如在读"夷陵之战"时，人们惯于从"以少胜多"的角度，去总结规律和战法。而朱德却认为"权、备当时人杰也，两相斗意气也，知其不可斗而斗之，逞一时之小忿也，小不忍则乱大谋，曹之灭蜀吴，是吴蜀自灭也"。② 可见，朱德对刘备、孙权的意气之争非常不以为然，在朱德的革命生涯中，无论是与张国焘的斗争，还是"文化大革命"中的隐忍，他都始终坚持当忍则忍、能让则让，尊重大局、顾全大局、服从大局这一宝贵原则。

对于被人们普遍推崇的诸葛亮，朱德曾经对雷英夫说："诸葛亮被人神化了。他虽然有本事，有许多高明的见解，干过许多惊天动地的大事，对蜀国有很大贡献，对后人有很多启发和教育，是一位了不起的历史人物，以至于广大人民群众都喜欢他，把他作为智慧的化身，当做无所不知，无往不胜的神人，但诸葛亮的缺点错误也很多，有些还是很严重。以指挥作战来说，'六出祁山'就很笨。按照当时的情况，魏延建议孔明率主力出斜谷，魏延率步兵出子午

---

① 《朱德年谱（新编本）》上卷，中央文献出版社 2006 年版，第 37 页。

② 黄丽镛：《共和国元帅读古书实录》，上海人民出版社 1995 年版，第 65 页。

谷直插长安，两路人马夹击曹的意见是正确的。司马懿也是这种主张，说'若是吾用兵，从子午谷径取长安，早得多时矣。'"朱德还说道："论工作方法，诸葛亮有严重的事务主义，事无巨细，包办代替，只相信自己，不相信别人。结果自己累得要死，大家的积极性发挥不出来，事情也未办好。司马懿看准了诸葛亮这一弱点，定下了和他打持久战（蘑菇战）的方针，说'孔明食少事烦，岂能久乎?!'硬是把诸葛亮累死拖死了。论用人，诸葛亮有宗派主义倾向，只喜欢顺从自己的人，听不得一点不同的意见。这一点比曹操、孙权差多了，关云长、魏延、马谡都未用好，不该用的用了，不该杀的杀了，弄得后继无人。"雷英夫感慨地说：在此以前，"我也曾多次读过《三国演义》，但都是随着书跑，把诸葛亮当神明，人云亦云，没有新鲜独到的见解，总司令的指点，使我如梦初醒，顿开茅塞。"①

朱德阅读史籍，除了从中国传统典籍中汲取智慧，他还特别注重古今中外的比较式阅读。如他把孙子的《谋攻篇》《计篇》与克劳塞维茨的《战争论》、福煦的《论战争原理》对比起来阅读，把秦穆公、晋襄公的"崤山之战"，曹操、袁绍的"官渡之战"和法国、普鲁士的"普法战争"，法国、俄罗斯的"祖国战争"对比研究，从而得出自己的见解。在这个过程中，朱德虽然重视经验，却不是简单地模仿和套用经验，他认为写在书上的作战经验是用鲜血换来的，应当格外珍惜，但事物是多变的，情况是迁移的，绝不容许用·成不变的老章法来指挥军队。

1940 年春，国民党内的对日妥协投降倾向日益严重，党中央决定派朱德亲赴洛阳，同国民党第一战区司令长官卫立煌进行谈判，争取他们继续抗日。归途中经过黄帝陵，康克清回忆说：在陵

---

① 《话说朱德：知情者访谈录》，中央文献出版社 2000 年版，第 298—299 页。

前合影后，朱老总请同行的茅盾同志讲讲黄帝的历史。茅盾讲完，朱老总作了即席讲话。他说：刚才沈先生讲了历史上的黄帝，现在我再讲一讲当代的黄帝——我们这些黄帝的裔胄。中华民族有五千年光辉的历史，然而近百年来我们这个民族却遭受到帝国主义的百般欺凌，被称作"东亚病夫"。现在这个古老的民族觉醒了，我们这些黄帝的子孙点燃了民族解放的烽火，全国人民正在进行着神圣的抗日战争，抗日战争就是复兴中华民族的战争。我们一定要把这场战争进行到底，我们也一定能取得战争的最后胜利！现在有人想阻挠抗日战争的胜利进行，想妥协投降，这种人是黄帝的不肖子孙！① 朱德活学活用历史，借看历史思考当下，他的这番言简意赅的讲话，深深地打动了在场的每一个人。

自然科学是一个伟大的力量

作为富有卓见的无产阶级革命家，朱德不仅重视理论知识、实践知识，还特别重视自然科学。1950 年 3 月 10 日，朱德在空军政治工作会议上提出："在一定的意义上，技术决定一切。如果我们别的都很好，就是技术不好，那也不能完成任务。""只有掌握了技术，我们才能战胜敌人，不然就要为敌人所打败。"所以，我们"一定要努力研究科学"，"我们要由外行变成内行"。② 朱德一生都十分注重科学技术的发展和应用，主张把科学技术应用到国防和军队建设、经济现代化建设的各个方面。

1930 年 12 月，红军在龙岗战斗中，一举歼灭了张辉瓒的两个旅，并活捉了张辉瓒本人。在清理战场时，缴获了一部 15 瓦的无线电台。由于战士们没有无线电方面的知识，不认识这个物件，便

---

① 《回忆朱德》，中央文献出版社 1992 年版，第 75—76 页。
② 《朱德选集》，人民出版社 1983 年版，第 275 页。

将电台、蓄电池等砸毁掉，只留下了一台发报机，报送总部。朱德得知如此一件高级的战利品被损坏，十分心疼，深有感触地说道："没有知识，哪能不干蠢事。"这件事对朱德触动很大，翌年7月，朱德在中共苏区中央局机关报《战斗》第二期、第三期上连续发表《怎样创造铁的红军》，这篇文章也是后来收入《朱德选集》的第一篇文章。朱德在文章中提出：随着革命战争规模的日益扩大，单凭"红军的英勇冲锋"是不够的，单凭已有的战争经验已经不能满足客观的需要，因为"技术日益进步的现代，不仅在战争中特别加强了技术的作用"，同时也使技术的训练更加的复杂。为适应新的形势需要，"红军在战术方面必须超过敌人，在技术方面也必须努力学习使用新式武器的知识，以便从敌人中间得到新式武器时，一到手就知道如何使用。"①

1941年8月3日，为了庆祝陕甘宁边区自然科学研究会第一届年会的召开，朱德专门撰写了《把科学与抗战结合起来》一文，他把科学提高到了抗战救国的高度，分析了科学与抗战救国的辩证关系：一方面，无论是抗战的胜利还是建国的成功，"都有赖于科学，有赖于社会科学，也有赖于自然科学"；另一方面，只有"抗战胜利，民主成功，中国的科学才能得到繁荣滋长的园地"。他深刻指出："尊重科学与文明的"马列主义，是"一切科学的最高成果"，它的世界观和方法论"当然也适用于一切科学"，掌握了它"可以使一切科学得到新的发展"。朱德批评了忽视科学的偏向，他说：自然科学是"一个伟大的力量"，自然科学的进步，可以提高劳动生产力，可以充实我们的力量，提高军队的战斗力，可以提高人民的文化程度与政治觉悟，谁要是忽视了科学的力量，"那是极其错误的"。朱德还特别强调指出："现在中华民族正处在伟大的抗战建

---

① 《朱德选集》，人民出版社1983年版，第4—5页。

国过程中"，日寇的侵略给中国科学的发展造成了严重的摧残与困难，但是抗战大业也指明了科学向前发展的道路，"在自然科学的光辉从未照临过的荒土上"，我们的科学工作"做出了不少的成绩"，这是难能可贵的，但是"绝不可以自满"，"还要努力前进，把科学与抗战建国的大业密切结合起来，以科学方面的胜利来争取抗战建国的胜利！"①

新中国成立后，朱德开始着重从社会主义现代化建设的全局来看科学的巨大作用，他紧紧围绕"迅速把我国从落后的农业国变成先进的工业国"这个主题，作了深入思考。1950 年 8 月 18 日，中华全国第一次自然科学工作者代表会议在北京召开，朱德出席了开幕式并作了讲话，他要求"自然科学工作一定要同全国的经济建设、文化建设与国防建设密切地结合起来"，他号召自然科学工作者紧密团结起来，"为广大人民服务，为新中国的建设服务"。②1954 年 4 月 25 日，朱德在接见军事学院各教授会主任时，响亮地提出"科学第一"，并说没有科学就什么也搞不成，"就不能前进。"③ 他还提出要打开国际视野，瞄准世界先进水平，发展科学技术。1958 年 4 月 23 日，朱德在视察南京无线电厂时强调指出：发展新技术，"技术对比是个好方法，但一定要同世界最先进的技术比"，如果"只在国内比，矮子里选高的，结果还是提不高"。④ 朱德这些思想认识对当时的建设和科技发展起到了积极作用，同时也是对科教兴国战略的先行探索。

朱德不仅重视科学技术的研究和应用，对如何提高科学技术水平也做过深入思考，他认为现代化是买不来的，也是买不起的，实

---

① 《朱德选集》，人民出版社 1983 年版，第 76—77 页。

② 《朱德年谱（新编本）》下卷，中央文献出版社 2006 年版，第 1387 页。

③ 《朱德军事文选》，解放军出版社 1997 年版，第 829 页。

④ 《朱德年谱（新编本）》下卷，中央文献出版社 2006 年版，第 1669 页。

现现代化的道路只有一条，就是坚持党中央和毛主席一贯倡导的自力更生。同时，朱德也强调要打开视野，吸收和借鉴世界各国的先进科学技术。聂荣臻回忆说：1955年12月中旬至1956年2月中旬，我作为代表团成员陪同朱德同志出访东欧6国。在访问期间，朱德常说："我国的社会主义建设，在立足于自力更生的基础上，还要积极争取外援，注意学习兄弟国家的先进经验，引进外国的先进技术和设备，请外国专家到我国来工作，这样可以加快我们的建设步伐。"[1]朱德的这些认识，分析了独立自主与吸收引进的辩证关系，时至今日仍然是适用的。

朱德一生生活简朴，少有余钱，其实他也有一笔巨款，却悉数支持了科技发展。据朱德的女儿朱敏回忆：朱德有一笔巨款存放在德国。那是史沫特莱写的《伟大的道路：朱德的生平和时代》一书的稿费。史沫特莱1950年逝世前曾留下遗嘱，要将稿费转交给朱德。国外有关机构按照死者的遗嘱办理了稿费转交事宜，将这笔稿费交给了中国驻德国大使馆。朱德知道这件事情后，没有关心那笔稿费的下落，而是怀着对史沫特莱深深的敬意，亲自将她的一半骨灰安葬在北京，并且在墓碑上题了字。以后他对稿费只字不提，好像这笔巨款从来没有存在过一样。多年后，1958年2月，朱德接到中国驻德国使馆的请示："朱德副主席在我馆存稿费95008.30马克，已有两年之久，此款如何处理？"朱德接到大使馆的请示，二话没说，提笔批示道："买自然冶金科学新书、化学新书寄回！"大使馆的同志遵照朱德的指示，购买了大量国外最新科技书籍，分给了各大图书馆和有关科研单位。这批科技书籍对于建设中的中国无疑是雪中送炭。[2]

① 《回忆朱德》，中央文献出版社1992年版，第13—14页。
② 朱敏：《我的父亲朱德》，人民出版社2009年版，第283—284页。

朱德追求真理的实践学习法

诗词中的革命风雨

朱德虽一生戎马，但却从小对古典文学情有独钟，对诗词的热爱尤甚。在他 90 年的光辉历程中，为后人留下了大量诗词作品，仅新编本《朱德诗词集》就收录了他在不同时期创作的七言律诗、五言律诗、七言绝句、五言绝句、七言古体诗、五言古体诗，以及词、散曲、四言诗和白话诗，共计 550 首。这些脍炙人口的诗歌，既是他革命豪情的抒发、革命历程的记录，也是他深入思考、沉淀学习、陶冶情操的方式。从诗歌中获取知识，用诗歌记叙"风雨"，同时也以诗会友，增进同志情感，振奋革命精神，朱德这种独特的学以致用的方式值得我们学习。

青年时代的朱德，就开始用诗歌表达自己的情感。1906 年，他写了《顺庆府中学堂留别》赠与同窗好友："骊歌一曲思无穷，今古存亡忆记中。污吏岂知清似水，书生便应气如虹。恨他狼虎贪心黑，叹我河山泣泪红。祖国安危人有责，冲天壮志付飞鹏。"这首诗表达了少年朱德，对民族的责任感和报效国家的冲天壮志。弃笔从戎后，面对连年的军阀混战，朱德谴责道："沧海桑田变焦土，名山秀野战云封。"对于百姓在战争中遭受的苦难，他哀叹道："举国人人作政客，何人注意在商农。"在得知袁世凯背信弃义复辟称帝后，朱德写道："筹安客意住龙头，惊起神州肃杀秋。四野萧萧风雨急，中原黯黯鬼神愁。强梁子弟三乘马，大好河山一泛鸥。回首剧怜民国土，几希幻作帝王洲。"朱德对袁世凯的丑行还讽刺道："言犹在耳成虚誓，老不悲秋亦厚颜。"同时，他坚信历史的车轮不会倒退，帝制复辟不过是"蓬莱昕夜觅仙山，堪笑贪夫转念间"一场闹剧，正义终将战胜邪恶，人民终将胜利，"报国归来天欲暮，笑看北地废朝班。"不久，朱德就参加了蔡锷领导的讨袁战争，两军激烈交战于泸州纳溪的棉花坡，袁军惨败。棉花坡一役成名的朱德，在驻防泸州时写下了《感时五首用杜甫〈诸将〉诗韵》："年年争斗逼人来，如此江山万姓哀。冯妇知羞甘守节，徐娘无耻乱登台。推开黑幕剑三尺，痛饮黄龙酒数杯。西蜀偏安庸者据，中原逐鹿是雄材。"这首诗反映了朱德对动荡混乱的时局的不满，也表达了决心承担起救国救民重任的雄心和壮志。1963 年 4 月 1 日，朱德抵泸州视察，在途径护国战争纳溪战场旧址时，感慨万千，又赋诗一首："护国军兴战纳溪，棉花坡外战云迷。恶战半年曹张败，袁式王冠落马蹄。"

朱德的诗词除了记录革命风雨，也有许多作品是寄情山水。贫苦农家出身的朱德，对山有着独特的感情。在他的风景诗作品里，写山的或与山有关的占去大半，如《五峰岭题诗》《题天台山》《战薄刀岭》《攻草帽山》《出太行》《过五指山》《六连岭》《上白云山》《天山雪》《登石门山》《游香山》《上东山》《飞过泰山》《过武夷山》《游岐山》《登玉皇山》《井冈山》《登龙山》《上五云山》《过秦岭》《望峨眉》《骊山》《华山》《过香炉山》《青秀山远眺》等。朱德通过这些诗作，借描写祖国的秀美山川，表达了他的远大志向、人生感悟和生活情趣，1940 年 5 月他写作的《出太行》即为一典例，他写道："群峰壁立太行头，天险黄河一望收。两岸烽烟红似火，此行当可慰同仇。"

朱德写诗不仅是自娱自乐，更多的是以诗会友，把它当作沟通同志间情感，促进彼此学习的工具。1939 年冬，在太行山上，寒风凛冽，白雪飘飞，日军对抗日根据地"蚕食"和"扫荡"不断，根据地进入十分艰难的时期。在太行山八路军总部领导华北敌后抗战的朱德，在太行前线度过 53 岁生日，山西武乡县王家峪村八路军总部所在地的军民们纷纷前来祝贺。当时也在前线的作家杨朔写了一首《寿朱德将军》。诗云："立马太行旗飐红，雪云漠漠飒天风。将军自有臂如铁，力挽狂澜万古雄。"这首诗写出了朱德立马太行、力挽狂澜的英雄气概。为了表示谢意，朱德步杨朔原韵复诗一首《赠友人》："北华收复赖群雄，猛士如云唱大风。自信挥戈能退日，河山依旧战旗红。"杨诗赞美朱德投身抗战的丰功伟绩，朱诗自谦功劳有赖将士众志成城。

1941 年 9 月 5 日，由陕甘宁边区政府主席林伯渠、陕甘宁边区参议会副议长谢觉哉和边区民政厅厅长高自立等人发起，在延安交际处宴请社会贤达和文人墨客，如边区参议员汪雨相、白钦圣、戚绍光、施静安、贺连城、安文钦以及延安东市遗老吴汉章等老先生。会上经林伯渠提议，组织了一个诗社，取名"怀安"。"怀安"两字，语出《论语·公冶长》："老者安之，朋友信之，少者怀之。"诗社的作者圈不固定，大约 50 来人，朱德是其中很重要和活跃的一位。诗社成立时，董必武正远在重庆，他闻讯后即于同年 9 月 28 日作《闻延安成立"怀安诗社"赋四绝句：兼呈吴、徐、谢、林诸老、朱总司令、叶参谋长》，其中一首云："韵事曾传九老图，东都无警亦无忧。而今四海皆烽火，酬唱怀安古意浮。季子徐君气谊投，希深君复亦风流。指挥能事朱司令，慷慨悲歌叶剑侯。"朱德看到董老的诗后，雅兴大发，步董老原韵奉和五首，其中两首云："敌后常撑亦壮图，三师能解国家忧。神州尚有英雄在，堪笑法西意气浮。""朋辈志同意自投，团成砥柱止中流。肃清日寇吾侪事，鹬蚌相争笑列侯。"当时由于没有印刷条件，社员们都自备诗本，相互抄录新作。后来，《解放日报》副刊上设了《怀安诗社》专栏，使诗社的影响力不断扩大。在物质匮乏年代，诗社的成立，丰富了人们的精神生活，也高扬革命主义的理想情怀，同时也增进了同志间的革命情谊。

1976 年 1 月 1 日，《人民日报》发表了毛泽东在 1965 年写的两首词：《水调歌头·重上井冈山》和《念奴娇·鸟儿问答》。朱德"吟、读再三，欣然不寐。吟咏有感，草成两首"，发表于《诗刊》

1976 年 2 月号。其中一首是："昔上井冈山，革命得摇篮。千流归大海，奔腾涌巨澜。罗霄大旗举，红透半边天。路线成众志，工农有政权。无产者必胜，领袖砥柱坚。几度危难急，赖之转为安。布下星星火，南北东西燃。而今势更旺，能不忆当年。风雷兴未艾，快马再加鞭。全党团结紧，险峰敢登攀。"朱德在诗中追忆了革命奋斗的艰辛历程，表达了对毛泽东的敬仰和对人民群众的挚爱，饱含着深情，动人肺腑，这是朱德生前写的最后一篇诗作，也是他和毛主席最后一次诗词酬唱。

四、学习是我们党的传家宝

作为党和国家的领导人，朱德深知学习的重要性。因此，他在自己坚持学习，为全党树立起学习模范的同时，还把促进全党的学习作为自己的政治任务和使命。朱德常挂在嘴边的一句话就是"学习是我们党的传家宝"，每名共产党员都应该结合自己担负的职责勤于思考，努力学习。1954 年 5 月 14 日，朱德在铁道兵第三次庆功大会上指出："没有文化是不行的"，"我们的社会是天天进步的，我们也应该天天进步"，要想进步惟有坚持学习，"不学习就会落后"，"就不能跟社会一道前进。"①

读书是一个乐事

朱德一生都特别重视全党的学习，对于促进全党的学习，进行了一系列的思考和探索。1943 年 8 月 18 日，朱德在《延安日报》撰文，提出军事教育必须从实际出发，"要克服游击主义习气，务使大家重视学习，关心学习，积极起来，不如此，教育的高潮便不

① 《朱德选集》，人民出版社 1983 年版，第 331 页。

能形成"。①10 月 16 日，他又在陕甘宁晋绥联防军高级干部会议上强调："组织好学习这件事，我们当连长、指导员的要看得很重要。各级组织都要认真把学习搞好。"②后来，他还要求为了担负当前的历史任务，"大家要加紧学习"。

对于学习什么，朱德认为首要的是学好政治理论。新中国成立前夕，1949 年 4 月 11 日，他对第四野战军高级干部讲："理论是我们行动的指南，如果不掌握理论就会迷失方向。由此可见，不学习理论是很危险的。"③而政治理论学习的根本，则是要学好马列主义和中国化的马克思主义。1938 年夏天，杨得志奉命由六八五团团长改任三四四旅副旅长、代理旅长。赴任途中，他在山西故县村见到了朱德总司令，他回忆说："当时他正戴着眼镜读毛主席《论持久战》的讲演稿。一见面，他就问我读过讲演稿没有，接着谈了讲演稿的详细内容。"他强调说：战争"就是政治、经济、兵力和武器装备、指挥艺术的较量"，"我们最大的优势是民心所向，或者叫做政治优势，这是任何敌人所无法和我们比拟的。"④1938 年 9 月 26 日，朱德在中央政治局会议上发言指出："共产党要以天下为己任；为了掌握革命的领导权，干部必须很好地学习马列主义，掌握革命理论。"而要学有所成，就必须弘扬批评与自我批评的学风，他号召"领导同志要有能接受批评的精神"，要听人家说自己的好话，同时还要听说自己不好的话。⑤朱德言行一致，他不仅号召全党加强以学马列为根本的政治理论学习，自己更是率先垂范，以自己的学习带动全党的学习。

---

① 《朱德选集》，人民出版社 1983 年版，第 98 页。

② 《朱德选集》，人民出版社 1983 年版，第 109 页。

③ 《朱德选集》，人民出版社 1983 年版，第 259—260 页。

④ 《回忆朱德》，中央文献出版社 1992 年版，第 58 页。

⑤ 《朱德年谱（新编本）》中卷，中央文献出版社 2006 年版，第 830 页。

除了重视加强理论学习外，朱德还非常重视要结合党和国家中心工作、结合自己的岗位和职责开展学习。作为中国人民解放军的主要缔造者和领导人，朱德始终热切关心和高度重视军队的学习，特别是新中国成立后，面对新的形势、任务和使命，他大力推动军队加强学习，推进国防现代化。1951年4月20日，朱德在《八一》杂志创刊号上发表创刊词，说："建设强大的正规化、现代化的国防军，关键在于干部的学习。我们不仅要提高干部的军事、政治、理论、文化水平，还要提倡干部学习技术、尊重技术、掌握技术。学习中必须放下架子，抱虚心态度。我们不仅要学习过去二十年来打败国内外敌人的经验和学习志愿军的作战经验，更要学习苏联打败了法西斯德国、日本的先进军事科学，我们也要向当前的敌人——美帝国主义学习，从而更有效地战胜敌人。"①9月1日，朱德在海军第一次政治工作会议上指出："中国过去不是没有海军，但却没有真正的海防"，今天我们有了人民的海军，但是"许多事情还需要从头做起"。从司令员到每名战士，"都要从头去摸索、去学习，学会现代化的海军技术，学会在海上生活，把自己锻炼成一个坚强的海军军人。"②10月26日，朱德在装甲兵干部集训会议上又指出：今后的战争将是多兵种联合作战，"装甲兵是我军的一个新兵种"，各级指战员一定要"把全部精力集中到学习上来"，"不要不好意思，不要摆架子"，"不会就是不会，不会就要学，否则就会吃亏"。③

在关心全党学习的同时，朱德还特别关心青年的学习。1958年10月14日，朱德接见出席中央国家机关青年社会主义建设积极分子大会代表，他在讲话时寄予青年厚望，他说：青年是国家和民

① 《朱德年谱（新编本）》下卷，中央文献出版社2006年版，第1401页。

② 《朱德年谱（新编本）》下卷，中央文献出版社2006年版，第1412页。

③ 《朱德选集》，人民出版社1983年版，第308—309页。

朱德追求真理的实践学习法

族的希望和未来。青年们的特点，就是比一般成年人老年人少受一切陈腐事物、陈腐观念的束缚，比较容易接受新事物、新思想，敢想、敢说、敢做，热气高、干劲足。因此，青年们应当而且能够在社会主义建设的伟大事业中，起突击的作用。正如古语所说的："譬如积薪，后来居上。"同时，青年也必须谦虚好学，向革命前辈学习，向工农群众学习，向其他成年人、老年人学习，学习他们一切有用的东西，把人类发展中的一切优良成果都继承下来。他号召青年要树立大的志向，要有信心胜过前人，"青出于蓝而胜于蓝"，但也要注意克服骄傲自满情绪。①

1939 年 1 月 2 日，朱德来到沁县民族中学，他向全体学生说："青年是新中国年轻的一代，必然与时代前进。历史决不会重演，也不会循环"，"过去五千年遗留下来的优良文化传统，我们都应该批判地加以接受"，"同时要吸收世界上一切宝贵的经验"，将二者有机地"溶化起来"，再"武装我们的头脑，应用到每一个实际的场合里"，这样抗战建国才能成功，你们也才能成长为"很好的理论家和学问家"。翌年 5 月 3 日，朱德又在《新华日报》（华北版）上发表《五四运动与青年》一文，写道："谁要想长久下去不落伍，谁要想永远站在时代的前面，谁就必须找寻自己的正确政治道路。五四运动以来二十一年中，这条道路已经被进步青年找到了：这就是共产主义的道路。共产主义的道路是中国青年的大路。"② 在艰苦的抗战岁月中，朱德号召青年学生，坚定政治信仰，继承优秀传统文化，借鉴和吸收世界各国的宝贵经验，兼收并蓄、融会贯通地学习，真是难能可贵。

1953 年 7 月 2 日，朱德在中国新民主主义青年团第二次全国

---

① 《朱德年谱（新编本）》下卷，中央文献出版社 2006 年版，第 1700 页。

② 《朱德年谱（新编本）》中卷，中央文献出版社 2006 年版，第 851、961 页。

代表大会闭幕式上作了题为《青年的最主要任务是学习》的致词，他说："对于青年团员来说，最重要的问题是在于学习。学习之所以对于青年有着这样重大的意义，列宁、斯大林和毛泽东同志之所以反复地向青年指示，必须以学习为自己的最主要任务，这是由于青年将逐渐接替老一辈的人，成为国家和社会生活中的主人。但是如果接替老一辈的青年同志，不努力学习，不能成为精通社会发展规律和革命运动规律的人，不是具有丰富的科学知识的人，那末我们的革命事业就将不能顺利地前进，这是很明显的道理。而且，对于青年团来说，它如果不积极地组织和领导自己的成员进行学习，使团员们在学习中不断地进步，那末它也就不可能成为党在革命事业中的很好的助手。"① 正值中国共产党成立 40 周年之际，1961 年 7 月 5 日，《中国青年》杂志发表了《朱德对青年谈学习》，他在文中勉励青年要把革命热情与科学精神结合起来，努力学习政治理论和科学知识，"科学对于勤学苦钻的人来说，并不是什么神秘的东西。只要虚心地、刻苦地、认真地、顽强地学习，是完全可以攀上科学的高峰的。"②

　　1972 年 5 月 21 日至 6 月 23 日，朱德出席中央在北京召开的批林整风汇报会，6 月 7 日，他在军委直属组会议上发言时说："我们有实际工作经验，只要我们找到了规律，马列的书是可以读懂的。学习中，我们要互相讨论，互相研究，不要怕说错了。读书要下苦功，也是一个乐事，真正读懂了一些，就高兴得很。"③ 在朱德看来，每个人都应将读书视为乐事，是需要终身坚持的事，党员领导干部特别是高级干部更应该以身作则。

① 《朱德选集》，人民出版社 1983 年版，第 310—311 页。
② 《朱德年谱（新编本）》下卷，中央文献出版社 2006 年版，第 1810 页。
③ 《朱德年谱（新编本）》下卷，中央文献出版社 2006 年版，第 1976 页。

知识和才干永远成正比

朱德热爱读书，一生坚持学习，始终保持着对知识的渴求态度，对师者对人才他更是礼敬有加。他经常跟身边的工作人员说：知识是打开心灵窗户的钥匙，是启迪智慧花开的阳光。一个人如果要想干一番事业，就需要积累丰富的知识，否则就会一事无成。一定要记住：知识和才干，永远是成正比的。正是这种敬畏知识的态度，朱德始终要求人们尊重知识、尊重人才。

尊知敬才，首先要有谦虚谨慎的态度和学无止境的心胸。1947年6月10日，朱德在冀中军区干部会议上，针对党内一些老干部中出现的不注重学习、高傲自大的现象，进行了严厉的批评，他说："现在我们老干部中，有一些戈尔洛夫，认为自己有二十多年的革命历史，打开了很多地方，发展了党和军队，就摆老资格，骄傲自满。他们忘记了马克思主义者是学一辈子也不会够的，做到老就得学到老。社会是在不停地进步的，所以还是要切记毛主席'戒骄戒躁'的指示，要谦虚谨慎。"①

为了使人才能够得到一个良好的环境，1936年，朱德同周恩来、王稼祥、李富春联名发出《关于优待技术人员的指示》。1939年1月21日，朱德与彭德怀致电八路军各兵团首长：规定自本月起，"特种兵如骑炮工各级干部每月津贴如下：班长一元五角，排长二元五角，连长三元五角，营长四元。政治工作人员与步兵的士兵一元。"28日，朱德与彭德怀又致电八路军各部首长，规定了卫生人员的津贴："军医每月六元至十五元；见习医生（见习期为三个月）每月四元，升为医生每月六元；国外留学或国内专门大学毕业之卫生人员，初参加工作者每月二十元至三十元；医助四元，司药

---

① 《朱德选集》，人民出版社1983年版，第201页。

长六元，司药主任四元，司药三元，调剂员二元；看护长二元；看护员、卫生员与战士同。"①一个大学毕业的医生最高可以拿到三十元，而一名营长才拿四元，这充分显示出对技术人员的尊重。而作为八路军的总司令，朱德仅是与士兵一样拿一元。5月30日，彭德怀在晋东南"五卅"纪念大会上深情讲道，"八路军本月只发给津贴费一元，我们的总司令，今年五十多岁了，也只领得一元"，有人说八路军特殊，"这就是我们的特殊"。②彭总的讲话深深地感动了每位听众。

新中国成立初期，国民党遗留了大量的各领域人才，仅国民党空军我们就接收了万把人，如何认识和对待他们，事关重大，影响深远。朱德提出要把使用好从国民党方面过来的人才当作一项重大政治任务来抓。1950年3月10日，朱德在空军政治工作会议上对此作了全面细致的分析，他说："随着形势的发展，从国民党那里过来了大批的技术人员，这就向我们提出了一个重大的政治任务：很好地去争取和改造他们。一般说来，凡是从国民党那里起义过来的人，总是有觉悟的。因为他们看不惯国民党的种种弊端，或者是看到国民党快完蛋了，没有前途了，所以才到我们这里来。"我们"不但对过去来的要团结他们，对现在来的和以后来的同样地要团结他们"，"这是政治工作中一个很重大的任务。"当然，对他们从旧社会里带来的一些旧的思想和作风，政治工作人员要准确掌握团结、教育、改造的方针，"耐心地加以教育帮助，不要歧视排斥"，使他们逐渐改造旧思想和旧作风，树立起全心全意为人民服务的新思想和新作风。③

"文化大革命"期间，科学、教育、文化等各项事业都遭到了

① 《朱德年谱（新编本）》中卷，中央文献出版社2006年版，第854—856页。

② 《朱德年谱（新编本）》中卷，中央文献出版社2006年版，第889页。

③ 《朱德选集》，人民出版社1983年版，第276—277页。

朱德追求真理的实践学习法

前所未有的严重破坏，很多知识分子受到了严重不公正的对待，惨遭迫害，学校停课，文化荒芜，一些科研机构被撤销。朱德对此痛心疾首，忧心忡忡。1972年10月，朱德到首都钢铁公司视察，他在了解了生产情况后，特意询问了公司里目前还有多少工程技术人员及其情绪如何、工作上和生活上还有什么困难等情况。听完汇报后，朱德一字一句地对他们说："搞现代化，没有知识分子不行。要想大幅度地提高工农业生产率，要想开发深藏在海底的石油，要想征服冥渺的宇宙空间，要想确保我们祖国的安全，光靠镰刀、铁锤、大刀、长矛行吗？不行的！得靠现代化的科学技术知识。知识分子是咱们国家的宝贝哩！中国的知识分子是爱国的。解放后，他们接受党的教育，在政治思想上有了很大的进步，已经成了我们搞现代化建设不可缺少的一支重要力量。你们一定要尊重他们，爱护他们，绝不允许歧视他们，排斥他们。你们一定要全面落实党的知识分子政策，把他们的积极性充分调动起来。这样，才能把咱们国家更快地建设起来。"①

除了尊重知识、爱惜人才，朱德还是尊师重道的楷模。1957年2月23日，朱德到昆明视察，看到了自己当年在云南讲武堂学习时的老师李鸿祥。朱德严肃认真地向老师行弟子礼，李鸿祥十分惶恐和感动，遂即兴赋诗三首赠与朱德，其中一首云："青山一发是滇南，白首相逢慷慨谈。论道经邦动天地，春醪共醉乐酰酰。"朱德乘兴和仪廷（李鸿祥）先生原韵，诗云："英侵法略视眈眈，革命当年秘密谈。制度更新歌乐土，彩云永是现滇南。"

要接班不要"接官"

作为党和国家的领导人，朱德对自己的子女和身边工作人员的

---

① 高路主编：《共和国元勋风范记事》，人民出版社1990年版，第318—319页。

要求格外严格，特别是非常重视他们的学习，并以自身的行动教育他们。女儿朱敏记述道："几十年来，父亲始终孜孜不倦地学习马列著作和毛主席的著作，无论工作多么繁重、紧张，学习从不间断。他常对我们说：'马列主义、毛泽东思想是我们的精神食粮，一定要好好学习'，'活到老，学到老，还有三分学不到'。"①朱德言教又身教，为子女树立了认真学习的榜样。

1943年10月28日，朱德与康克清致信女儿朱敏，告诫道："你在战争中应当一面服务，一面读书，脑力同体力都要同时并练为好，中日战争要比苏德战争更为迟些结束。望你好好学习，将来回来做些建国事业为是。"②朱敏是1941年年初赴苏联国际儿童院学习，同年6月苏德战争爆发即在疗养地明斯克被德军俘虏，关进集中营。但是此时朱德尚不知情。1948年，他第一次见到儿媳赵力平时，送给她的礼物是一本毛主席著作。1952年朱敏结婚时，他送给女婿的第一件礼物也是刚刚出版的《毛泽东选集》精装本。新中国成立后，朱德没有忘记家乡亲人支持他、支持革命的恩情，为了有所报答，他决定让家乡族亲送几个孩子到北京读书。对此，朱德殷殷地交代说："到北京是来受教育，所以告诉家里人，不要挑岁数大的，要挑在学龄左右的。来了从小学学起，一直到大学，争取能培养出几个真正的人才。"③

长期在朱德身边工作的雷英夫曾回忆说：朱老总经常说，我是一个党员、一个战士，我这个总司令是一个牌子，是党和大家要我当的。因为群众要革命，军队要打仗，总得有个总司令来贯彻执行党的路线、方针和政策，来统一大家的思想，整齐大家的步伐。但

① 《回忆朱德》，中央文献出版社1992年版，第429页。

② 《老一辈革命家家书选》，中央文献出版社1990年版，第78页。

③ 朱和平：《永久的记忆：和爷爷朱德奶奶康克清一起生活的日子》，中国文史出版社2015年版，第8—9页。

是这个总司令究竟是谁？是带有偶然性的，可以姓朱，也可以姓张、姓王、姓赵……，关键是看谁能更好地为人民服务，更好地代表群众的利益，看谁能领导部队打胜仗。①

朱德自己严格自律，对亲属子女的要求也是非常严格。曾经在八路军总司令部朱德身边工作过的左漠野回忆："有一次我在处理外来函电中，见到总司令的侄子和外甥从四川寄来的一封信，信里说他们已经约好了一些愿意参加抗日的青年朋友，准备到前方来，不知前方有些什么工作可做，向伯伯请示。我看了以后，就把原信带着，向总司令汇报了。总司令说，青年人想到前方来参加抗日是好的，只要能够吃苦耐劳，抗日报国，不怕牺牲，到前方来是有事情可做的，多来些人更好，比如前方现在就需要担架队。如果以为我是大官，他们来了可以弄个一官半职，那就错了。我们这里官兵待遇一律平等，同甘共苦。你告诉他们，凡是希望升官发财的人，千万不要到前方来。"②朱德一生不争虚名，他经常反复告诫子女要接班不要"接官"，接班就是接为人民服务的思想和本领，不要只想着自己的名誉和地位。

朱德处处以大局为重，搞"五湖四海"，历来不搞"圈圈""摊摊"。对于红一军团，朱德与之一起战斗成长，但是他也不对之偏爱，而是严格要求。1944 年，朱德出席在延安召开的编写红一军团史座谈会并讲话，他回顾了红一军团的光荣历史及其经验教训，他提醒"切不可自高自大"，"不管到什么地方工作，随时都要虚心，要看到人家的长处，并善于向人家学习"。最后，他严厉地批评了山头主义："我们是从井冈山下来的，客观上是个山头，但主观上不可有山头主义。我们切不可居功。群众风起云涌，烈士牺牲

---

① 《回忆朱德》，中央文献出版社 1992 年版，第 253 页。

② 《回忆朱德》，中央文献出版社 1992 年版，第 266 页。

性命，如果有功，功是他们的。离开了群众，我们什么事也做不出来。比如说，我个人，中外人士都知道，好像我是三头六臂，实际上，我只是广大群众事业与功绩的代表中的一个而已。一定要记住，如果有功，功是党的，是群众的。"① 这反映出了朱德"天无私覆，地无私载"的博大襟怀。

实事求是不妄言，是朱德对身边工作人员一贯的基本的要求。"大跃进"运动兴起后，朱德到各地调研，了解到了许多真实情况，怎样撰写向中央的报告，工作人员心里很纠结。1959 年 4 月 24 日，朱德在与身边的工作人员谈向中央反映外出视察的情况时说："看到的问题就要报告中央，不报告就是不忠实；要不就是观潮派，看到坏事也不讲。一亩地施肥几十万斤，下种上千斤，这不是发疯吗？不但不制止，还要搞试验？"对于发现群众生活的紧张和匮乏，他说：群众的文化娱乐生活，是社会发展中必不可少的。不能老是过紧张的生活，要有紧张，也要有轻松。光吃好、穿好还不行，还要娱乐好，这方面的钱要花。②

朱德一向以自己的清正廉洁，来教育家人和身边的工作人员。据 1942 年至 1946 年曾在中央军委秘书厅和办公厅工作的陈秉忱回忆："1942 年，朱总司令的儿子朱琦从陕北绥德回到延安，朱总司令的参谋潘开文，见朱琦洗衣服没有肥皂，便向军委办公厅总务处领来了两块肥皂给他用。当我把这两块肥皂送给朱琦时，正好被朱总司令在院外看见了。后来，他得知是潘参谋向公家领东西给朱琦用，便告诉潘参谋以后不能再向公家要东西给朱琦用。朱老总时时刻刻的严格自律，对我们是最好的教育。"③

1975 年 8 月，朱德到秦皇岛视察。26 日，他在北戴河最后一

① 《朱德选集》，人民出版社 1983 年版，第 133—134 页。
② 《朱德年谱（新编本）》下卷，中央文献出版社 2006 年版，第 1721 页。
③ 《回忆朱德》，中央文献出版社 1992 年版，第 251 页。

次下海游泳。30 日，他参观了秦皇岛市工艺美术厂。在生产车间看到工人用砂轮打磨贝壳，粉末飞扬到工人的脸上、身上，全身上下都是粉末，他说："能不能想啥法子，别让粉末到处飞，或者让工人戴上防尘的口罩，粉尘吸到肺里是很容易得病的。看到成型的贝壳画干净美丽，可是制作它又脏又累，真是难为你们了，用这样简陋的设备为国家作出贡献。"参观结束时，工厂负责人将一幅贝壳画悄悄放到车中送给朱德。朱德回到住处发现了这幅画，第二天让康克清送回工厂，对工厂负责人说："你们生产太辛苦，创造一幅作品不容易，留着拿它换外汇吧！"①

朱德在长期的革命斗争和社会主义建设中，作为中国共产党、中国人民解放军和中华人民共和国的主要缔造者和领导人，充分认识到学习的重要性，不仅注重读书学习，而且还积累了丰富的学习思想。他一系列关于读书学习的思想和实践，是我们党的宝贵理论财富。纵览他的学习历程，领悟他的学习方法，体会他的学习态度，把握他的学习精神，具有重要的意义。

---

① 《朱德年谱（新编本）》下卷，中央文献出版社 2006 年版，第 1991 页。

邓小平服务大局的学习观念

作为中国改革开放和现代化建设的总设计师，邓小平是一位伟大的革命家、政治家、军事家、外交家，也是一位学识渊博的思想家和理论家，他的智慧和才干表现在为人做事的方方面面。1956年9月13日，毛泽东主持召开中共七届七中全会第三次会议，在会上他在谈到准备推荐邓小平担任中央书记处总书记时说："我看邓小平这个人比较公道，他跟我一样，不是没有缺点，但是比较公道。他比较有才干，比较能办事。他比较周到，比较公道，是个厚道人，使人不那么怕。你说邓小平没有得罪过人？我不相信。但大体说来，这个人比较顾全大局，比较厚道，处理问题比较公正，他犯了错误对自己很严格。"① 邓小平的非凡才能和人格魅力的养成，与他终生坚持读书学习密不可分。在实践中学习，在学习中实践，是他一生的生动写照，并和他的革命生涯、思想作风、理论创造紧密地联系在一起。

一、学习是绝对不能少的

1938 年 1 月，还不到 34 岁的邓小平，被任命为八路军一二九师政治委员，他是当时八路军 3 个师中最年轻的师政治委员。一二九师开辟的晋冀豫抗日根据地，因其战略地位重要，同时又是中共中央北方局和八路军总部机关所在地，所以成为日军进攻和国民党顽固派制造反共摩擦的重点区域。即使敌后抗战处于极其困难的时期，邓小平对部队的文化工作和理论学习也看得很重，同时抓得也是很紧。1941 年 5 月，邓小平在一二九师全师模范宣传队初赛会上说：文化工作都要服从于政治任务，部队的文化工作是政治工作的一部分，文化工作者要具有虚心学习、认真探讨的态度。如今，"现实是一天天发展的"，"为了更有效地开展工作，学习是绝对不能少的"，只有重视学习"将来才会有伟大的成就"。② 邓小平不仅要求指战员重视和坚持学习，他自己更是以身作则，勤学不辍。无论是在国内接受教育时期还是在国外求学期间，无论是在革命战争的烽烟岁月还是在社会主义革命和建设的和平年代，无论是在人生处于顺境时还是在人生处于逆境时，他都能够处乱不惊，安之若素，刻苦学习。

---

① 《毛泽东年谱（1949—1976）》第二卷，中央文献出版社 2013 年版，第 624—625 页。

② 《邓小平文选》第一卷，人民出版社 1994 年版，第 28 页。

简单的爱国思想

　　1904 年 8 月 22 日，邓小平出生于四川省广安州望溪乡姚坪里一个小地主家庭。父亲为他取名邓先圣。在他的广安故里，有一幅由作家马识途所作的对联："扶大厦之将倾，此处地灵生人杰；解危济困，安邦柱国，万民额手寿巨擘；挽狂澜于既倒，斯郡天宝蕴物华；治水秀山，兴工扶农，千载接踵颂广安。"这幅对联很好地概括了邓小平波澜壮阔、功业彪炳史册的一生。

　　1909 年，刚满 5 岁的邓小平，被父亲送入本村的私塾发蒙。私塾离家不远，被称为"翰林院子"。塾师邓绍明，是一个守旧的人，他认为孩子叫"先圣"，对孔老夫子有些不恭，将他的名字改成"希贤"，"邓希贤"这个名字一直用到了 1927 年。当时，私塾教学生就是读课文和写字。课文读的主要是《三字经》《百家姓》《千字文》等初级启蒙读物。练毛笔字是每天的必修课，得益于这段时期的练习，邓小平打下了很好的书法功底。邓小平在私塾念了一年多后，被父亲送到望溪乡初级小学堂读书。位于协兴场的这个初等小学，是由当地曾留学日本的革命党人胡光白和邓小平的父亲等一起创办的新式学堂。学堂的教学内容比起私塾丰富得多，开设有国文、算术、体育、图画等课程。老师也都是当地公认的文化新人，讲课亦引人入胜，生动有趣。从私塾转到新式学堂，学习环境和方法发生了巨大变化，这激发了邓小平的学习兴趣，特别是一些富有正义感的老师讲述的清廷腐败黑暗、列强侵华辱国的事情，给童年的邓小平留下了很深刻的印象。

　　1911 年，四川爆发了后来成为武昌起义导火线的"保路运动"，民众愤怒抗议清政府将川汉、粤汉两条铁路的修筑权出卖给西方国家。当时，各界人士在成都成立了四川保路同志会，各州县也成立了分会，广安进步民众也都投身其中。邓小平和同学们也行动起来，走上街头，高唱《来日大难歌》。这首歌开篇唱道："来日难。来日难。要顾来日，莫顾眼前。况且作难的日子就不远，休把来日来当玩。作难的日子是哪件，外国人占了财政路政权。财政路政被他占，国民都要受熬煎。"在历数了路权丧失的过程后，歌的末尾唱道："要不作难还须定主见，废合同就是生死关。打起锣来催起板，同志会个个有志男。就是女界亦勇敢，大家都把名字签。喊起排子劲莫软，这股劲定要硬过山。齐把合同来扳转，那时节齐唱太平年。"① 通过参加群情激昂的民众运动，使得邓小平看到了民力之坚，也激发了他朴素的爱国情怀。

1915 年，11 岁的邓小平考入广安县立高等小学，该校开设有国文、算术、理科（理化知识）、史地、修身等课程，各科没有统一的教科书，教学内容多是由教师自行拟定。邓小平很快适应了住校生活，把自己的学习和生活安排得井井有条。邓小平最喜欢的课程是理化课和史地课，理化课使他能够了解和思考一些自然现象和简单的工业生产问题，史地课则为他打开了认识世界的一扇窗户。从那时起，邓小平就酷爱读历史书籍，《资治通鉴》、二十四史等史籍直到晚年他还在读。也是从这时起，他养成了看地图的习惯。后来，无论走到哪里，他总是带着地图，每到一个新地方，他都要打开地图，找到自己所在的位置。随着年龄和学识的增长，邓小平的眼界也日益开阔，他开始更多地关注社会问题，面对军阀混战、兵连祸结的混乱局面，他虽然还不能做深入的思考，但也逐渐萌发了一种"简单的爱国思想"。②

1918 年夏，邓小平考入广安县立中学，该校是当时广安县城的最高学府，开设有修身、国文、历史、地理、数学、博物、化

---

① 《四川文史资料选辑》第 1 辑，内部发行，1979 年，第 190—192 页。
② 《邓小平传（1904—1974）》上卷，中央文献出版社 2014 年版，第 12 页。

学、物理、体操等课程。在学校教师中还有一位法国传教士，这是邓小平第一次接触"洋人"，"洋人"在课堂上讲的很多东西他更是闻所未闻。广安虽是一个小县城，但是距离西南重镇成都和重庆都不太远，交通十分便利，消息也比较灵通。随着新文化运动如火如荼的发展，各种新理念新思想新文化在广安也广为传播，对邓小平的思想产生了影响。尤其是声势浩大的五四反帝爱国运动，对他的触动最大。五四运动爆发后，四川各地积极响应，广安县立中学的老师和学生也积极行动起来。5月下旬，广安县中学和高等小学成立了当地最早的爱国分会，向广安各界发出了救亡公告。公告泣书："亡国之祸迫在眉睫，苟不急图挽救，将步印度朝鲜之后尘。"邓小平受爱国情绪鼓舞，参加了游行、集会、宣传、罢课和抵制日货等活动，这是他首次投身群众运动和政治斗争，这时他开始比较深入地思考一些社会问题，萌生了改造社会的意识，具有了初步的爱国民主思想。

1919 年 6 月，因罢课和暑期将至，邓小平离校回家。他万没有想到的是，这次离开竟是他在广安县立中学学习的结束。从私塾到广安中学这 10 年的求学生涯，一方面为邓小平打下了深厚的国学底子，使他终身受益，也使得他一生都对传统典籍充满兴趣；另一方面受进步思潮和社会实践的影响，使得爱国主义在邓小平的心里扎下了根，最终促使他走上了革命道路。

出洋学点本领

1974 年 4 月 6 日，邓小平率中国政府代表团前往美国纽约出席联合国大会第六届特别会议。在回程途经法国巴黎时，邓小平让使馆工作人员帮助寻找当年和周恩来等人在巴黎从事革命活动时的住所旧址，遗憾的是，当年的那家小旅馆已不复存在。他还请使馆工作人员帮助到巴黎街头购买咖啡、法式牛角面包和奶酪。回国后，他亲自将牛角面包和奶酪分份，派人送给当年同在法国勤工俭学和参加革命活动的周恩来、李富春、聂荣臻和蔡畅等人。[1] 俗语讲礼轻人意重，这份来自巴黎的面包和奶酪，记录着邓小平和他的战友们在异国他乡那份难忘的情谊。

辛亥革命后，在中国兴起了一股赴法勤工俭学运动，发起人是蔡元培、吴玉章等人。他们希望动员有志青年赴法国学习先进科学技术和文化知识，实现"科技救国""实业救国"，并在北京成立了留法勤工俭学会和留法预备学校。1919 年 8 月，在重庆商会、教育会和劝学所的支持下，留法勤工俭学会重庆分会正式成立，并接着成立了重庆留法勤工俭学预备学校。在重庆的邓绍昌得知这个消息后，经多方了解情况，决定将邓小平送入这个学校，让儿子出国闯荡。对父亲的这个决定，邓小平本人也很高兴。经过五四洗礼的邓小平认为，西方国家的强大在于其自然科学和先进的工业，他希望能出去学点本领，将来为国家富强出份力、做点事。1964 年2 月 16 日、17 日，邓小平在广州同泰国前总理乃比里举行了两次会谈，会谈时他谈了早年赴法勤工俭学的动机：其实我们当时去法国，也只是抱着一个"工业救国"的思想。当时我才 16 岁，受到五四运动影响，就想出洋学点本领，回来搞工业，以工业救国。[2] 邓小平谈的这个考虑很朴实，也是当时很多有志青年旅外勤工俭学的共同想法，那就是面对积贫积弱的中国，他们急切想去西方国家学习，寻求使祖国摆脱困境走上现代化的道路。当然，到法国勤工俭学，半工半读，自己可以谋生，也可减轻家庭负担，这也是他愿意去法国的一个重要原因。

儿行千里母担忧，邓小平的母亲极力反对他出洋，但是拗不过

①《邓小平年谱（1904—1974）》下卷，中央文献出版社 2009 年版，第 2014—2015 页。

②《邓小平传（1904—1974）》上卷，中央文献出版社 2014 年版，第 17 页。

儿子，最终同意了。1919 年 11 月，邓小平进入重庆留法勤工俭学预备学校学习，被分到初级班。学校设有法语、中文、代数、几何、物理及工业常识等科目，目的是让学生粗通法语并掌握一定的工业技术知识，为赴法勤工俭学做准备。这些课程虽然比较初级，但是对只读过一年中学的邓小平来说，还是有些难，特别是要在短期内"粗通"法语不是件容易的事。在邓小平的同学中有一位年长他 1 岁的江津人江泽民（字克明），他后来曾回忆道：重庆赴法勤工俭学预备学校，"组织比较松懈，学生们上课就来，下课就走，没有宿舍、体育场所"，当时邓小平读书十分刻苦努力，学习抓得很紧，他看起来总是"显得非常精神，总是精力十分充沛，他的话不多，学习总是非常刻苦认真。"①

　　1920 年 7 月，邓小平完成了预备学校的学习，取得赴法勤工俭学自费生资格。他回广安向家人辞行后，启程出川到上海，乘坐法国邮轮"盎特莱蓬号"赴法国。10 月 19 日，经过一万五千多海里的航行，邮轮抵达法国马赛码头。疲惫且满怀欣喜的邓小平，随后又乘坐了 16 个小时的汽车到达巴黎。两天后，根据华法教育会的安排，邓小平等二十多名学生进入法国北部诺曼底大区的巴耶中学学习。由于经济窘迫，生活难以为继，在学习 5 个月后，邓小平就被迫离开学校，暂时结束学业，谁承想这竟成了他在法国"俭学"生活的结束。邓小平后来回忆说："一到法国，听先到法国的勤工俭学学生的介绍，知道那时已在第一次世界大战后的两年，所需劳动力已不似大战期间（即创办勤工俭学期间）那样紧迫，找工作已不大容易，工资也不高，用勤工方法来俭学，已不可能。随着我们自己的切身体验，也证明了确是这样，做工所得，糊口都困难，哪还能读书进学堂呢。于是，那些'工业救国'、'学点本事'等等幻

邓小平服务大局的学习观念

_____

① 《四川留法勤工俭学运动》，四川大学出版社 1993 年版，第 466 页。

想，变成了泡影。"①

离开巴耶中学后，邓小平来到法国南部的重工业城市克鲁梭，进入法国最大的军火工厂施奈德钢铁厂做杂工，任务是在高温的炼钢炉前托送热轧的钢条。这份工作劳动强度大，又非常危险，对于刚满 17 岁的邓小平，有些难堪重负。不久，他就从工厂辞职。在施耐德钢铁厂，虽工作时间不长，但也使邓小平见识了现代化工厂的机器大生产，使他对西方工业文明有了实际了解。特别是在这里他认识了赵世炎、李立三等人，对他后来走上革命道路产生了直接影响。离开钢铁厂后，经过一段时间的周折，1922 年 2 月他在巴黎南部的蒙塔尔纪找到了一份稍微稳定的工作——到哈金森橡胶厂制鞋车间做工。此时，在蒙塔尔纪有近百名中国留学生，赵世炎、王若飞、蔡和森、蔡畅、李维汉、李富春等进步青年都在这里。受他们影响，邓小平阅读了《新青年》等进步报刊，逐渐接受革命思想，他后来回忆说："我自觉那时是有进步的。因为我起初在看关于社会主义的书报了。最使我受影响的是《新青年》第八、九两卷及社会主义讨论集。我做工的环境使我益于陈独秀们所说的话是对的，因此，每每听到人与人相争辩时，我总是站在社会主义这边的。"②《新青年》第八、九卷，内容都是宣传马克思主义，批判反马克思主义思潮以及介绍俄国十月革命的文章，如李大钊的《唯物史观在现代历史学上的价值》《俄罗斯革命的过去和现在》，陈独秀的《谈政治》《关于社会主义的讨论》《社会主义批评》《民族自决》《过渡时代的经济》《无产阶级专政》等文章。阅读了这些进步文章后，邓小平的思想发生了很大的变化，有了参加革命组织的愿望和要求。

---

① 邓榕：《我的父亲邓小平：激情年华》，中央文献出版社 2010 年版，第 83 页。

② 《邓小平年谱（1904—1974）》上卷，中央文献出版社 2009 年版，第 15 页。

1923 年 6 月，邓小平离开夏莱特来到巴黎，不久正式加入旅欧中国共产主义青年团。从此，确立了他为之奋斗一生的信仰。随后，邓小平在巴黎一边做工，一边在旅欧共青团执委会担任宣传干事。1924 年年初，由于执委会书记部缺少人手，他离开工厂到书记部工作，主要工作是参加《少年》刊物的编辑工作。《少年》是旅欧中国少年共产党成立后创办的机关刊物，邓小平到编辑部不久，《少年》改名《赤光》，《赤光》创刊号刊载的《赤光的宣言》阐明了改名的缘由：“我们所认定的唯一目标便是：反军阀政府的国民联合，反帝国主义的国际联合。”“我们是要以科学的方法，综合而条理出各种事实来证明我们的主张无误。本此，便是我们改理论的《少年》为实际的《赤光》的始意，同时也就是《赤光》的新使命了。”① 邓小平在《赤光》编辑部负责印刻蜡板和油印，同时也经常撰写文章在《赤光》上发表。

　　邓小平频繁的革命活动，引起了法国当局的警惕，巴黎警方开始秘密跟踪监视他。恰值此时国内轰轰烈烈的大革命运动急需大批革命干部，1925 年 5 月中共旅欧支部决定选派一批骨干先到莫斯科东方劳动者共产主义大学学习然后回国工作，邓小平正在选派名单之中，这样 1926 年 1 月他离开巴黎前往莫斯科。邓小平 5 年零 3 个月的旅法生涯，对他的人生和事业产生了重要影响。他在对“机器吃人”的资本主义亲身体验后，放弃了“实业救国”的幻想，经过对各种思潮的反复考察和比较，最终选择了马克思主义，确立了共产主义信仰，投身到革命洪流中。1992 年年初，邓小平视察南方时说：“我的入门老师是《共产党宣言》和《共产主义 ABC》。”② 由此可见，这几本书给邓小平的一生带来了多么深远

　　① 《邓小平年谱（1904—1974）》上卷，中央文献出版社 2009 年版，第 19 页。

　　② 《邓小平文选》第三卷，人民出版社 1993 年版，第 382 页。

邓小平服务大局的学习观念

的影响。1993 年 1 月 3 日，邓小平在浙江杭州给孙辈们写了一封信。信中写道："我十六岁时还没有你们的文化水平，没有你们那么多的现代知识，是靠自己学，在实际工作中学，自己锻炼出来的，十六七岁就上台演讲。在法国一待就是五年，那时话都不懂，还不是靠锻炼。你们要学点本事为国家作贡献。大本事没有，小本事、中本事总要靠自己去锻炼。"①

1926 年 1 月 17 日，邓小平抵达莫斯科，先入莫斯科东方劳动者共产主义大学学习，不久转入莫斯科中山大学。到苏联学习是邓小平期盼已久的事情，因此他格外珍惜这个难得的学习机会。根据他本人填写的《每周活动研究成绩表》记载，他初到莫斯科的 4 天，就"读了《前进报》第四期、第五期，《列宁论党》，《向导》第一三九期"。他在填写《旅莫中国国民党支部党员调查表》时，在"来俄的志愿"一栏填写的是"学习革命工具"。随后，他在按照莫斯科中山大学党组织要求撰写的自传中写道："我过去在西欧团体工作时，每每感觉到能力的不足，以致往往发生错误，因此我便早有来俄学习的决心。不过因为经济的困难，使我不能如愿以偿"。今天"我更感觉到而且大家都感觉到我对于共产主义的研究太粗浅"，所以我能留俄一天"便要努力研究一天"，"务使自己对于共产主义有一个相当的认识"。他还写道："我来莫的时候，便已打定主意，更坚决地把我的身子交给我们的党，交给本阶级。从此以后，我愿意绝对地受党的训练，听党的指挥，始终为无产阶级的利益而争斗！"② 这是青年邓小平学习的目的，也是战斗的宣言，他一生忠诚地践行了自己的誓言。

莫斯科中山大学开设有俄语、经济学、历史、现代世界观问

---

① 《邓小平年谱（1975—1997）》下卷，中央文献出版社 2004 年版，第 1358 页。
② 《邓小平年谱（1904—1974）》上卷，中央文献出版社 2009 年版，第 27—29 页。

题、俄国革命的理论与实践、民族与殖民地问题、中国的社会发展问题、语言学等必修课。具体课程有中国革命运动史、世界通史（革命运动部分）、社会发展史、哲学（辩证唯物主义与历史唯物主义）、政治经济学（以《资本论》为主）、经济、地理、列宁主义以及军事课等。军事课主要学习军事理论，进行军事训练。经过系统的学习，邓小平的理论水平有了很大提高。

1926 年 11 月，出于国内斗争需要，邓小平等二十几名骨干人才被选派回国，参加革命斗争。在他即将结束学业之际，莫斯科中山大学联共（布）党支部书记阿戈尔在给邓小平写的鉴定中写道："多佐罗夫（邓小平俄文名）同志是一个十分积极、精力充沛的党员和共青团员（联共（布）预备党员）。他是该大学共青团委员会的一名优秀组织工作者，组织纪律性强，有克制能力，学习能力强，在团委会的组织工作中积累了丰富的经验，进步很快。积极参加社会工作，同其他人保持同志关系。学习优秀、党性强（单独开展工作——单独做国民党党员的工作，被指派做这项工作的都是最优秀的党员）。该同志最适合做组织工作。他具有在法国无产阶级组织的工作经验。"① 阿戈尔给邓小平写的这份鉴定，高度评价了邓小平在莫斯科中山大学学习期间的优异表现，特别突出强调了他学习能力强、组织纪律性强的特点。

读书是一辈子的事

从莫斯科中山大学回国参加革命后，邓小平就再也没有机会进过学校学习，但是读书并没有因此而停歇。在异常艰辛曲折的革命斗争间歇，邓小平总是坚持人不离书、书随人走。新中国成立后曾担任最高人民检察院检察长等职务的刘复之，1938 年 12 月至 1941

---

① 《邓小平年谱（1904—1974）》上卷，中央文献出版社 2009 年版，第 30 页。

邓小平服务大局的学习观念

年1月曾担任过邓小平的秘书，他后来撰文回忆：邓小平非常喜欢读书，"在艰苦的战争岁月，我几次在行军出发前整理文件挑子，箱子里总装几本书，有马列的书，也有小说。我清楚地记得有一本是列夫·托尔斯泰的《战争与和平》。"①

新中国成立之初，满目疮痍，百废待兴，邓小平担任着繁重的领导工作，但对读书学习他一如既往地重视。1950年6月6日，在中共重庆市第二次代表会议上，他讲道："要把学习搞好，认真建立学习制度。要加强对学习的领导。市委、直属党委要研究这个问题。过去所以发生许多毛病，就是因为有些同志不重视学习，陷于事务主义的泥坑，不能经常吸收新的营养。学习可以使我们向前看，可以澄清各种混乱的思想。"② 在"文化大革命"期间，邓小平因坚持正确路线，先后两次被打倒，在这艰难岁月中，即使被贬谪到江西基层工厂，他也没有放松学习。

1969年10月，邓小平因"战备疏散"而离开北京，因走得匆忙，除了简单的生活用品之外，许多东西特别是图书没有带走，为此11月26日邓小平致信汪东兴谈了到南昌后的劳动和生活情况，随信还附有一个便条，请汪安排将北京家中的图书和一些衣物托运到江西。这些藏书很快就运到了，主要有马列主义经典著作、哲学、中国历史、中国文学、中国戏剧、外国历史、外国文学等方面的书，以及一些回忆录、传记等。如《二十四史》《资治通鉴》《红楼梦》《三国演义》《水浒》《西游记》《儒林外史》《镜花缘》《西厢记》《牡丹亭》《桃花扇》、唐诗、宋词、元曲，以及近现代中外作家鲁迅、巴金、老舍和托尔斯泰、果戈里、契诃夫、陀思妥耶夫斯基、巴尔扎克、雨果、罗曼·罗兰、大仲马、莫里哀、萧伯纳、泰戈尔、海

---

① 《回忆邓小平》上卷，中央文献出版社1998年版，第182页。
② 《邓小平文选》第一卷，人民出版社1994年版，第160页。

明威的作品，等等。在孤寂的岁月里，邓小平靠着读书，充实生活，增长知识，陶冶情操，安静心灵。① 当然，邓小平晚年这次全面系统且长达3年的读书生活，绝不仅仅是为了排解寂寞，而是与他对"什么是社会主义"、"怎样建设社会主义"的思考紧密联系在一起的。1986年9月2日，邓小平在接受美国哥伦比亚广播公司"六十分钟"节目记者迈克·华莱士电视采访时说："那件事（'文化大革命'），看起来是坏事，但归根到底也是好事，促使人们思考，促使人们认识我们的弊端在哪里。"② 1987年4月26日，邓小平在会见捷克斯洛伐克总理什特劳加尔时又说道："现在的方针政策，就是对'文化大革命'进行总结的结果。最根本的一条经验教训，就是要弄清什么叫社会主义和共产主义，怎样搞社会主义。"③

"文革"结束后，邓小平复出工作，在大力推进思想解放大讨论的同时，他在不同场合提出全党要加强读书学习。1978年11月10日至12月15日，中共中央召开了为期36天的中央工作会议。会议闭幕时，邓小平作了题为《解放思想，实事求是，团结一致向前看》的讲话。在中国面临向何处去的重大历史关头，邓小平的这篇讲话是开辟新时期新道路的宣言书，实际上成为随后召开的十一届三中全会的主题报告。在这篇载入史册的讲话中，邓小平重申了全党加强学习的重要性和紧迫性，他说："全国胜利前夕，毛泽东同志号召全党重新学习。那一次我们学得不坏，进城以后，很快恢复了经济，成功地完成了社会主义改造。这些年来，应当承认学得不好。主要的精力放到政治运动上去了，建设的本领没有学好，建设没有上去，政治也发生了严重的曲折。现在要搞现代化建设，就

① 邓榕：《我的父亲邓小平："文革"岁月》，中央文献出版社2010年版，第133页。

② 《邓小平文选》第三卷，人民出版社1993年版，第172页。

③ 《邓小平文选》第三卷，人民出版社1993年版，第223页。

邓小平服务大局的学习观念

更加不懂了。所以全党必须再重新进行一次学习。"①1980 年 1 月，邓小平在中央召集的干部会议上再次意味深长地讲道："我们的干部队伍，必须坚持社会主义道路"，"但是，只靠坚持社会主义道路，没有真才实学，还是不能实现四个现代化"，"在不断出现的新问题面前，我们党总是要学，我们共产党人总是要学，我们中国人民总是要学"。②

1989 年后，邓小平逐渐从领导岗位上退了下来，但是他仍然将读书作为自己的主要爱好之一。2004 年 8 月至 9 月，国家博物馆举办了题为《世纪伟人邓小平》的展览，有一间复原的邓小平的办公室留给大家的印象很深，这个房间 40 平方米左右，沙发布套已旧，书柜里摆放着他喜欢看的《史记》《资治通鉴》等图书，这些书籍是邓小平一生读书不辍的最好见证。

二、学习要老老实实

邓小平非常重视学习的方法，如他强调一定要重视学习、善于学习、善于重新学习。所谓"善于学习"，是指学习不是一味地"死读书""读死书"，而是要讲究方法，注重策略方式的运用。如他说："学马列要精，要管用"，学习"不是要靠本本，而是靠实践，靠实事求是"，读书"要多""要广"。

我是实事求是派

1987 年 7 月 4 日，邓小平会见孟加拉国总统艾尔沙德时谈道："国际上一些人在猜测我是哪一派。最近我对一位外国朋友说，说

---

① 《邓小平文选》第二卷，人民出版社 1994 年版，第 153 页。

② 《邓小平文选》第二卷，人民出版社 1994 年版，第 262、270 页。

我是改革派是真的，可是我也反对资产阶级自由化。如果说反对资产阶级自由化就是保守派，那末也可以说我是保守派。比较实际地说，我是实事求是派，坚持改革、开放政策，坚持党的领导和社会主义道路。"① 这段话不仅反映的是邓小平对坚持改革开放和推进社会主义现代化建设的认识，同样也是他一生秉持的读书态度。邓小平一生读书，但是他从不迷信书本，也不拘泥于书本的条条框框，而是主张一切以实事求是为准则。

1956 年 9 月召开的党的八大，是党取得全国执政地位后召开的第一次全国代表大会，八大因其对探索中国社会主义建设道路所取得的多方面重要成果而载入史册。对于邓小平而言，八大也是他政治生涯的一个新起点，会上他当选为中共中央委员会总书记，从此他成为以毛泽东同志为核心的党的第一代中央领导集体的重要成员，邓小平在这个岗位上一干就是 10 年。八大召开后，邓小平在新的工作岗位上始终牢记实事求是。1956 年 11 月 17 日上午，邓小平会见国际青年代表团，他逐一解答了代表团成员提出的关于中国党的建设、文件、新闻、宗教、人大和政协的作用 6 个方面的问题。在回答中国共产党党员的含意是什么的提问时他指出："中国共产党党员的含意或任务，如果用概括的语言来说，只有两句话：全心全意为人民服务，一切以人民利益作为每一个党员的最高准绳。他的目的是要实现社会主义、共产主义。"在回答谁来决定国际古典的共产主义的原则中哪些是适合于中国的提问时指出："十一年前，中国共产党第七次全国代表大会确定了这样的原则，即马克思列宁主义的普遍真理与中国革命的具体实践相结合，以此来指导我国的革命，指导我们的建设。这个原则，包含两个方面，一方面叫普遍真理，另一方面叫结合本国实际。我们历来认为丢开

① 《邓小平文选》第三卷，人民出版社 1993 年版，第 249 页。

任何一面都不行。"①

1962年，在解决"大跃进"运动对农业农村造成的困难局面时，对当时一些地方出现的包产到户现象，邓小平公开表示肯定。但按照当时的观点，包产到户在马克思主义经典著作里并没有相关论述，因而这种方式既是"不合法"的也是"反马克思主义"的，但是邓小平却不这么认为，1962年6月下旬他在与陈云交换对分田到户的看法时讲："分田到户是一种方式，可以用各种各样的方式。"7月7日，邓小平在接见出席中国共产主义青年团三届七中全会全体同志时进一步讲："生产关系究竟以什么形式为最好，恐怕要采取这样一种态度，就是哪种形式在哪个地方能够比较容易比较快地恢复和发展农业生产，就采取哪种形式；群众愿意采取哪种形式，就应该采取哪种形式，不合法的使他合法起来。"他还引用民间谚语："黄猫，黑猫，只要捉住老鼠就是好猫"，来说明这个道理。② 尽管，邓小平的提议当时中央并没有采纳，但他的思想表现了他实事求是的作风和态度。

1976年9月9日，毛泽东逝世后，党内仍然弥漫着对毛泽东思想僵化教条的理解。最突出的表现是，1977年2月7日，《人民日报》、《红旗》杂志、《解放日报》发表题为《学好文件抓住纲》的社论，提出"凡是毛主席作出的决策，我们都坚决维护，凡是毛主席的指示，我们都始终不渝地遵循"。针对这种情况，在2月，邓小平同前来看望的王震谈话，对"两个凡是"的提法提出异议，认为"两个凡是"不是马克思主义，不是毛泽东思想。4月10日，他又专门致信华国锋、叶剑英和中共中央，针对"两个凡是"的错误观点指出："我们必须世世代代地用准确的完整的毛泽东思想来

---

① 《邓小平年谱（1904—1974）》中卷，中央文献出版社2009年版，第1326页。
② 《邓小平年谱（1904—1974）》下卷，中央文献出版社2009年版，第1712—1714页。

指导我们全党、全军和全国人民，把党和社会主义的事业，把国际共产主义运动的事业，胜利地推向前进。"①5月24日，他在与王震、邓力群谈话时提到前些日子和前来看望他的中央办公厅的两位负责人谈话时，批评了"两个凡是"的情况，他说："按照'两个凡是'，就说不通为我平反的问题，也说不通肯定一九七六年广大群众在天安门广场的活动'合乎情理'的问题。""毛泽东同志说，他自己也犯过错误。一个人讲的每句话都对，一个人绝对正确，没有这回事情。""把毛泽东同志在这个问题上讲的移到另外的问题上，在这个地点讲的移到另外的地点，在这个时间讲的移到另外的时间，在这个条件下讲的移到另外的条件下，这样做，不行嘛!""马克思、恩格斯没有说过'凡是'，列宁、斯大林没有说过'凡是'，毛泽东同志自己也没有说过'凡是'。"② 邓小平对"两个凡是"的抵制，鼓励了许多干部和理论工作者，促使人们开始反思和批判一些"左"倾理论和观点，也为后来开展的"真理问题大讨论"定了基调。

1978 年，邓小平恢复工作伊始，便尖锐地批评了党内存在的教条式学风和一些人教条对待马克思主义，生搬硬套个别章节、词句的现象。6 月 2 日，他在全军政治工作会议上强调指出，实事求是、一切从实际出发、理论与实践相结合是马克思主义的根本观点、根本方法。他说："实事求是，是毛泽东思想的出发点、根本点。""我们开会，作报告，作决议，以及做任何工作，都为的是解决问题。我们说的做的究竟能不能解决问题，问题解决得是不是正确，关键在于我们是否能够理论联系实际，是否善于总结经验，针对客观现实，采取实事求是的态度，一切从实际出发。我们只有这样做了，才有可能正确地或者比较正确地解决问题，而这样地

---

① 《邓小平年谱（1975—1979）》上卷，中央文献出版社 2004 年版，第 155—157 页。

② 《邓小平文选》第二卷，人民出版社 1994 年版，第 38—39 页。

解决问题，究竟是否正确或者完全正确，还需要今后的实践来检验。如果我们不这样做，那我们就一定什么问题也不可能解决，或者不可能正确地解决。"所以我们说，"按照实际情况决定工作方针，这是一切共产党员所必须牢牢记住的最基本的思想方法、工作方法"。①12月13日，邓小平在中共中央工作会议闭幕会上，再次语重心长地强调指出："一个党，一个国家，一个民族，如果一切从本本出发，思想僵化，迷信盛行，那它就不能前进，它的生机就停止了，就要亡党亡国。"②

20世纪90年代，由于国际上东欧剧变，苏联解体，国内也发生了政治风波，一些人开始对改革开放产生了质疑。一些"左"派人士认为改革开放带来的"私有化""股份制""购买国营企业"，这其实是"资本主义化的改革"。尤其是在对待"市场经济"这个问题上，他们认为这完全是背离了马克思主义，背离了社会主义。甚至一些"左"派人士还以理论家的姿态出现，大肆引经据典，试图从经典著作中寻找论据，大有否定改革之势。针对这场"姓资姓社"的争论，邓小平在南方谈话中明确指出："学马列要精，要管用的"，"有些理论家、政治家，拿大帽子吓唬人的，不是右，而是'左'。'左'带有革命的色彩，好像越'左'越革命。'左'的东西在我们党的历史上可怕呀！一个好好的东西，一下子被他搞掉了。右可以葬送社会主义，'左'也可以葬送社会主义。中国要警惕右，但主要是防止'左'。"③邓小平的南方谈话，如黄钟大吕压倒了瓦釜之鸣，结束了"姓资姓社"的争论，为改革开放和社会主义现代化建设校正了航向。

---

① 《邓小平文选》第二卷，人民出版社1994年版，第113—114页。

② 《邓小平文选》第二卷，人民出版社1994年版，第143页。

③ 《邓小平文选》第三卷，人民出版社1993年版，第375、382页。

过好忠诚老实关

实事求是说起来容易，做起来难，说和做结合起来更难，而邓小平则是知行合一的典范，他认为一名革命者是不是忠于党和人民，"就看他是不是老实，是不是实事求是。"具体点讲，就是要"对党要老实，对群众要老实"，"老老实实说话，老老实实办事，老老实实学习，一辈子老老实实为人民服务"。

渡江战役之后，国民党军队的主力丧失殆尽，残余部队纷纷退到华南、西南和台湾及沿海岛屿上。这时，毛泽东和中央军委作出了向全国进军的部署，并把解放大西南的任务交给了刘伯承、邓小平率领的第二野战军。1949年8月1日，中共中央决定：西南局以邓小平为第一书记，刘伯承为第二书记，贺龙为第三书记，管辖云、贵、川、康四省及第二野战军全部、第一野战军一部共60万人。解放大西南，一个十分突出的问题是干部不足。解决的办法一是从全国各地抽调，二是在邓小平的倡议下从南京、上海、无锡、杭州等经济文化比较发达的地区招收一批进步的大中学生和技术人员，组建"中国人民解放军西南服务团"。进军大西南的任务下达后，二野部分指战员和一些抽调的干部中出现了畏难怕苦、不思进取、发牢骚、说怪话、闹待遇等不良的思想情绪，甚至有人风趣地将西南服务团的思想分为："革命团、吃饭团、恋爱团、回乡团、游山逛水团和升官发财团"6种类型。邓小平对这些现象高度重视，积极进行教育整顿。

9月12日，邓小平在第二野战军军政大学操场上为全校干部和学员1万多人作了题为《过关问题》的报告，新中国成立后曾担任中国人民解放军军事科学院副院长的姜思毅当时在现场聆听了报告，他回忆说：会场设了一个大喇叭，邓小平没有讲话稿，上来开门见山地说：我今天给大家讲"过关"问题。"过去有个关云长，曾经过五关斩六将，过关的'关'，就是那个'关'字。""一个青年参加革命后，要过的关是很多的"，"过关时内心很痛苦"，"过关过的好不好在于立场问题"，"立场站稳，就过得去，立场没有站稳，关就不好过"。那么，怎样站稳立场呢？"我们要做一个好的革命者，就要把革命理论学好，首先要学好毛泽东思想。最重要的是实际斗争，理论要在实际斗争当中好好应用。我们要脚踏实地，才能一步一步地接近真理，才能把工作一步步地做好，无产阶级意识才能一步一步增强"。① 离休前曾任原武汉军区空军政治部组织部副部长、空军航空兵某师副政委的杨东生也在现场听了邓小平的报告，他深情地说："此生受益最深的是参加革命之初的入门课，聆听伟人邓小平讲'过关'。"②

9月17日，邓小平为南京市委支部书记和二野直属队排以上干部作《论忠诚老实》的专题报告，他说：忠诚与老实是一个共产党员必须具有的品质。忠诚就是将全部真情率直而老实地向党坦白出来，就是要忠实于党的事业，忠实于人民的事业。凡是有利于党的事业、人民的事业就办；不利于党的事业、人民的事业就反对，就斗争。另外还要老实，唯物主义本身就叫"老老实实"，马列主义、唯物主义的执行人更要老老实实。我们从入党的第一天起就要检查自己合不合乎一个共产党员忠诚与老实的标准。如果不合乎，就要痛切反省、赶快改造。③

21日下午，邓小平又冒着酷暑给西南服务团的全体同志作报告。当时没有讲台，也没有扩音设备，就是在广场中央摆了一张课桌，在热烈的掌声中，邓小平开门见山地说：今天，我讲话的题目就是两个字——"老实"。他正讲着，国民党的飞机来袭扰，四周

---

① 《回忆邓小平》上卷，中央文献出版社1998年版，第426—427页。

② 《聆听邓小平讲"过关"》，《解放军报》2016年9月7日。

③ 《邓小平年谱（1904—1974）》中卷，中央文献出版社2009年版，第842页。

警报声阵阵，广场上听报告的人群中有人惊动起来。可是，他全然不顾，并诙谐地说："一回生，二回热，三回就是老朋友，敌人的飞机经常来，已成'老朋友'了，哪有怕'老朋友'之理。"说罢，他继续侃侃而谈："知识青年刚刚参加革命时，往往背着各式各样的包袱，你们各人摸摸背上，有没有包袱？"大家面面相觑，"哄"一下笑了起来。"没有吗？不见得。我看，有些人可以因为自己聪明能干而看不起老年人，年龄变成了包袱；有些人可以因为其家庭出身不好，有自卑感而背上包袱。""其实，家庭出身不好和犯错误这二者之间并没有必然的联系。"他还特别提醒青年学生："你们要尊重老解放区来的干部。他们的文化水平可能不高，但实际工作能力比你们强。要承认他们比自己强，才会团结一致。因为有一点知识而骄傲，而轻视工农干部，也是青年容易背的一个包袱啊！所以，知识青年参加革命，一定要丢掉这个包袱。"他寄语年轻人要坚持实事求是，对党和人民要老实，要老老实实说话、办事、学习、为人民服务。①

　　邓小平不仅要求和号召别人老老实实学习和工作，他自己更是以身作则，率先垂范，躬身践行。西南是中国少数民族最多、少数民族人口最多的地区。做好少数民族工作，关键在于从实际出发，认真贯彻落实党的民族政策。1950年7月21日，邓小平在欢迎赴西南地区的中央民族访问团大会上做了讲话，他先是介绍了西南地区民族工作开展的状况和面临的问题，最后他强调说："我们的工作态度是实事求是，老老实实"，其他工作也都是坚持这个原则。②为了做好工作，邓小平还向随团的著名社会学家费孝通单独请教。2004年费孝通在《人民日报》撰文回忆道："我一生经历的事情可

　　① 《回忆邓小平》下卷，中央文献出版社1998年版，第356—357页。
　　② 《邓小平文选》第一卷，人民出版社1989年版，第161—171页。

邓小平服务大局的学习观念

谓不少，大多已经淡忘，但是有的不仅没有忘却，在脑子里反而越来越清晰了。比如我还能清晰地记得1950年7月，我随中央民族访问团到贵州的一些少数民族地区宣传党的民族政策的时候，时任中共中央西南局第一书记的邓小平同志，召我去同他讨论当时民族工作中应该抓住什么问题的那一幕。小平同志谦虚地对我说，他在少数民族问题上还是个'小学生'，需要向做过民族工作的同志学习，他要我'多参谋参谋'。在小平同志虚怀若谷、实事求是的态度的鼓舞下，我在这位赫赫有名的刘邓大军的统帅面前，毫无保留地讲了自己对少数民族工作的一些看法和建议。""这件事已经过去半个多世纪了，但当年同小平同志谈话的情景和谈话时的神态以及他极富鼓动性的四川话，仍然留在我的脑海里，时间越久反而越显清晰。"①

我们只能在干中学

在整个读书学习生涯中，邓小平始终重视向书本学习，同时更强调向实践学习。1987年11月16日，邓小平在会见日本社会党委员长土井多贺子时讲道："我们现在所干的事业是一项新事业，马克思没有讲过，我们的前人没有做过，其他社会主义国家也没有干过，所以，没有现成的经验可学。我们只能在干中学，在实践中摸索。我们现在所干的事业，就是努力把中国变成一个现代化的社会主义国家。"②重视实践，拜群众为师，向实践这本"无字之书"学习，是邓小平坚持一生的重要学习方法。

早在革命战争年代，邓小平就高度重视实践，在工作学习中更是严格遵循毛泽东提出的"没有调查，就没有发言权"的科学论

---

① 费孝通：《难忘两件事》，《人民日报》2004年8月21日。

② 《邓小平文选》第三卷，人民出版社1993年版，第258—259页。

断，反对本本主义和唯上唯书。1944 年 5 月 21 日，扩大的中共六届七中全会在延安开幕，会议期间，为了进一步了解敌后各抗日根据地的实际情况，7 月 28 日毛泽东致电在前方的邓小平及李先念、饶漱石、罗荣桓、黄敬、程子华、林枫等各根据地的负责同志，请他们就各根据地的整风、减租、时事教育、反特等 10 个方面情况搞调查研究，并将调查结果汇报给中央。邓小平得此任务后，十分重视。据李雪峰回忆："这时，正是太行山中难得的下雨时期，通往各地的道路因雨阻隔，邓小平很着急。因为中央急要 10 项重大问题的答复，是为了在秋季到来时对全国根据地的工作作出'恰当指示'。"① 后来，邓小平克服重重困难，在李雪峰等人的协助下，利用通过深入调研收集到的大量太行地区的资料，写出了一份五千多字的调研报告，逐一回答了毛泽东所询问的 10 个方面的问题。邓小平的报告条理清晰，反映情况有点有面，既谈成绩，也谈问题，又提出解决问题的办法。毛泽东对这个报告很重视，12 月 9 日在报告上批示："此报很好，请转发平原、山东、华中、湖北、东江各处。"25 日，毛泽东亲自复电邓小平："关于十个问题的答复早已收到，内容极好。除抄给此间许多同志阅读外，并转发各地参考。我完全同意你们的路线，望坚持贯彻下去。并请告知太行区党委负责同志，我十分感谢他们给我以关于今年生产的非常有用的总结报告。"②

邓小平戎马一生，虽未进过正规军事学校学习，却总能打胜仗，在很大程度上要归结于他善于调查研究，善于在实践中捕捉战机。1986 年 10 月 21 日，他在追忆刘伯承作战时深入调研的作风时说：伯承"用兵作战最讲实事求是，从实际出发。他判断敌情准

① 《李雪峰回忆录》上卷，中共党史出版社 1998 年版，第 255 页。
② 《邓小平年谱（1904—1974）》上卷，中央文献出版社 2009 年版，第 528 页。

邓小平服务大局的学习观念

确，计划战斗周密，长于出奇制胜，就连敌人也不得不佩服他的神机妙算。作战指挥上的神机妙算，用伯承的话说，就是首先要靠弄清任务、敌情、我情、时间、地形。他把这五个要素比作五行，常说：'五行不定，输得干干净净'。伯承最反对军事指挥上墨守成规，粗枝大叶，大而化之。他常用'烧香找错了庙门'，'蚊子叮泥菩萨，看错了对象'等四川俗语，幽默诙谐地批评那些不重视侦察和调查，指挥莽撞，办事马虎的同志。"① 这段话虽然是追忆刘伯承，其实也是他本人一贯坚持的作风。

1949 年年初，解放战争进入最后决战关头，毛泽东和中央军委开始思考发动渡江战役的时机。2 月 9 日，邓小平在徐州主持召开总前委扩大会议，具体讨论关于渡江战役的问题，当日致电中央军委建议："以在三月半出动，三月底开始渡江作战为最好。"② 11日，中央军委和毛泽东复电表示同意。根据时任第三野战军参谋长的张震回忆，邓小平在"广泛听取各野战军情况报告基础上，统筹全局，最终确定了渡江作战的决心部署"，亲自草拟了百万雄师过大江的战役纲要，即《京沪杭战役实施纲要》，"纲要既从大处着眼，提挈全军，又不统得过死，充分体现了战役计划的灵活性。"③然而，到了 3 月，形势发生了变化，为了配合与国民党在北京进行的和平谈判，中央军委将原来渡江战役的时间改为 4 月 10 日，继而又议定延迟至 4 月 13 日。

接到中央军委的决定后，渡江战役总前委书记邓小平，立即开展调查研究工作。经过调查后，3 月 26 日，邓小平和陈毅、谭震

---

① 《邓小平文选》第三卷，人民出版社 1993 年版，第 186—187 页。

② 《邓小平军事文集》第二卷，军事科学出版社、中央文献出版社 2004 年版，第 177 页。

③ 《剑指江南：总前委在蚌埠孙家圩子》，中国文史出版社 1999 年版，第 263—265 页。

林召集三野兵团负责人会议，经听取各方意见向中央军委提出推迟两天渡江的建议，原因是："十三日正是阴历十六日，月光通宵，我第一梯队的突击队无法隐蔽，不能求得战术上的突然性"，十五日"正值阴历十八日"，甚为有力。[①]27日，中央军委复电：同意你们十五日发起渡江战斗。后来，邓小平又查阅了近十年长江水文气象资料，听取了侦查部门的敌情汇报，分析了后勤准备情况，提出了4月20日夜发起渡江总攻。之所以选定这个时间，主要是基于以下考虑：一是在《国内和平协定》签字的最后日期打响战斗，有利于在政治上争取主动；二是可以趁长江水文有利情况下渡江，因在4月下旬以后，长江会进入梅雨期，江水暴涨，会增加渡江难度；三是经过研究，该日月出为下半夜，且是下弦月，有利于隐蔽渡江，减少伤亡。正是在充分调研天时、地利、人和等因素基础上，邓小平主持总前委选定此方案，后来的战役发展情况也证明了方案的正确性。

新中国成立后，邓小平虽身处高位，但仍不忘调查研究工作。1956年9月16日，邓小平在党的八大上作的《关于修改党的章程的报告》中指出："离开群众经验和群众意见的调查研究，那末，任何天才的领导者也不可能进行正确的领导。"[②]1961年4月，为了搞清农村问题，邓小平来到北京顺义县农村进行调查研究。在调研期间，邓小平轻车从简，为了不打扰地方，平日都是吃住在火车上，饮食也是和普通村民一样，粗茶淡饭，河里打上来的水草，煮一煮，就食用。唯一一次改善伙食，还是经请示后加的豆腐。虽然条件艰苦，但邓小平的调研却十分认真，为了搞清农村食堂问题，他不是坐在办公室里听干部汇报或看宣传材料，而是躬身深入

邓小平服务大局的学习观念

① 《邓小平年谱（1904—1974）》中卷，中央文献出版社2009年版，第810页。
② 《邓小平文选》第一卷，人民出版社1994年版，第219页。

该县的白庙村、上辇村等队社，明察暗访，与农民举行座谈会，拉家常，倾听他们真实的心愿、想法。关于食堂问题，邓小平最初还是倾向于把食堂办好，但是随着调查研究的深入，他的这一思想认识发生了变化，在牛栏山公社桑园村召开的社、队干部会上他明确表态说："公共食堂问题是一个大问题，现在群众的议论很多，要注意一下。吃不吃食堂自愿，吃不吃食堂都给予方便，吃食堂是社会主义，不吃食堂也是社会主义。要根据群众的意愿，决定食堂的去留。"① 邓小平这个讲话实事求是、切中民心，讲话后的第二天上辇村就有250多户社员自动退出了食堂，随后邓小平向党中央和毛泽东汇报他调研取得的一手资料。两个月后，中共中央发出《农村人民公社工作条例（修正草案）》规定：生产队办不办食堂，完全由社员讨论决定。

进入改革开放新时期，邓小平更加强调拜群众为师，不遗余力号召全党要诚心诚意向实践学习。1978 年 6 月 2 日，邓小平在全军政治工作会议上突出地强调了搞好调查研究的重要性，他指出："能不能深入下去，工作能不能落实，关键在于领导干部是不是以身作则，深入部队，调查研究，从实际出发，解决问题。"② 1979 年 3 月 30 日，邓小平又在党的理论工作务虚会上讲："我们思想理论工作者必须下定决心，急起直追，一定要深入专业，深入实际，调查研究，知己知彼，力戒空谈。"③ 1980 年 8 月 18 日，邓小平在中共中央政治局扩大会议上再讲："我们要不断总结历史经验，深入调查研究，集中正确意见，从中央到地方，积极地、有步骤地继续进行改革"。"我们有正确的思想路线、政治路线和组织路线，只要大胆而谨慎地工作，只要经过周密的调查研究，广泛听取群众意

---

① 《邓小平文集（1949—1974）》下卷，人民出版社 2014 年版，第 90 页。
② 《邓小平文选》第二卷，人民出版社 1994 年版，第 124 页。
③ 《邓小平文选》第二卷，人民出版社 1994 年版，第 181 页。

见，就完全有把握把大批优秀的中青年干部提拔起来，保证我们的事业后继有人，后来居上。"① 邓小平本人更是以上率下的典范，1992 年已经八十多岁的他，亲自到武昌、深圳、珠海、上海等地视察，听取汇报，发表重要讲话，为改革开放发展提供重要的指导方针。

三、僵化和教条是学习的大敌

邓小平读书学习最主张学以致用，最反对僵化和教条式学习，他终生倡导要将理论和实践紧密地结合起来，要善于把学习与使用贯通起来。在革命战争年代，他提出要"使科学为指战员所掌握，创造现代化的正规兵团"。② 和平建设时期，他号召全党特别是党的高级干部"要带头钻研现代化经济建设"，因为只有学习好"才可能领导好高速度、高水平的社会主义现代化建设"。③ 邓小平理论联系实际的学习态度，是党一贯的优良学风。

老祖宗不能丢

邓小平认为需要学习的内容很多，但是"根本的是要学习马列主义、毛泽东思想"④。1991 年 8 月 20 日，邓小平在同几位中央负责同志谈话时说："我们搞改革开放，把工作重心放在经济建设上，没有丢马克思，没有丢列宁，也没有丢毛泽东。老祖宗不能丢啊！问题是要把什么叫社会主义搞清楚，把怎样建设和发展社会主义搞清楚。"⑤ 中

① 《邓小平文选》第二卷，人民出版社 1994 年版，第 326 页。
② 《邓小平文选》第一卷，人民出版社 1994 年版，第 25 页。
③ 《邓小平文选》第二卷，人民出版社 1994 年版，第 153 页。
④ 《邓小平文选》第二卷，人民出版社 1994 年版，第 153 页。
⑤ 《邓小平文选》第三卷，人民出版社 1993 年版，第 369 页。

国革命和建设的经验表明，只有用马列主义、毛泽东思想和党的创新理论武装全党，并掌握其立场、观点和方法，才能正确认识规律并做好各方面工作。如若不然，就要栽跟头、走弯路。1962 年 2 月 6 日，邓小平在扩大的中央工作会议上指出：造成当前困难的原因很多，总结起来这几年的教训主要是，我们对马克思列宁主义的基本原理和毛泽东思想"体会不够"，"我们有许多错误是从这里来的。"①

学马列，邓小平最反对教条式的理解和僵化式的学习。1943 年 5 月 15 日，共产国际执行委员会主席团作出《关于提议解散共产国际的决定》。22 日，共产国际向全世界公布了这个决定。26 日，中共中央印发《关于共产国际执委主席团提议解散共产国际的决定》。共产国际的解散，在一些不太了解共产国际历史的干部和群众中产生了一些消极影响，加之国民党伺机发动新的反共高潮，使得有些人对国际共产主义运动的前途表示悲观。为此，6 月 5 日，邓小平主持召开了中共中央北方局太行分局和一二九师直属机关干部大会，在会上了他作了关于共产国际解散和整风问题的报告。他指出：共产国际已经完成了他的历史使命。世界各国情况不同，差异很大，一个统一的国际组织，已经不能解决这许多不同情况的复杂问题。"共产国际的解散，不仅没有副作用，而且可以帮助各国党进一步地团结各国人民，提高他们的自信心与创造性。"他联系中国共产党的实际，特别指出共产国际的解散有利于各国党将马列主义的基本原则运用于本国实际，独立解决自己的问题。他说："中国共产党的产生是中国革命本身历史发展的必然结果，没有共产国际，中国党仍然要产生。任何革命不是能输出与输入的，没有各国的政治经济的发展条件，任何的输入都不能产生革命运动，这

---

① 《邓小平文选》第一卷，人民出版社 1994 年版，第 316 页。

从我们党的发展历史中可以找到确据。""马克思主义是科学,科学是没有国界的。科学一定要运用于实际,才能表现力量。因此,绝不是简单的输入问题。党的历史发展再三地教导我们,凡是以教条主义方式对待马列主义就会使革命遭受损失。我们永远是马列主义者,但更重要的是,我们运用马列主义的原则使之切合于中国实际。"①

1989 年 5 月 16 日,邓小平在会见戈尔巴乔夫时说:回看国际共产主义运动和我们各自走过的历史,"马克思去世以后一百多年,究竟发生了什么变化,在变化的条件下,如何认识和发展马克思主义,没有搞清楚。绝不能要求马克思为解决他去世之后上百年、几百年所产生的问题提供现成答案。列宁同样也不能承担为他去世以后五十年、一百年所产生的问题提供现成答案的任务。真正的马克思列宁主义者必须根据现在的情况,认识、继承和发展马克思列宁主义。"如果"不以新的思想、观点去继承、发展马克思主义,不是真正的马克思主义者。"②

邓小平对马列主义的信仰无比忠诚,对以实事求是的态度学习马列理论也是无比坚定。随着改革开放的深入,社会主义现代化建设的推进,有些人对是否学和如何学马列产生了一些错误认识。1985 年 9 月 23 日,邓小平在中国共产党全国代表会议上讲道:"或者有同志问:现在我们是在建设,最需要学专业知识和管理知识,学马克思主义理论没有什么实际意义。"接着他批驳说:"我们现在要建设有中国特色的社会主义,时代和任务不同了,要学习的新知识确实很多,这就更要求我们努力针对新的实际,掌握马克思主义基本理论。因为只有这样,才能提高我们运用它的基本原则基本方

① 《邓小平年谱(1904—1974)》上卷,中央文献出版社 2009 年版,第 479—480 页。

② 《邓小平文选》第三卷,人民出版社 1993 年版,第 291—292 页。

邓小平服务大局的学习观念

法，来积极探索解决新的政治经济社会文化基本问题的本领。"只有全党实事求是地学习马克思主义理论，"我们党才能坚持社会主义道路，建设和发展有中国特色的社会主义，一直达到我们的最后目的，实现共产主义。"①

20世纪80年代末，社会主义事业在世界范围内严重受挫，面对一些人对马克思主义的质疑，1992年邓小平在南方谈话中说："马克思主义是打不倒的"，我坚信"世界上赞成马克思主义的人会多起来的，因为马克思主义是科学"。"社会主义经历一个长过程发展后必然代替资本主义。这是社会历史发展不可逆转的总趋势，但道路是曲折的。资本主义代替封建主义的几百年间，发生过多少次王朝复辟？所以，从一定意义上说，某种暂时复辟也是难以完全避免的规律性现象。一些国家出现严重曲折，社会主义好像被削弱了，但人民经受锻炼，从中吸收教训，将促使社会主义向着更加健康的方向发展。因此，不要惊慌失措，不要认为马克思主义就消失了，没用了，失败了。哪有这回事！"②

马克思主义不是一个封闭僵化的体系，而是具有与时俱进的理论品格；马克思主义不是教条，而是行动的指南。实践证明，中国革命、建设和改革的每一步的成功，都离不开对马克思主义的创新和发展。中国革命为什么能够取得胜利？1983年4月29日，邓小平在会见印度共产党（马克思主义）中央代表团时分析说："就是以毛泽东同志为首的中国共产党人，独立思考，把马列主义的普遍原理同中国的具体情况相结合，找到了适合中国情况的革命道路、形式和方法。十月革命的胜利也是列宁把马克思主义的原理同俄国革命的实践相结合的结果。"所以说，"一个国家的革命要取得胜利，

---

① 《邓小平文选》第三卷，人民出版社1993年版，第146—147页。

② 《邓小平文选》第三卷，人民出版社1993年版，第382—383页。

最根本的一条经验就是，各国共产党应该根据自己国家的情况，找出自己的革命道路"。① 为什么不走封闭僵化的道路而要走改革开放的强国之路？邓小平在党的第十二次全国代表大会上指出："把马克思主义的普遍真理同我国的具体实际结合起来，走自己的道路，建设有中国特色的社会主义，这就是我们总结长期历史经验得出的基本结论。"②

要懂得些中国历史

邓小平除了常年阅读马克思主义经典著作之外，他对古典史书也情有独钟，卓琳回忆邓小平有"三爱"，其中之一就是古典史书，尤其爱读《资治通鉴》，不知读了多少遍，他还通读了二十四史，其中最喜欢的是《三国志》。1990 年 4 月 7 日，邓小平在会见泰国正大集团董事长谢国民时谈了学习历史的意义，他说："要懂得些中国历史，这是中国发展的一个精神动力。"③ 邓小平不仅重视学习中国历史，而且善于借用历史知识来思考处理现实问题，他妙用活用历史典故的例子比比皆是。

1947 年，刘邓大军挺进大别山，建立了大别山革命根据地，随着各级政权机构的建立，土改运动也逐步展开。然而，土改过程中，不少干部忽略了大别山的实际情况，没有树立长期观念，在群众未完全发动的情况下，急于扩大土改区域，完成土改任务，照搬了"一手拿枪，一手分田"的急性土改的做法，将那些不愿意加入农会的中农错划为地主，结果导致打击面扩大，树敌过多，孤立了自己。据段君毅回忆：邓小平发现后，及时纠正了这种情况。他强调"政策和策略是党的生命"，"如果没有政策和策略，党的路线就

① 《邓小平文选》第三卷，人民出版社 1993 年版，第 27 页。
② 《邓小平文选》第三卷，人民出版社 1993 年版，第 3 页。
③ 《邓小平文选》第三卷，人民出版社 1993 年版，第 358 页。

邓小平服务大局的学习观念

是空的",而"正确的路线一定要用正确的政策和策略来保证"。他还借用《水浒传》中林冲被"逼上梁山"的典故提醒各级干部说:土改时一定要注意斗争策略,缩小打击面,避免"把小地主、富农'逼上梁山',拿起梭镖和我们干"。①

西藏从1959年平叛以来,基本废除了封建农奴制,民主改革工作取得很大成绩。20世纪60年代初,全国大部分地区已完成了社会主义改造,并逐步向人民公社过渡。这时,西藏的部分领导同志,"头脑也热了"起来,认为在民主改革取得全面胜利的情况下,翻身农奴革命性高,想"趁热打铁"尽快进行社会主义改造。这种超越西藏实际的做法很快暴露出了各种弊端,中央及时发现了这一问题,责成中央书记处及时处理。

1961年1月5日,邓小平主持召开中央书记处会议,听取中央民族事务委员会党组副书记杨静仁的汇报,针对西藏工委在工作中出现的急躁情绪,邓小平指出:"在西藏不要多出章程,多出点子,要休养生息。一切政策,一定要照顾习惯。粮食要少征购,让农户存粮自己交换。农区牧区之间、农区之间搞点自由贸易,让他们有积极性。不能采取掠夺性政策,竭泽而渔。总之,政策要让农民富起来,让农民生活天天向上。这个政策恐怕不只三年五年,而是十年八年。农民富要富在一家一家上,合作社五年内不搞。现在要防'左'防急,要稳,不仅是社会政策,包括民主改革、经济政策、上层改造。现在不考虑社会主义改造。"②邓小平还结合阅读《资治通鉴》的感悟说:"在西藏工作,特别要防止命令风,瞎指挥风,搞试验要慢慢推广,不要一下子普及。""我最近看了《资治通鉴》,历史上遭到严重破坏后(因西藏遭受到叛匪的洗劫),真正搞

---

① 《回忆邓小平》上卷,中央文献出版社1998年版,第135页。

② 《邓小平年谱(1904—1974)》下卷,中央文献出版社2009年版,第1609—1610页。

起来两年就恢复了"。①

　　1975 年，邓小平第二次复出后，主持中央日常工作，对遭到"文革"破坏的各条战线进行了全面整顿。随着整顿工作的深入，不能不触及"文革"的"左"倾错误和政策，逐渐发展到对这些错误进行系统纠正。11 月 2 日，毛远新向毛泽东汇报说："对文化大革命，有一股风，似乎比一九七二年批极左而否定文化大革命时还要凶些。担心中央，怕出反复。"邓小平同志"很少讲文化大革命的成绩，很少提批刘少奇的修正主义路线。'三项指示为纲'，其实只剩下一项指示，即生产上去了。"毛泽东肯定了毛远新的看法，说："有两种态度，一是对文化大革命不满意。二是要算账，算文化大革命的账。"毛泽东提议召开小范围的会议，当面向邓小平本人谈出以上意见。11 月 20 日，毛泽东提议召开中央政治局会议，讨论对"文化大革命"的评价问题。会议根据毛泽东的意见，提出由邓小平主持作一个关于"文化大革命"的决议，总的看法是"文化大革命"基本正确，有所不足。邓小平婉拒，表示："由我主持写这个决议不适宜，我是桃花源中人，'不知有汉，何论魏晋'。"②邓小平用这个隐喻，其意在表明：一是他主持这个决议不合适，婉拒了毛泽东的建议；二是暗含着对"文革"不支持、不肯定的政治深意。

　　香港问题是中英之间的历史遗留问题，新中国成立后多次阐明对香港的立场，中国不受过去英国政府和中国清政府签订的不平等条约的约束，将在条件成熟时恢复行使对整个香港地区的主权。1982 年 9 月 24 日，邓小平会见英国首相撒切尔夫人，为了表明中国政府收回香港的决心，他结合近代中国的屈辱历史讲道："主权

　　①　《回忆邓小平》下卷，中央文献出版社 1998 年版，第 384 页。

　　②　《邓小平年谱（1975—1979）》上卷，中央文献出版社 2004 年版，第 125、131—132 页。

邓小平服务大局的学习观念

问题不是一个可以讨论的问题"，"如果中国在一九九七年，也就是中华人民共和国成立四十八年后还不把香港收回，任何一个中国领导人和政府都不能向中国人民交代，甚至也不能向世界人民交代。如果不收回，就意味着中国政府是晚清政府，中国领导人是李鸿章！我们等待了三十三年，再加上十五年，就是四十八年，我们是在人民充分信赖的基础上才能如此长期等待的。如果十五年后还不收回，人民就没有理由信任我们，任何中国政府都应该下野，自动退出政治舞台，没有别的选择。"①

1988 年，中央决定进行物价改革，进行"价格闯关"。但在这个问题上，很多干部存有顾虑，认为难度和风险都很大，迟迟不敢下决心。5 月 19 日，邓小平在会见由朝鲜人民武装力量部部长吴振宇率领的朝鲜政府军事代表团时，借用《三国演义》中"美髯公千里走单骑，汉寿侯五关斩六将"的典故说："中国不是有一个'过五关斩六将'的关公的故事吗？我们可能比关公还要过更多的'关'，斩更多的'将'。"因此，"不要怕冒风险，胆子还要再大些。如果前怕狼后怕虎，就走不了路。"②

上述事例表明，邓小平不仅熟悉中国历史，而且能够结合工作实际，在适宜的场景和情景，自如地妥当地运用。

邓小平博览群书

在 1992 年发表南方谈话时，邓小平曾经说过："我读的书并不多，就是一条，相信毛主席讲的实事求是。"③这话让很多人误以为，邓小平读书不是很多，加之他看书不做笔记，也很少评点所读作品，所以邓小平的读书爱好，很长时间都不为人们所知。而实际

---

① 《邓小平文选》第三卷，人民出版社 1993 年版，第 12—13 页。

② 《邓小平文选》第三卷，人民出版社 1993 年版，第 262—263 页。

③ 《邓小平文选》第三卷，人民出版社 1993 年版，第 382 页。

上，邓小平不仅酷爱读书，并且是博览群书。

1938 年 7 月 16 日，美国驻华大使馆参赞埃文思·福代斯·卡尔逊慕名来到八路军一二九师奋战的冀南根据地，邓小平和徐向前热情地接待了他。邓小平在与卡尔逊的交谈中，除了谈中国的抗日战争，还谈了国际政治和军事局势，谈了中西方文化的差异，等等。邓小平在谈话中表现出来的"不露声色的自信"，让卡尔逊感佩不已。特别是邓小平对国际政局的了解，更是让卡尔逊大为惊讶。他回忆说："一天下午我们讨论了国际政治的整个领域，他掌握情况的广度使我吃惊"，尤其是有一件新闻弄得我目瞪口呆，他肯定地说："去年，美国向日本人提供了他们从国外购进的武器的一半以上。""这个消息的来源是第一年年底美国的新闻电讯"。可见邓小平视野之广博，卡尔逊称赞邓小平的"头脑像芥末一样地灵敏"。①48 年后，1986 年 10 月 28 日，邓小平会见来访的冰岛总理斯坦格里米尔·赫尔曼松，会谈中他说：我在 20 年代时就看过欧洲一位著名的文学家写的一部小说叫《冰岛渔夫》，"了解到冰岛人民当时的生活条件相当艰苦。"随后他感叹："现在你们干得很好，发达起来了。"②《冰岛渔夫》只是一部篇幅不长的小说，描写了世代打鱼的渔民，每年要在冰岛海面度过漫长的时间，经常葬身海底的悲惨命运。邓小平博览群书、视野开阔、学识广博，给外籍友人留下了很深刻的印象。

邓小平看的书面很广，也比较杂，比如古龙、金庸和梁羽生等作家写的武侠小说他也很喜欢看，但是一般仅限于午睡前和晚睡前的时间。邓小平看武侠小说，也并不完全是为了消遣和催眠。他能够将书中人物与自己的人生际遇结合起来思考，获取人生的精神力

---

① [美] 埃文思·福代斯·卡尔逊著，祁国明等译：《中国的双星》，新华出版社 1987 年版，第 226 页。

② 《邓小平年谱（1975—1997）》下卷，中央文献出版社 2007 年版，第 1149 页。

量。1981 年 7 月 18 日上午，邓小平以中共中央副主席的身份，在人民大会堂福建厅会见了香港《明报》社长查良镛，这是改革开放后邓小平第一次正式单独会见香港同胞，邓小平首先说："欢迎查先生。我们已是老朋友了。你的小说我读过，我这是第三次重出江湖啊，你书中的主角大多历经磨难才成大事，这是人生规律。"查良镛应答道："我一直对你很仰慕"，特别钦佩您的风骨，您的"刚强不屈的性格"，"就像我武侠小说中描写的英雄人物"。邓小平见查良镛穿着正装就随和地说："今年北京天气很热，你除了外衣吧！我是粗人，就穿这样的衣服见客人，咱们不用拘礼。"这样一下就拉近了主客双方的距离。

会谈中，邓小平首先介绍了起草《关于建国以来党的若干历史问题的决议》的有关情况，他说：起草若干历史问题的决议，是因为在党内、人民当中，接触中国的历史，有两个问题不能回避：一个是"文化大革命"的问题；一个是毛主席和毛泽东思想的问题。毛主席的问题，还不只是中国的问题，在全世界都有影响，特别是第三世界，在毛主席的影响下进行革命，主要是进行民族革命，当然不是社会主义革命。我们要总结经验，对历史问题作出实事求是的恰如其分的分析。不这样的话，思想统一不起来，认识统一不起来。总结经验，统一认识，在这个基础上团结一致向前看，这是写这个决议的目的。有了一个统一的结论性的东西，今后对历史问题就不再说了，一心一意搞建设。

在谈坚持四项基本原则问题时，邓小平坚定地说："四个坚持"不搞不行，"四个坚持"的核心是党的领导。中国这样一个国家，人口这么多，底子这样薄，怎样取得革命胜利，怎样把国家建设好，离开了党的领导毫无出路。中国近代历史什么时候真正统一过？一百多年来，中国真正的统一是在共产党领导下取得的。中华人民共和国成立后，除台湾外，国家真正统一了。中国作为一个伟大的民族，在世界上站起来，只能靠中国共产党的领导。当然共产党也要善于领导。要坚持领导，还要善于领导，这是我们过去没有解决好的，现在要解决好这个问题。

在说到经济调整时，他指出："国民经济比例失调情况十分严重，不调整不行。如果不调整，物价控制不住，人民在粉碎'四人帮'后得到的利益就要失掉。从现在的情况看，调整进行得比较好，比我们预料的好。但是，短时间内不可能把比例失调的情况纠正过来。我们宁可把调整的时间放长一些，把调整期间的发展速度放慢一些，稳一些。如果这个时候的基础打好了，以后发展速度会快。基础不牢，想快也快不了，欲速则不达。我们现在搞长远规划，目标放在本世纪末达到人均国民生产总值800美元。如果这个目标实现了，那时我们是12亿人口，国民生产总值就是一万亿美元。有了这样一个基础，我们相应地把教育经费提高百分之二到百分之五，教育事业就能更快发展，人才就多了，科学事业也就能更快发展。如果再抽出适当的比例来搞国防现代化，国防发展也就快了。人民的生活也会因此逐步提高。"[1]

邓小平在与查良镛的谈话中，向外界清晰地释放了两个信号：一是让外界对刚通过的《关于建国以来党的若干历史问题的决议》的背景了解得更详细，从而鼓励广大海外同胞建设祖国的热情；二是传递中国政府改革发展的决心，和对台湾、香港、澳门的政策，回击国际社会上"两个中国""一中一台"的阴谋论调。这次会见产生了巨大轰动。1981年9月《明报月刊》发表邓小平和查良镛谈话的记录并出版了《中国之旅：查良镛先生访问记》，该书出版3天，就全部售罄，后来又连续加印了两次。金庸后来回忆说："访

① 《邓小平年谱（1975—1997）》下卷，中央文献出版社2007年版，第759—760页。

邓小平服务大局的学习观念

问大陆回来，我心里很乐观，对大陆乐观，对台湾乐观，对香港乐观，也就是对整个中国乐观。"邓小平在读武侠小说的同时，还读出了政治活动和统一祖国的新思路。

四、我们党总是要学习

通读邓小平的著作，不难发现，他使用"学习"一词的频率很高，范围也很广。邓小平不仅自己勤于学习，而且特别重视全党的学习，他始终将学习当作政治任务来抓。1938年年初，邓小平就任一二九师政委，1月18日他刚到达驻地，24日就召开了团以上干部会议，他在会上突出强调了干部的学习问题，提出干部要经常上课，开讨论会，要研究问题，解决问题。如果不重视学习，革命不可能成功，建设更无从谈起。1980年1月16日，他在中共中央召集的干部会议上说："没有专业知识，又不认真学习，尽管你抱了很大的热心建设社会主义，结果作不出应有的贡献，起不到应有的作用，甚至还会起到相反作用。"①

学习是前进的基础

1951年5月，邓小平在为《中国人民解放军第二步兵学校成立暨第一期开学典礼特刊》题词："学习是前进的基础"。邓小平除了坚持自学，还积极劝学，推动全党全军的学习。

在艰苦的革命年代，邓小平经常勉励各级指战员加强学习，要做到"革命不忘学习，战斗不忘读书"。在他领导的一二九师，很多目不识丁的放牛娃，后来都成长为高级将领。曾任一二九师作战参谋、新中国成立后曾任成都军区副司令员的陈明义回忆说：对学

---

① 《邓小平文选》第二卷，人民出版社1994年版，第264、270页。

文化，邓政委一直十分重视，抓得很紧。每次小组会和个别谈心，他都勉励大家要好好学习政治、军事和文化科学知识，以适应革命战争发展的需要，并告诫我们："能打仗，还要补上文化这一课，才能更好地理解党的路线、方针、政策和战略思想，才能更好地掌握军事技术。"为了加强干部的文化学习，他在西河头驻地专门召开了干部会进行动员，语重心长地说："我们的红军干部战士，不要因为不识字，背起工农分子的金字招牌。这个金字招牌没有用。"部队学文化的空气越来越浓，但有些同志不会学以致用。一位工农出身的领导干部做下级的思想工作，对方就是不吭气，不表态，回去就睡觉了。这位领导干部于是向师里发了一个电报，反映这位同志的思想情况，电文说："表态而眠"。邓政委反复琢磨也不懂其意，于是给刘伯承师长看，刘师长也不知所云。邓政委用这个生动的例子教育我们，学文化不能一知半解，不但要学，还要学会用，尤其要学会写军事应用文。[①]

写好军事应用文是指战员必备的文化素养。邓小平很重视提高指战员军事应用文的写作水平，他自己更是努力先做到。张廷发回忆：小平同志要求机关参谋、干事要有认真、严谨、细致的工作作风。参谋人员草拟的文电，小平同志一字一句地修改。文电发出之前，要求仔细核对，不准有半点马虎。重要文电，小平同志亲自草拟，不要旁人代劳。《邓小平文选》第一卷中《五年来对敌斗争的概略总结》《敌占区的组织工作与政策运用》和《根据地建设与群众运动》3篇文章，是小平同志在太行山温村会议上的报告和总结，全是小平同志亲自草拟的，没有要别人帮着写一个字。那时没有秘书机构，也没有专管资料的人员，就叫我们作战科的几个人帮着抄写，帮着油印，帮着找资料。有关军事及对敌斗争的部分素材，都

---

① 《回忆邓小平》上卷，中央文献出版社 1998 年版，第 402—403 页。

是由作战科提供的。我至今仍记得，小平同志写这个文件时的情景，他胸有成竹，文笔如行云流水，一气呵成。但也确实写得很艰辛，因为他白天要忙于军务、政务，多半只能在夜间与油灯相伴，有时整夜地挑灯夜战。①

新中国成立后，党面临着执政的重大考验。在这个重大转折关头，他适时地提出了要加强学习的号召。1950 年 6 月 6 日，邓小平在中共重庆市第二次代表会议上指出："过去所以发生许多毛病，就是因为有些同志不重视学习，陷于事务主义的泥坑，不能经常吸收新的营养"，为了完成党交给我们的繁重任务，我们一定加强对学习的领导，"认真建立学习制度"，把学习搞好。②1957 年 4 月 8 日，在西安干部会上，邓小平又指出："今后的主要任务是搞建设"，"搞建设这件事情比我们过去熟悉的搞革命那件事情来说要困难一些，至少不比搞革命容易。在这个问题上，我们全党还是小学生，我们的本领差得很。搞革命不能说我们没有本事，我们把革命干成功了，搞建设我们还说不上有多大的本事。""过去的革命问题解决的好不好，关键在于党的领导，现在的建设问题解决得好不好，关键也在于党的领导。也就是说，关键在于党是不是善于学习，学习得好就可以避免犯大错误，就可以少花一点钱办很多的事。"他还对社会主义建设过程中轻视学习的问题提出了警告："如果不好好学习，不总结经验，我们也会在建设问题上栽跟头。"③针对党内一些干部借口工作忙而忽略学习的现象，1962 年 2 月 6 日，邓小平在扩大的中央工作会议上深刻地说道："我们忙于事务，不注意学习，容易陷入庸俗的事务主义中去。不注意学习，忙于事务，思想就容易庸俗化。如果说要变质，那末

① 《回忆邓小平》上卷，中央文献出版社 1998 年版，第 232—233 页。
② 《邓小平文选》第一卷，人民出版社 1994 年版，第 160 页。
③ 《邓小平文选》第一卷，人民出版社 1994 年版，第 261—264 页。

思想的庸俗化就是一个危险的起点。"我们还是要造成一种学习的空气，学习理论的空气，学习实际的空气。①同年 11 月 29 日，在接见参加组织工作会议和全国监察工作会议的同志时，邓小平再次提出："干部的学习空气要加强"，要在全党努力"造成一种学习的空气"。②

　　1978 年，在全党的拨乱反正完成，进入社会主义建设的新时期之际，邓小平更是大力倡导全党大兴学习之风，以应对现代化建设对我们提出的各项挑战。1978 年 10 月 10 日，邓小平在会见德意志联邦共和国新闻代表团时谈道："中国在历史上对世界有过贡献，但是长期停滞，发展很慢。现在是我们向世界先进国家学习的时候了。""我们过去有一段时间，向先进国家学习先进的科学技术被叫作'崇洋媚外'。现在大家明白了，这是一种蠢话。""关起门来，固步自封，夜郎自大，是发达不起来的"，"要实现四个现代化，就要善于学习"。③12 月 13 日，在中央工作会议上，邓小平又讲道：中国要弥补耽误了的发展时光，缩小同发达国家日益加大的差距，担负实现四个现代化的历史重任，"全党同志一定要善于学习，善于重新学习"，只有学会原来不懂的东西，才能"在不断地解决新的矛盾中前进"，才能把我国建设成为现代化的社会主义强国。④1980 年 1 月 16 日，邓小平在中共中央召集的干部会议上又要求：无论在什么岗位上的干部，不管年龄多大，"都要有一定的专业知识和专业能力，没有的要学，有的要继续学，实在不能学、不愿学的要调整"。⑤

---

　　① 《邓小平文选》第一卷，人民出版社 1994 年版，第 316 页。
　　② 《邓小平文选》第一卷，人民出版社 1994 年版，第 332 页。
　　③ 《邓小平文选》第二卷，人民出版社 1994 年版，第 132—133 页。
　　④ 《邓小平文选》第二卷，人民出版社 1994 年版，第 153 页。
　　⑤ 《邓小平文选》第二卷，人民出版社 1994 年版，第 262 页。

邓小平服务大局的学习观念

科学技术是第一生产力

邓小平给人留下的最深刻印象就是他的气度和风格，在革命战争年代就与邓小平共事的杜润生说：小平同志的气度风格"就是顾全大局，实事求是，在复杂环境里，在许多工作任务中，抓住主要环节，勇往直前。"①《邓小平文选》一、二、三卷共收入222篇文章，论及科技、教育的就有119篇之多，其中更有37篇是专门或重点论述科技、教育的。这些论著绝大部分集中在改革开放以后的20年，特别是《邓小平文选》第三卷，有60%论及科技、教育，近四分之一是专门或重点论述科技、教育的。可见，重视科学技术的重要作用，是邓小平一贯坚持的思想，是他胸中的大局，也是他推动全党全社会加强学习的着力点。

从1952年到1954年，邓小平担任政务院副总理期间，曾经10次主持政务院的政务会议讨论研究文化、教育、科技及出版等工作。1952年9月12日，邓小平主持政务院第150次政务会议，讨论批准《中国科学院一九五二年工作计划要点》等事宜。在总结讲话中，他指出：科学叫基本建设，"在这方面投资就叫做基本建设投资"。人民要求科学发展，过去科学受到各种束缚，不能得到发展，"现在是新社会，可以大发展了"，但是指导思想要对，要尊重规律，"不能性急"，"要一步步地来"。"我们中国人的智慧并不低"，将来一定会取得很大的成就。② 这个极有预见性的观点，明确把科技纳入了国民经济中具有重大意义的基本建设范畴，包含了科学技术是生产力重要因素的思想。

1975年，邓小平主持中央工作，进行全面整顿时，就明确把

---

① 《回忆邓小平》上卷，中央文献出版社1998年版，第195页。

② 《邓小平年谱（1904—1974）》中卷，中央文献出版社2009年版，第1070页。

整顿科技战线工作摆在重要位置。5月19日，他在听取国防科委和七机部的工作汇报时说："只要你们大胆工作，错了我们负责。大字报一万张都不怕"，"凡继续闹派性的坚决调开。"他还富有担当地说："你们回去传达时，就说这个话是我讲的。不外乎被打倒，要打倒就打倒我。"会上他还提出"要特别注重培养一批年轻的、有发展前途的科技人员，放到适当的领导岗位上"，要"注意保护这些人，使用这些人"，"要主动给科技人员创造好的工作条件和生活条件。"① 在邓小平的主持下，连续严重混乱8年的国防科委，在几个月内科研、生产就走上了正轨。9月26日，他在听取中国科学院负责同志汇报《关于科技工作的几个问题（汇报提纲）》时多次插话发表意见，他说："科学研究是一件大事"，如果"科学研究工作不走在前面，就要拖整个国家建设的后腿"，"科学技术叫生产力，科技人员就是劳动者"。他尖锐地指出"要后继有人，这是对教育部门提出的问题。大学究竟起什么作用？培养什么人？有些大学只是中等技术学校水平，何必办成大学？""科学院要把科技大学办好，选数理化好的高中毕业生入学，不照顾干部子弟。""一点外语知识、数理化知识也没有，还攀什么高峰？中峰也不行，低峰还有问题。我们有个危机，可能发生在教育部门，把整个现代化水平拖住了。"我们"要解决教师地位问题。几百万教员，只是挨骂，怎么调动他们的积极性？"② 虽然这次整顿，随着邓小平又一次被打倒而停止，但却为"文革"结束之后相关工作的开展积累了经验。

"文化大革命"结束之后，国民经济濒临崩溃的边缘，为了夯实改革发展的基础，复出后的邓小平提出要亲自抓科教方面的工作。1977年8月4日至8日，邓小平邀请三十多位著名科学家和

---

① 《邓小平年谱（1975—1997）》上卷，中央文献出版社2004年版，第46—47页。

② 《邓小平文选》第二卷，人民出版社1994年版，第32—34页。

教育工作者召开了科学和教育工作座谈会。会议充满了民主讨论的氛围，曾任教育部部长的何东昌回忆说："会议的座次是排成环形的。每日上、下午讨论，小平同志自始至终参加，平等地和大家讨论，不时地插话。"①4 日上午会议一开始，邓小平就开门见山地说："邀集这次座谈会的目的，就是要请大家一起来研究和讨论，科学研究怎样才能搞得更快更好些，教育怎样才能适应我国四个现代化建设的要求、适应赶超世界先进水平的要求。"他远见卓识地提出："这个世纪还有二十三年，要实现四个现代化，要赶超世界先进水平，究竟从何着手？看来要从科学和教育着手。"②9 月 19 日，他在同教育部主要负责同志谈话时又说："我知道科学、教育是难搞的，但是我自告奋勇来抓。不抓科学、教育，四个现代化就没有希望，就成为一句空话。"③

1978 年 3 月 18 日，全国科学大会在北京隆重开幕，邓小平在开幕式上振奋地说：今天，"来自各条战线的优秀科学技术工作者，技术革新的能手，科学种田的模范"，齐集一堂，参加这次"我国科学史上空前的盛会"，昭示着科学研究迎来了春天，"一个向科学技术现代化进军的热潮正在全国迅速兴起"。他在分析了世界科技迅猛发展和我国科技普遍落后的状况后，深情地讲道："我们要在短短二十多年中实现四个现代化，大大发展我们的生产力，当然就不能不大力发展科学研究事业和科学教育事业，大力发扬科学技术工作者和教育工作者的革命积极性。""四个现代化，关键是科学技术的现代化"。因为，"没有现代的科学技术，就不可能建设现代农业、现代工业、现代国防"。④

---

① 《回忆邓小平》上卷，中央文献出版社 1998 年版，第 356 页。
② 《邓小平年谱（1975—1997）》上卷，中央文献出版社 2004 年版，第 172 页。
③ 《邓小平文选》第二卷，人民出版社 1994 年版，第 68 页。
④ 《邓小平文选》第二卷，人民出版社 1994 年版，第 85—90 页。

20 世纪 80 年代后，面对世界经济的快速发展，科技创新的日新月异，邓小平在对新形势和新经验作了深入思考后，对科技在改革发展全局中的作用有了更加深入的认识。1988 年 9 月 5 日上午，邓小平会见了捷克斯洛伐克总统古斯塔夫·胡萨克，在中午宴请客人时他指出："世界在变化，我们的思想和行动也要随之而变。过去把自己封闭起来，自我孤立，这对社会主义有什么好处呢？历史在前进，我们却停滞不前，就落后了。马克思说过，科学技术是生产力，事实证明这话讲得很对。依我看，科学技术是第一生产力。"9 月 12 日，邓小平在住地听取关于价格和工资改革方案的汇报时再次指出："从长远看，要注意教育和科学技术。马克思讲过科学技术是生产力，这是非常正确的，现在看来这样说可能不够，恐怕是第一生产力。"①1992 年初，邓小平在视察武昌、深圳、珠海、上海等地时，再一次强调：经济发展必须依靠科技和教育，"科学技术是第一生产力。"②

　　邓小平以战略家的眼光，深刻洞察了世界科学技术发展的大趋势，以超前的意识，创造性地发展了马克思主义关于生产力的学说，提出了"科学技术是第一生产力"这个划时代的论断，极大地促进了人的思想解放，扭住了影响中国改革发展的关键节点，为中国的改革发展构筑了底板。邓小平关于发展科学技术的理论创造和创新实践，也成为他学以致用的佐证。

尊重知识和人才

　　人是生产力中最具有决定性的力量和最活跃的因素。作为深谋远虑的政治家和理论家，邓小平尤其重视知识和人才在国家和社会

① 《邓小平年谱（1975—1997）》下卷，中央文献出版社 2004 年版，第 1244—1245、1248 页。

② 《邓小平文选》第三卷，人民出版社 1993 年版，第 377 页。

发展中的关键性作用。充分尊重知识、尊重人才，善于发现人才、使用人才，是邓小平劝人向学的一个重要特色。

早在"文化大革命"期间，邓小平就反对将知识分子看作是"资产阶级""臭老九"的错误定位。第三次复出伊始，1977 年 5 月 24 日，邓小平在同中央两位同志谈话时说："我出来工作的事定了，至于分工做什么，军队是要管的，我现在还考虑科学、教育"，实现四个现代化靠科学技术，但是靠空讲是不行的，"必须有知识，有人才"，"一定要在党内造成一种空气：尊重知识，尊重人才。""要反对不尊重知识分子的错误思想。"①

尊重知识、尊重人才要落到实处，首先是要正确回答知识分子的阶级性质问题。1977 年 8 月 8 日，邓小平在科学和教育工作座谈会上指出："对全国教育战线十七年的工作怎样估计？我看，主导方面是红线。应当肯定，十七年中，绝大多数知识分子，不管是科学工作者还是教育工作者，在毛泽东思想的光辉照耀下，在党的正确领导下，辛勤劳动，努力工作，取得了很大成绩。特别是教育工作者，他们的劳动更辛苦。现在差不多各条战线的骨干力量，大都是建国以后我们自己培养的，特别是前十几年培养出来的。如果对十七年不作这样的估计，就无法解释我们所取得的一切成就了。"关于如何调动广大知识分子的工作积极性和主动性，他明确指出："无论是从事科研工作的，还是从事教育工作的，都是劳动者"，要"尊重劳动，尊重人才"。②

如果说，邓小平在科学和教育工作座谈会上的讲话是做了整体判断，破了个题，那么在 1978 年 3 月 18 日召开的全国科学大会上，邓小平对知识分子的定位阐述就更加清楚明晰。他在开幕式的讲话

---

① 《邓小平年谱（1975—1997）》上卷，中央文献出版社 2004 年版，第 160 页。
② 《邓小平文选》第二卷，人民出版社 1994 年版，第 49—50 页。

中，首先谈了两个问题，一是要正确认识科学技术是生产力，与之紧密相连的就是第二个问题，正确认识为社会主义服务的脑力劳动者是劳动人民的一部分，他说：知识分子"已经是工人阶级自己的一部分"，"他们与体力劳动者的区别，只是社会分工的不同"，"从事体力劳动的，从事脑力劳动的，都是社会主义社会的劳动者"。①接着，他又讲了如何建设宏大的科学技术队伍问题，他特别强调指出：在人才的问题上，必须打破常规去发现、选拔和培养杰出的人才，只有成批的杰出人才的涌现，才能够带动我们整个中华民族科学技术文化水平的提高。邓小平的讲话，犹如一声春雷，炸响在广大知识分子的心间，解除了他们的思想羁绊，极大地激发和释放了他们的工作热情。

要调动科学和教育工作者的积极性，光是空讲是不够的，还要给他们排忧解难，创造工作和生活条件。1977年5月24日，邓小平在同王震等人谈话时说：要为优秀的科研人才创造专心致志做研究工作的条件，现在的条件普遍不好，"有的人家里有老人孩子，一个月工资几十元，很多时间用于料理生活，晚上找个安静地方读书都办不到"，这是不行的。②第三次复出后，在为知识分子正名的同时，邓小平甘愿当知识分子的"后勤部长"，改善科研条件，落实知识分子政策，改善他们的生活待遇。1985年3月7日，他在全国科技工作会议上讲话强调："改革经济体制，最重要的、我最关心的，是人才。""要创造一种环境，使拔尖人才能够脱颖而出。改革就是要创造这种环境。""每年给知识分子解决一点问题，要切切实实解决，要真见效。"③1988年9月12日，邓小平在听取关于价格和工资改革初步方案的汇报时指出："我们要千方百计，在别

① 《邓小平文选》第二卷，人民出版社1994年版，第89页。

② 《邓小平文选》第二卷，人民出版社1994年版，第41页。

③ 《邓小平文选》第三卷，人民出版社1993年版，第108—109页。

的方面忍耐一些，甚至于牺牲一点速度，把教育问题解决好。"我们一定"要注意解决好少数高级知识分子的待遇问题"，要充分尊重他们，"要把'文化大革命'时的老九提到第一"，由于底子薄、欠账多，知识分子待遇问题一下子解决不了，那就分几年逐步地解决，总之要让他们感到有希望。① 邓小平对知识、对人才、对劳动的尊重，不仅体现在宏观认识和思想政策上，也体现在具体的实际行动上。

1975 年 9 月 26 日，邓小平在听取中国科学院负责同志汇报时，讲了这么一件事，他说："有位老科学家，搞半导体的，北大叫他改行教别的，他不会，科学院半导体所请他作学术报告，反映很好。他说这是业余研究的。这种用非所学的人是大量的，应当发挥他们的作用，不然对国家是最大的浪费。他是学部委员、全国知名的人，就这么个遭遇。为什么不叫他搞本行？北大不用他，可以调到半导体所当所长，给他配党委书记，配后勤人员。"② 邓小平提到的这位科学家，就是中科院院士、著名半导体专家黄昆。"文革"期间，黄昆被毫无根据地怀疑参加过国民党，因此"靠边站"，要求"斗、批、改"，被迫改行去车间搞生产，脱离了半导体领域的研究。邓小平得知此事后，非常关注。1977 年，邓小平复出后，亲自安排黄昆的工作，将他从北大调到中科院，担任半导体所所长。后来，黄昆执着钻研，成为我国半导体技术的奠基人，获得过 2001 年度国家最高科学技术奖。

改革开放初期，中科院物理所的研究人员建议国家能够专项拨款，建造正负电子对撞机。当时，由于国家财力有限，建议迟迟没有得到批复。邓小平了解到情况后，当即在中国科学院的报告上作

---

① 《邓小平年谱（1975—1997）》下卷，中央文献出版社 2004 年版，第 1248 页。

② 《邓小平文选》第二卷，人民出版社 1983 年版，第 32—33 页。

了批示："我赞成加以批准，不再犹豫。"实验室建成后，1988年10月24日，邓小平又去视察北京正负电子对撞机工程。他高兴地说："说起我们这个正负电子对撞机工程，我先讲个故事。有一位欧洲朋友，是位科学家，向我提了一个问题：你们目前经济并不发达，为什么要搞这个东西？我就回答他，这是从长远发展的利益着眼，不能只看到眼前。""过去也好，今天也好，将来也好，中国必须发展自己的高科技，在世界高科技领域占有一席之地。如果六十年代以来中国没有原子弹、氢弹，没有发射卫星，中国就不能叫有重要影响的大国，就没有现在这样的国际地位。这些东西反映了一个民族的能力，也是一个民族、一个国家兴旺发达的标志。""现在世界的发展，特别是高科技领域的发展一日千里，中国不能安于落后"，必须迎头赶上。①

邓小平提出以"知识分子是工人阶级的一部分"和"两个尊重"为核心内容的党的知识分子政策，并亲自领导了一系列重大科技项目的决策和科技计划的制定，为中国的科技发展奠定了坚实的基础，为推进当代中国的改革开放提供了保障。

邓小平的一生是革命的一生，也是学习的一生。他热爱学习，终身学习，他从书本中学习，从工作中学习，从社会生活的大课堂中学习，更从革命、建设和改革的实践中学习。他总是能够站在时代潮头，审时度势，围绕大局，创造性地提出关于学习的闪光思想，这些值得我们永远学习。

邓小平服务大局的学习观念

---

① 《邓小平文选》第三卷，人民出版社1993年版，第279页。

陈云不唯书的求真求实学风

　　陈云与其他开国领袖有着一个共同的特点，就是与书有着不解之缘。由于家境贫寒，陈云只读过小学。所以，他一直谦虚地称自己是"小学生"，在履历表"文化程度"一栏，他也一直填写"小学"二字。他常讲："像我们这样没有什么底子，各种知识都很缺乏的人，要老老实实做小学生。"[①]本着这样一种谦逊的态度，陈云在长期实践中坚持不懈地学习，最终由一名农家子弟成长为共和国的"掌

---

① 《陈云文选》第一卷，人民出版社1995年版，第188—189页。

柜"，具备了很高的思想理论水平和解决问题能力，并被赞誉为党内重视学习和善于学习的典范。

一、我永远都是小学生

陈云虽然学历不高，但学习能力很强。他不仅以"小学生"自勉，还形象地将自学比喻为"长期大学"，说学成之后就是"头号的博士"。在他一生中，读书学习始终是"必不可少的"，不曾因工作忙碌而影响学习，更没因职务高、年龄大而放松自己，几十年如一日，从未间断过读书学习，他自己曾经意味深长地说："我永远都是小学生。"一个学习阶段的结束，只是意味着一个新的学习阶段的开始。这一观念，陈云终生未变。

思想逐渐开阔起来

1905 年 6 月 13 日，陈云出生于上海市郊青浦区练塘镇的一户贫苦家庭。祖上世代务农，生父陈梅堂，务农兼做手工业。陈家生活窘迫，既无地产，也无房产。陈云两岁时，父亲病故。母亲帮人做工、缝衣，维持全家生活。然而，不幸接踵而至，陈云 4 岁时，他的母亲也悲苦地离世。父母去世后，陈云由外祖母廖陈氏抚养，陈云 6 岁的时候，外祖母也故去了。按照外祖母的临终叮嘱，舅父廖文光认陈云为义子，改名为廖陈云。

幼年即失去双亲的陈云，从小性格文静，举止端庄，待人接物很有礼貌。在舅父的关爱下，陈云 8 岁被送到练塘镇上刘敏安办的私塾，接受启蒙教育。每日除了读《三字经》《百家姓》等中国传统启蒙教材，还练习写毛笔字。由于陈云聪明好学，读书认真，字写得端正，深受塾师刘敏安器重，常受到有关做人处事道理的专门教诲，师生之间结下了深厚的感情。

1914 年夏，陈云进入贻善国民学校读初小。当时这所学校只有三十多名学生，学生的年龄有大有小，文化程度高低各异。老师把学生分为四个年级，他们根据陈云的文化程度，将他分在了三年级。贻善小学和传统的私塾相比，开设了国文、算术、手工、体育等一些新课程，陈云对这些课程都很喜欢，上课时认真听讲，下课后一丝不苟地完成作业，每天还早起到课堂读书习字，加之天资聪慧，所以每门功课成绩都很好，深得教师和乡亲们的称赞。1916年夏，陈云从贻善国民学校初小毕业后，由于家境贫寒未能继续求学，在家帮助料理家务。第二年夏天，由于家境稍有好转，加之亲戚资助，陈云进入青浦县立乙种商业学校读书，学习一般高小课程及珠算、簿记等。两个月后，由于资助中断，陈云再次辍学回家。陈云这次在校学习的时间虽然很短暂，但是他抓紧时间勤奋刻苦，学得了一手好珠算，还初步学会了写账册。新中国成立初期，陈云担任中央财经委员会主任时，人们常常赞叹他有一身精湛的算盘功夫，其实就是在这时打下的基础。

1917 年秋，陈云在颜安小学校长杜枢保荐下，免费进入颜安小学高小部读书。颜安小学前身是颜安书院，学校实行新式教育，聘请了一批接受了新文化的教师来授课，各种新思潮也不断涌入学校。与此同时，学校还在学生中建立"童子军"组织，进行"仁、智、勇"教育，培养学生"天下兴亡，匹夫有责"的社会责任感和爱国使命感。入校后，陈云学习很刻苦，成绩一直名列前茅，连年获得品学兼优奖状。课余时间，他了解了"公车上书"的康梁、为理想就义的"戊戌六君子"以及孙中山的革命故事，阅读了许多中外书籍，"思想逐渐开阔起来"。

五四运动爆发后，反帝爱国浪潮很快就波及水乡青浦。5 月 11 日，青浦县各学校开始行动起来，声援北京学生的爱国运动。陈云和一些同学参加了学校组织的"学生救国储金会"和"救国十人团"，号召同学们省下一枚枚铜板，凑起来买纸、做小旗、印传单，并走上街头散发传单、举行游行、开展演讲、表演短剧、高呼爱国口号，以表达对北洋政府的抗议，唤起民众的爱国情感。1939 年 5 月 1 日，陈云在为纪念五四运动 20 周年而写的文章中，生动地回忆说："'五四'的时候，我才十五岁，是一个高等小学三年级的学生。那个学校是在上海附近的乡间，很快就接受到'五四'的影响。我们由一个姓张的教员领导着罢课之后，还进行宣传和演剧。我还记得我们演的剧叫做《叶名琛》，我也扮了一个脚色。有一次在茶馆里讲演，我演讲的时候手足似乎蛮有劲，把脚一顿，茶馆里桌子上的茶壶都给碰翻了。"① 经过这场伟大反帝爱国运动的洗礼，陈云懂得了许多国家大事，也获得了新的思想力量，为他以后走上革命道路埋下了种子。

1919 年夏天，陈云以优异成绩从颜安小学高小部毕业，由于不愿加重家庭负担，他没有进入中学继续求学，而是经人介绍进入上海商务印书馆当学徒。商务印书馆是中国历史最悠久的出版社之一，因为最初印刷商业簿册、表报，所以取名为"商务"印书馆，后来其主要业务是出版教科书、工具书、科学和文学著作。解放前，商务印书馆累计出版图书达两万多种。

在商务印书馆的学徒生活是艰苦的，但对陈云来说却很有收获，在 5 年的学徒期内，他充分利用商务印书馆图书特别丰富的条件，每天利用早晚时间读书、习字、念英语，他看遍了书店中的童话、章回小说、少年丛书，有时也翻阅杂志。他还利用下班后的时间到商务印书馆办的"上海图书学校"学习了 3 年，内容主要是中英文、书店店员必须掌握的基本知识等。从图书学校结业后，他开始有选择地阅读了一些政治书籍，探求救民强国的真理。所以，虽

---

① 《陈云文集》第一卷，中央文献出版社 2005 年版，第 194 页。

然只有高等小学学历，陈云却是当时商务印书馆发行所中年轻同事中学识最渊博的一个。[①] 在党的主要领导人中，陈云的学历最低，但他的知识面广，眼界也很开阔，在关键时刻往往能发表独到的见解和发挥重要的作用，这与他在商务印书馆期间的读书积累是分不开的。1982 年商务印书馆建馆 85 周年时，陈云满怀深情地写下了这样的题词："商务印书馆是我在那里当过学徒、店员，也进行过阶级斗争的地方。应该说商务印书馆在解放前是中国的一个很重要的文化教育事业单位。"[②]

商务印书馆是一个文化氛围浓厚的地方。在这里，陈云有机会接触当时社会上流行的种种思想和政治主张。那时，陈云很赞成吴佩孚，后来又很相信国家主义派是"外抗强权，内除国贼"。不久，陈云又接触到了三民主义，觉得孙中山的道理"蛮多"。1925 年 5 月，上海发生了举国震惊的"五卅惨案"，为了反抗帝国主义对中国人民的屠杀，一场反帝爱国的五卅运动迅速席卷全国。在这场疾风暴雨般的革命中，陈云积极参加了商务印书馆举行的罢市、游行、募捐、义卖《公理日报》等活动。在亲身体验这场斗争过程中，陈云看到了工人阶级的伟大力量。

此身已非昔比

五卅运动后，经同事介绍，陈云常到上海通讯图书馆去看书。这个图书馆是进步青年应修人、楼适夷在 20 世纪 20 年代初期创办的，以为要求进步、坚持自学的青年读者服务为目的，采取无条件外借和对远道、外地读者邮借图书的办法。五卅运动后，应修人加入了中国共产党，在图书馆秘密推广党的书刊，他还经常请党的领

---

① 《陈云年谱（修订本）》上卷，中央文献出版社 2015 年版，第 14 页。
② 《陈云文集》第三卷，中央文献出版社 2005 年版，第 500 页。

导人如赵世炎、恽代英、杨贤江、沈雁冰等人到图书馆作报告，使一大批青年走上革命道路。陈云正是在这里开始接触马克思主义，像《共产主义 ABC》那样的书，在当时他"还看不懂"。但是，读了《马克思主义浅说》《资本主义制度浅说》之后，他认为"这些书看来它的道理比三民主义更好"。①

经过深思熟虑和反复比较，加之亲身参加罢工斗争的感悟和受到的影响，1925 年 8、9 月间，经董亦湘、恽雨棠介绍，陈云正式加入中国共产党。陈云后来在自传中回忆入党经过时写道："当时之加入共产党最大的原因是大革命的潮流的影响，同时生活上眼见做了五年学徒，还是每月只赚七元钱的工资，罢工以后，就接近了党了。但当时入党时有个很重要的条件把三民主义看了，把列宁主义概论和马克思主义浅说都详细地看了，那时确了解了必须改造社会，才能解放人类。这个思想对于我影响很大。""我自觉入党时经过考虑，而且入党以后，自己觉得此身已非昔比，今后不是做'成家立业'的一套，而要专干革命。这个人生观上的改革，对于我以后有极大的帮助。"陈云人生观的这种根本转变，标志着他已经从一个学徒、店员成为了一名无产阶级革命者。他回忆说："做店员的人，有家庭负担的人，常常在每个重要关头，个人利益与党的利益有冲突时，要不止一次地在脑筋中思想上发生矛盾，必须赖于革命理论与思想去克服个人利益的思想"。"只要立志革命，不怕没饭吃，归根结底只有推翻现在社会制度以后，才能大家都有饭吃"，否则是没有出路的。② 在入党后的一年多的时间里，陈云阅读和研究了《共产党宣言》《国家与革命》《共产主义运动中的"左"派幼稚病》等马列著作，思想上和理论上都有了很大提高，为他以后的

---

① 《陈云年谱（修订本）》上卷，中央文献出版社 2015 年版，第 20 页。
② 《陈云年谱（修订本）》上卷，中央文献出版社 2015 年版，第 25 页。

革命生涯奠定了基础。

　　加入中国共产党后，陈云开始作为劳工组织者从事党的活动。历任中共青浦县委书记、淞浦特委组织部部长，中共江苏省委沪宁巡视员、江苏省委常委兼农委书记，中共上海闸北、法南区委书记和江苏省委组织部部长、省委书记等职。1930年和1931年先后在中共六届三中、四中全会上当选为中央候补委员、中央委员。1931年5月担任保卫中共中央机关安全的中央特科书记；9月任临时中央领导成员。1932年担任临时中央常委、全国总工会党团书记。1933年进入中央革命根据地。1934年在中共六届五中全会上被选为中央政治局委员、常委，并任白区工作部部长。随后参加长征，在担负全军后卫任务的红五军团任中央代表，后任军委纵队政委。1935年1月，在生死攸关的遵义会议上，陈云坚定支持毛泽东的正确主张，6月上旬他肩负着党中央的绝密使命，在川西天全县告别长征队伍，先从四川到上海，然后再几经辗转于9月上旬到达莫斯科。就是在上海寻找地下党关系和等候去苏联的一个多月的紧张危险的环境中，陈云也是坚持读书和思考，就是在那时他开始撰写《随军西行见闻录》。

　　在《随军西行见闻录》中，陈云署名"廉臣"，并假托为一名被红军俘虏的国民党军医。他完整地记述了中央红军自1934年10月中旬从中央苏区突围西征，到1935年6月陈云离队这8个月期间，由江西经湖南、广东、广西、贵州、四川、云南、西康，而转入四川之理番、松潘与红四方面军会合这1.2万里行程；生动描述了红军突破敌人的四道封锁线、转战贵州、强渡乌江、智取遵义、翻越老山界和大雪山、四渡赤水、佯攻昆明、兵临贵阳、巧渡金沙江、通过彝族区、飞渡大渡河等英勇壮举。从陈云的笔下，人们可以感受到红军决不是国民党所描述的"散兵游勇"、"溃不成军"的"败兵"，而是一支英勇顽强、所向披靡、无往不胜的战斗部队，并且有着严明的纪律、坚定的信念、新型的官兵关系。陈云在文中描述了红军深厚的群众基础，介绍了红军领袖们的坚毅、勇敢和机智，以及他们和国民党军官之间的鲜明差别。他在文中记述道："这些名闻全国的赤色要人，我初以为凶暴异常，岂知一见之后，大出意外。毛泽东似乎一介书生，常衣灰布学生装，暇时手执唐诗，极善词令。我为之诊病时，招待极谦。朱德则一望而知为武人，年将五十，身衣灰布军装，虽患疟疾，但仍力疾办公，状甚忙碌。我入室为之诊病时，仍在执笔批阅军报。见到我，方搁笔。人亦和气，且言谈间毫无傲慢。这两个赤军领袖人物，实与我未见时之想象，完全不同。"① 陈云从"中间立场"来反映红军长征历史，从比较国民党与共产党的作为中，宣传共产党得民心的事实，从而攻破国民党污蔑共产党和红军的谎言。由于陈云是长征的亲历者，加之他又善于抓住种种细节，文笔细腻，所以文章写得惟妙惟肖，极具可读性。

由于《随军西行见闻录》是用"第三者"的面目出现，得以在国外和国民党统治区广泛流传。1936 年 3 月，它最早公开发表在法国巴黎华侨组织主办的《全民月刊》上，同年 7 月在苏联莫斯科出版了单行本。1937 年 4 月，《随军西行见闻录》作为附录收入上海丁丑编译社在北平秘密出版发行的《外国记者西北印象记》。该书还收录了斯诺、史沫特莱等外国友人写的文章。陈云这本书还先后以《从江西到四川行军记》《从东南到西北》《长征两面写》等名再版。抗战时期，巴黎《救国时报》拟将该书与杨定华的《雪山草地行军记》《从甘肃到山西》合刊为《长征记》。1937 年 7 月 31 日，陈云发表启事，愿意将版权遗赠巴黎《救国时报》。新中国成立后，《随军西行见闻录》多次被各种研究和宣传红军长征的书刊摘录和

---

① 《陈云文选》第一卷，人民出版社 1995 年版，第 45 页。

转载，但是人们始终不知道作者"廉臣"就是陈云。直到 1985 年 1 月，纪念遵义会议召开 50 周年的时候，中共中央理论刊物《红旗》杂志才第一次说明廉臣是陈云的笔名，并以作者陈云的名字公开发表了全文。《随军西行见闻录》的写作，体现了陈云坚持学习和思考的意志品质。

"挤"的经验和法子

陈云 1930 年进入党的中央委员会，直到 1987 年由于年龄原因退出，他担任中央委员时间长达 57 年。但他从未以工作繁重为由影响学习。1939 年 5 月 20 日，毛泽东在延安在职干部教育动员大会上曾赞扬陈云的学习精神说："陈云同志有'挤'的经验，他有法子'挤'出时间来看书，来开会。"①

1935 年，在圆满完成党中央交代的任务之后，陈云就留在了莫斯科参加中共驻共产国际代表团的工作，任监察委员会委员，化名"史平"。不久，他进入莫斯科列宁学校学习，该校是共产国际为专门培养各国共产党的高级干部而设立的，学校根据不同情况设了多个学习部，像英文、德文、法文、中文部等，开设列宁主义问题、政治经济学、社会发展史、中国革命问题等课程，陈云就在其中的中文部学习。陈云十分珍惜这次难得的学习机会，抓紧时间拼命学习，自觉做到"闻鸡晨舞剑，借萤夜读书"。在此期间，他系统阅读了马恩列斯原著、学院编写的辅导教材，以及世界其他各国无产阶级革命历史的有关文献，还包括一些无产阶级经典作家对工农运动、阶级分析与阶级斗争等方面内容的论述，同时，在以前商务印书馆学习英语的基础上，重新学习了英文。他后来回忆说："一九三五年我到苏联，看不懂英文报纸，要人家翻译成中文。后

---

① 《毛泽东文集》第二卷，人民出版社 1993 年版，第 181 页。

来我旁边住了一位大学生，我就跟他学英文，用了几个月的工夫，马马虎虎能看懂报上一点消息了。"① 因成绩优秀，陈云获得了列宁学校学习"突击手"称号。经过这段时间学习，陈云初步具备了系统的马克思主义知识。

1936 年 3 月，莫斯科东方劳动者共产主义大学聘请陈云担任"党建、工会建设代理副教授"，每年授课 100 课时，讲课的内容主要是：第五次"反围剿"的经过，中国工农红军长征和遵义会议等。由于陈云实践经验丰富，又刚从国内战场上来，他的讲课很受学员欢迎。当时在学校学习的韩光回忆说："1936 年，党派我到莫斯科东方大学学习。学习期间，经常听中共驻共产国际代表团王明、史平等领导人的报告。王明作报告，总要捧着马列书本，讲讲翻翻，翻翻讲讲，使听者不明白，最终也不知讲的是什么。而史平作报告从来不拿稿子，讲的都是我们想知道又不知道的国内政治形势"，这"对我们这些在异国他乡的年轻共产党人是极大的鼓舞和教育"。课后，我们几位同学"经常讨论史平同志的报告"，"对他的每个观点、所述的每一历史事件都特别感兴趣"，"不久我就知道了史平就是陈云同志。"②

抗日战争全面爆发后，陈云回到延安，担任中央组织部部长，平日里工作十分繁忙，但他始终坚持学习不放松。特别是 1938 年 10 月广州、武汉沦陷后，抗战进入相持阶段。为适应新形势的要求，中共中央在扩大的六届六中全会上作出关于学习问题的决议，提出全党要普遍地、深入地学习和研究马列主义理论，以迎接更加艰苦更加伟大的斗争。当时的延安充满了浓厚的学习气氛。陈云更加重视读书学习，他曾说："延安和某些根据地的读书条件比过去

---

① 《陈云文选》第一卷，人民出版社 1995 年版，第 267 页。

② 《缅怀陈云》，中央文献出版社 2000 年版，第 58—59 页。

好得多了"，现在是一个最好的学习时机，"共产党员特别是高级干部对革命所负的责任这样重大，自己的知识又这样少，应该是'加油'的时候了！"如若不然，将悔之晚矣。① 陈云靠着这种"老老实实做小学生"的精神，在繁忙的工作之余抓紧时间努力学习，进入他人生中另一个非常重要的学习与收获时期。

这个时期，陈云主要阅读了三类书籍：第一类是关于党的基本理论的书籍，如《共产党宣言》《社会主义从空想到科学》《列宁主义概论》等。第二类是关于经济学方面的书籍，如苏联经济学家列昂节夫的《政治经济学》等。第三类是哲学方面的书籍。他住的窑洞里有一个破旧的木头书架，堆得满满的，上面摆放着各种各样的书籍。借助这些书籍，陈云对许多问题都有了比较全面的认识，包括对毛泽东本人的认识。1938 年 5 月，毛泽东发表了著名的《论持久战》，陈云进行了认真学习。在同年 10 月 8 日召开的中共中央书记处会议上，他说："过去我认为毛泽东在军事上很行，因为长征中遵义会议后的行动方针是毛泽东出的主意。毛泽东写出《论持久战》后，我了解到毛泽东在政治上也是很行的"，实际上毛泽东在政治上和军事上都很行。②

为了学习马列原著，陈云还特意请延安著名的专家学者进行辅导。每次听课，他都认真做笔记。从他保存下来的读书笔记可以看出，1940 年是他听课最多的一年，也是在学习上花费时间最多的一年。他学的课程内容十分丰富，包括德国古典哲学问题，物质与意识、主观与客观及时空问题，现象与本质问题，认识论问题，逻辑史问题，费尔巴哈唯物论和马克思主义形成的问题，对立统一和矛盾法则问题，反映论问题，社会心理、社会意识及宗教问题，生

① 《陈云文选》第一卷，人民出版社 1995 年版，第 188、190 页。
② 《陈云年谱（修订本）》上卷，中央文献出版社 2015 年版，第 386 页。

产力与生产关系及文化起源问题，孙中山哲学思想，等等。陈云曾对宋平说：在延安那段学习对我帮助很大，"自从学习哲学以后，讲话做事才有了唯物论、辩证法"。①

新中国成立后，陈云仍然十分重视学习。据王耕今回忆，为了搞清楚各国的农业情况，当时陈云专门从中国农科院图书馆和北京图书馆借阅国内外农业方面的书籍，先后共计 60 多本。"文革"期间，陈云被下放到江西化工石油机械厂，进行劳动改造。在江西 3 年"蹲点"的时间里，陈云虽然离开了领导岗位，却得以集中精力，开始了新的读书计划。在这期间，他系统研读了《马克思恩格斯选集》《列宁选集》《列宁全集》《斯大林全集》《毛泽东选集》和《鲁迅全集》等著作。在阅读的过程中，他还作了大量的标记和批注。陈云后来曾经感慨地说："《资本论》在延安时看过一遍，全国解放后很想再看一遍。但是由于工作实在太忙，一直没有时间看，这次到江西来才又看了一遍。"②从江西回到北京之后，1973 年 8 月 7 日，陈云在给女儿的信中提出：计划用两年时间，"再精读一遍毛主席若干著作、马恩选集、列宁选集、斯大林若干著作。"③1975 年 3 月，他开始从《列宁全集》第 23 卷《远方来信》一文读起，再次逐篇精读《列宁全集》各卷，至 1976 年 10 月 25 日读完第 33 卷最后一篇文章。④

改革开放后，虽年事已高且工作非常繁重，但在学习这个问题上，陈云丝毫没有松懈。1987 年 7 月 17 日，他在同中央负责同志谈话时提出：我们"在新形势下，全党仍然面临着学会运用马列主

---

① 《缅怀陈云》，中央文献出版社 2000 年版，第 8 页。

② 朱佳木主编：《陈云和他的事业》上册，中央文献出版社 1996 年版，第 140 页。

③ 《陈云文集》第三卷，人民出版社 1995 年版，第 409 页。

④ 《陈云年谱（修订本）》下卷，中央文献出版社 2015 年版，第 216 页。

义、毛泽东思想的立场、观点、方法分析和解决问题这项最迫切的任务。① 党的十四大以后，陈云开始过起离休生活，但每天仍坚持听新闻广播、看报、看文件，关注国内外发生的大事，像《人民日报》《参考消息》等，仍然是每天必读。

二、读书应采取不同的办法

陈云读书十分刻苦，但却不死读书，而是十分讲求读书学习的方法。他曾说："各人的程度不同，环境不同，读书应该采取不同的办法。"② 在读书生涯中，关于学习的方法问题，陈云提出过许多真知灼见，如他指出："最要紧，是把思想方法搞对头"，"学习理论一定要联系实际"，要做到"不唯上、不唯书、只唯实"，等等。这些闪耀着智慧的思想，历久而弥新。

远见就是马列主义

1938 年 10 月 31 日，陈云在扩大的中共六届六中全会上说：遵义会议后"这四年来，我们没有犯较大的错误，就是由于中央有政治远见，故能尽到把舵的作用，也不会被某些现象所蒙蔽，能看到现实的本质。同时，不停留在事件本身，能看到它运动的将来。有了远见，才能对事件的认识更加尖锐。远见就是马列主义。"③ 要培养政治远见，就必须加强马列主义学习。

1957 年 1 月 9 日，陈云在商业部党组会议上指出："商业部门的领导同志，一天到晚忙于非常具体的经济工作，对思想政治工作注意不够，这样就很容易产生事务主义。如果不注意扭转，就会

---

① 《陈云年谱（修订本）》下卷，中央文献出版社 2015 年版，第 456—457 页。
② 《陈云文选》第一卷，人民出版社 1995 年版，第 188 页。
③ 《陈云文集》第一卷，人民出版社 1995 年版，第 89 页。

变得目光短浅。"扭转的办法就是要"把学习作为指导工作的不可缺少的一部分",至于学习的内容,主要有三个方面:一是"总结经验";二是"重大的时事和政治问题";三是"重要的理论问题"。其中他提出:"学习理论,最要紧的,是把思想方法搞对头。因此,首先要学哲学,学习正确观察问题的思想方法。如果对辩证唯物主义一窍不通,就总是要犯错误。"① 因此,陈云一生当中始终都把学习哲学放在最突出的重要位置。

早在苏联列宁学校学习的时候,陈云经常思考的一个问题就是人为什么会犯错误。为什么党内的一些领导人像陈独秀、瞿秋白、李立三,可谓都是有学问的人,他们为什么还会犯错误呢?他联系自己的经历思考:过去自己也犯过错误,犯错误的重要原因是否是因为经验少呢?对这些问题,他看得很重,但是这一时期一直没有找到满意的答案。抗战爆发之后,陈云回到延安,就这个问题向毛泽东请教。1947 年 2 月 7 日,陈云在辽东分局会议上回忆了请教毛泽东的情况,他说:"在延安的时候,我曾以为自己过去犯错误是由于经验少。毛主席对我说,你不是经验少,是思想方法不对头。他要我学点哲学。过了一段时间,毛主席还是对我说犯错误是思想方法问题,他以张国焘的经验并不少为例加以说明。第三次毛主席同我谈这个问题,他仍然说犯错误是思想方法问题。"② 正是在毛泽东的启发下,陈云利用在延安相对稳定的环境,开始系统地学习理论。毛泽东还建议陈云多读点历史书。就像蔡东藩编写的《历朝通俗演义》。这部书从两汉写到民国共 11 部。还说读这部书的时候,可以从后往前读,即先从《民国通俗演义》读起,这样读起来就更容易读懂些。

---

① 《陈云论党的建设》,中央文献出版社 1995 年版,第 217—218 页。

② 《陈云文选》第一卷,人民出版社 1995 年版,第 342 页。

在毛泽东的启发下，陈云开始了系统的哲学学习。这一时期，他阅读了中国古代哲人孔子、庄子、荀子、墨子等人的哲学著述，他还参加了中央组织的中国古代哲学研究会，担任研究会副组长，组长是毛泽东。他学习了马列原著中涉及的哲学著述，重点阅读了马克思主义哲学及德国古典哲学原著。陈云还把毛泽东从井冈山到延安时期写的著作包括起草的一些文件和电报都找来看，并认真阅读了毛泽东的哲学著作《实践论》《矛盾论》等。通过学习，陈云熟悉掌握了马克思主义辩证法，领会了马克思主义观察问题的立场、观点和方法。1939年5月，他在《怎样做一个共产党员》一文中提出："我党是马克思列宁主义的战斗的党，首先，我们要学习马克思、恩格斯、列宁、斯大林的理论，才能培养自己成为一个真正有能力的有坚强党性的共产党员。我们的学习是学习马克思列宁主义的精神，学习他们观察问题的立场、观点和方法，而不是背诵教条。"[1]1947年2月7日，陈云在辽东分局会议上提出："人之所以犯错误，都是由于不了解实际情况就匆忙地决定对策，主观与客观相脱离。当然，我们过去所以犯错误，也不是对实际情况一点都不了解，只是了解的情况是片面的，而不是全面的，误把局部当成了全面。"[2]

陈云在工作中一向比较注重实际，但经过学习哲学，这种重视实际就更自觉更全面了。他批评那些死读书的人说："有些人只知道书本上的词句，却不会跟实际联系起来，使之成为行动的指针。"他把自己学习哲学的体会概括为："学习哲学，可以使人开窍；学好哲学，终身受用。"[3] 他不止一次把自己的这种感受告诉身边的工作人员。当年在中组部工作的王鹤寿回忆说："在以后的几十年和他

① 《陈云文选》第一卷，人民出版社1995年版，第143页。

② 《陈云文选》第一卷，人民出版社1995年版，第343页。

③ 《缅怀陈云》，中央文献出版社2000年版，第18—19页。

接谈工作或随意闲谈中，他经常提起毛主席提示他学哲学的事，并说在延安那一段学习，得益很大。这在他实事求是、辩证地处理问题和其领导工作中，是大家都深切体会到的。"① 陈云后来自己说：这样系统地学习了几年马列著作，对我很有帮助，从思想理论上把王明的"一套"打倒了。

1981 年 3 月，在党内征询起草《关于建国以来若干历史问题的决议》的意见时，陈云又回顾了自己接受毛泽东的建议学哲学受益无穷的历史，结合党在新中国成立后的历史他特别讲道："工作要做好，一定要实事求是。新中国成立以后，我们一些工作发生失误，原因还是离开了实事求是的原则。在党内，在干部中，在青年中，提倡学哲学，有根本的意义。现在我们的干部很多人不懂哲学，很需要从思想方法、工作方法上提高一步。只有掌握马克思主义哲学，思想上、工作上才能真正提高。要把《实践论》《矛盾论》《论持久战》《战争和战略问题》等著作选编一下。还要选一些马恩列斯的著作。也要学点历史。青年人不知道我们的历史，特别是中国革命、中国共产党的历史。这件事情现在要抓，以后也要抓，要一直抓下去。"② 中央接受了陈云的这一建议，在《关于建国以来若干历史问题的决议》中做了相关表述，为全党重新确立马克思主义实事求是的思想路线起到了积极作用。

1987 年，党的十三大召开以后，陈云退出了中央领导工作，担任中央顾问委员会主任，但是他仍然十分关心和重视全党学习哲学。1989 年 9 月 16 日，他致信薄一波、宋任穷并中共中央顾问委员会常委，信中说："我最近考虑一个问题，就是应该组织中顾委常委和在京委员学习和研究马克思主义哲学。其目的有二：一是我

---

① 《缅怀陈云》，中央文献出版社 2000 年版，第 47 页。

② 《陈云文选》第三卷，人民出版社 1995 年版，第 285 页。

们这些老同志有丰富经验，但需要进一步提高理论水平；二是带动新干部乃至全党同志都来学习哲学。"①

在实际工作中学习

与陈云曾共事过多年的沈鸿回忆说："陈云同志和我一样，小时因为家境贫寒，上学都不多。但他酷爱学习，而且有一股钻劲，善于结合实践经验吸收消化，融会贯通，把书本上的东西变成自己的，并有所创新。我想，这恐怕正是他后来成长为一个杰出的马克思主义者的重要原因吧。"②"把书上的东西变成自己的"，其实质就是理论和实际相结合的过程，只有做到了这一点才是马克思主义"真正的学问"，才是真正的马克思主义。

关于理论与实际的关系，陈云反复强调："学习理论一定要联系实际"，空洞的理论不是理论，不联系实际的理论也不是理论；实际是重要的，但是实际一定要有内容。1940 年 11 月，他在《关于干部工作的若干问题》一文中提出："革命基本理论和实际工作教育要一致起来。只停于实际，就不会有远大目光；只停于高远理论，就不能解决实际问题。理论和实际两者不能或缺。看不见理论和实际统一，或者看不见理论和实际有别，都不对。"③而要做到理论与实际的统一，陈云认为首要的是必须认真学习理论和各方面的具体知识。他说："我党是马克思列宁主义的战斗的党，首先，我们要学习马克思、恩格斯、列宁、斯大林的理论，才能培养自己成为一个真正有能力的有坚强党性的共产党员。"④同时，要根据党和国家中心工作的变化，与时俱进地学习各方面的具体知识，革命时

① 《陈云年谱（修订本）》下卷，中央文献出版社 2015 年版，第 487 页。
② 《缅怀陈云》，中央文献出版社 2000 年版，第 166 页。
③ 《陈云文选》第一卷，人民出版社 1995 年版，第 216 页。
④ 《陈云文选》第一卷，人民出版社 1995 年版，第 143 页。

期要重点学习军事知识和军事计划，社会主义建设时期要着重学习技术知识和经济管理知识，等等。陈云之所以如此强调学习理论和知识的重要性，是因为"如果书还没有读懂，就不要急于去'联系实际'，弄得牛头不对马嘴，还不如先把书上的东西读懂。读懂就是消化。掌握了马列主义的原理和思想方法，就会自然地同自己的实践经验结合起来，把具体经验提高到一般理论，再拿这种一般理论去指导实际工作。"① 而对于如何做到理论与实际相结合，陈云反复强调他经过认真思考概括出来的体会，即"不唯上、不唯书、只唯实"。

"不唯上，并不是上面的话不要听"，自以为是，不讲纪律，不守规矩，肆意蛮干；而"是要根据情况具体化"，把"对下指示"和"对上负责"统一起来，反对"只谈路线，不了解具体情况"或"只了解具体情况，不了解路线"的"空谈"和"盲目"现象。比如，对上级的指示只是生搬硬套，就不能发挥下级的主观能动性，上级的指示也不会得到很好的贯彻实施，因此，在1945年召开的党的七大上，陈云提出：共产党"要讲真理，不要讲面子"，无疑这是"不唯上"的科学态度。在工作中，陈云在关键时刻总是能顶住压力，不顾个人安危，坚持真理，如1956年的"反冒进"和1958年的反"大跃进"都是如此。

"不唯书"，也不是说文件和书都不要读。相反，陈云认为应该认真读书，"不唯书"的实质是要反对迷信书本的教条主义。1944年新春伊始，陈云的工作转到了财经方面。在主持边区经济工作中，陈云反对照抄照搬《资本论》和一般经济学的原理，模仿伦敦或上海的做法，主张从边区实际情况出发。他说：工作中，要坚持"实际第一，书本第二"；"挑担第一，研究第二"；"先做工作，后摸

---

① 《陈云文选》第一卷，人民出版社1995年版，第189页。

规律"。"我们不要那些洋的，要那些土气的，要向土的学习，向自己的历史学习，向自己的经验学习。我们要从土的出发，从延安出发，不从伦敦出发，不从上海出发。过去研究之类的机构很多，有各种各样的研究室。每一个学校有一个研究室，有马列主义研究室、经济研究室、党建研究室，甚至一个训练班也有一个研究室，后来解散了，都搞到机关中去，一个机关有好多研究员。还有，许多同志叫做研究专家，什么问题都请他去研究，平时他也没有做这个工作，要他去作结论，所作的结论大都是牛头不对马嘴。有些人不自觉，认为我是研究员，架子很大，这样，研究工作一定做不好。以后，第一要挑起担子，你卖盐就研究卖盐的问题，卖布就研究卖布的问题。"①

陈云提出：只有做到"不唯上，不唯书"，才能"只唯实"。只唯实，就是一切从实际出发，一切从中国的国情出发，实事求是地研究处理问题，他认为只有实事求是最靠得住的。

"不唯上、不唯书、只唯实"是陈云对马克思主义唯物论的重要发展，"交换、比较、反复"则是陈云在坚持实事求是的实践中，总结出来的对马克思主义辩证法的发展。交换"就是多和别人交换意见"，多"从反面和各个侧面来考虑问题，并且研究各种条件和可能性"，从而克服片面性。比较则指："研究问题，制定政策，决定计划，要把各种方案拿来比较。在比较的时候，不但要和现行的作比较，和过去的作比较，还要和外国的作比较。这样进行多方面的比较，可以把情况弄得更清楚，判断得更准确。多比较，只有好处，没有坏处。"反复则是"作了比较以后，不要马上决定问题，还要进行反复考虑。对于有些问题的决定，当时看来是正确的，但是过了一个时期就可能发现不正确，或者不完全正确。因此，决定

陈云不唯书的求真求实学风

---

① 《陈云文集》第一卷，人民出版社1995年版，第398—399页。

问题不要太匆忙，要留一个反复考虑的时间，最好过一个时候再看看，然后再作出决定。"①

陈云遇事一贯沉着冷静，尊重各方意见，善于通过"交换、比较、反复"作科学决策。1946年11月，陈云任南满分局书记兼政委，当他和肖劲光带着中共中央和东北局的殷切期望来到临江的时候，军区领导人对能否坚持南满斗争的认识并不一致，少数同志同意"坚持南满斗争"，多数同志"主张主力撤到松花江北，以保存力量准备日后反攻"。陈云没有仓促决策，而是先分别同肖劲光、萧华、程世才、莫文骅、罗舜初、彭嘉庆、曾克林等人进行了广泛谈话，听取意见。通过谈话，他了解到前方多数主要领导干部经过反复交换意见同意"不宜去北满"，但也有部分领导干部仍然主张"一部或大部转移北满"。在充分听取各方意见后，陈云才主持召开会议，阐述了坚持南满斗争的道理。据肖劲光回忆，陈云形象地说："东北的敌人好比是一头牛，牛头牛身子是向北满去的，在南满留了一条牛尾巴。如果我们松开这条牛尾巴，那就不得了，这头牛就要横冲直撞，南满保不住，北满也危险；如果抓住了牛尾巴，那就了不得，敌人就进退两难；因此，抓牛尾巴是个关键。"② 他全面分析形势后，在对"留下"和"撤走"的利害得失进行反复比较后，才拍板决策坚持南满斗争。

调查也是一种"读书"

陈云总结的"十五字诀"要落到实处，关键是要掌握实际情况。陈云一生都十分重视调查研究工作，并把之作为重要的学习方法，如他说："片面性总是来自忙于决定政策而不研究实际情况"，"所

---

① 《陈云文选》第三卷，人民出版社1995年版，第188—189页。
② 《辽沈决战》上册，人民出版社1988年版，第255页。

有正确的政策，都是根据对实际情况的科学分析而来的"，做工作"要用百分之九十以上的时间研究情况，用不到百分之十的时间决定政策"。① 毛泽东曾称赞陈云："陈云同志，特别是他，懂得较多。他的方法是调查研究，不调查清楚他就不讲话。"② 陈云认为调查也是一种"读书"，是读社会这本大书。

陈云主持边区财经工作时，非常重视边区的工业生产，此时边区的经济虽然由于国民党的严密封锁而很困难，但即使在这种情况下，他也不赞成在情况不明的情况下，贸然进行工业投资和生产。据时任军委后勤部军工局兵工厂厂长和总工程师的沈鸿回忆："我们在瓦窑堡发现了铁矿，由于那里还有煤矿，便决定在瓦窑堡建一座小高炉，但建多大容积的炉子合适呢？大家意见不一致，有的主张建日产10吨的，有的主张建日产5吨的。于是，我们带了两套方案到陈云同志那里去汇报。陈云同志听后说，建多大炉子合适，关键要看铁矿储量有多少。你们知不知道瓦窑堡的铁矿储量呢？这一下把我们都问住了。因为我们事先只是了解到那里有铁矿，而且储量比较多，但究竟有多少，没有肯定的数据，谁也说不清。陈云同志要我们深入实际，调查到具体数据后再定方案。他给我上的这一课，使我终生难忘。"③

新中国成立伊始，陈云主持调整工商业，有人说"工业品生产过剩了"，要求降低工业品价格，缩小工农业品价格的剪刀差。陈云没有仓促决策，而是安排工作人员先进行研究。据具体承担此项任务的杨波回忆："1950年5、6月间，陈云同志指示我到北京图书馆去查阅抗日战争以前的《大公报》《益世报》，要我把当时报上刊登的大中城市的主要工农业产品价格，如棉布、棉纱、粮食、棉花

① 《陈云文选》第三卷，人民出版社1995年版，第34页。

② 《陈云年谱（修订本）》下卷，中央文献出版社2015年版，第120页。

③ 《缅怀陈云》，中央文献出版社2000年版，第161页。

陈云不唯书的求真求实学风

等的价格都抄录下来，然后与现时的同类产品价格作一对比，看看工农业产品价格的剪刀差变化情况。起初，我只查阅抄录了1936年和1937年上半年的一部分商情，并整理了一份主要工农业产品价格对比资料送给陈云同志审阅。他看了以后，把我叫到他的办公室对我说：这份资料不全面，只用一年半年的价格进行对比，带有偶然性、局限性，不能准确地说明剪刀差的变化情况，应该用战前十年或者五年的平均价格进行对比，才便于研究、说明这个问题。于是，我按照陈云同志的指示，又去北京图书馆查抄有关的商情资料。"① 陈云听取更详细的汇报后，耐心地与杨波进行讨论，形成了比较符合实际的判断。

1961年6月，为了搞清农业、农村的情况，陈云到上海青浦县小蒸公社作调查研究。他吃住在农民家里，听取了公社党委两次汇报，就肉猪特别是母猪公养好还是私养好、农作物种植应如何安排、自留地是否需要扩大、平调退赔是否彻底以及农村商业、社办工业和手工业、粮食包产指标和征购任务、农民积极性、干部作风和群众监督、防止小偷小摸等问题，召开了有干部和社员参加的10次座谈会，并多次到农民家中访问，了解农民养猪、种自留地、居住和吃饭等情况，还视察了集体养猪场、公共食堂、工厂、供销社和仓库。通过调查，陈云形成了三点主要意见：母猪下发给农民私养；少种一些双季稻和小麦；多分一些自留地。这些意见，都是他经过深入细致的调查后得出来的。

以农作物的种植安排问题为例，他通过实际的比较和算账，确认青浦小蒸种双季稻不如种单季稻好。从表面上看，种双季稻每亩两熟共收800斤上下，种单季稻每亩可收580斤左右，两者比较，双季稻比单季稻每亩多收220斤上下。但是，全面算账，种双季稻

---

① 《缅怀陈云》，中央文献出版社2000年版，第112—113页。

与种单季稻相比，每亩田因寄秧田少产稻谷约150斤；多用稻种40斤；不能种夏熟少收豆麦80至100斤；多用的肥料用在单季稻可多收稻谷40斤；多用的劳动力用在单季稻可多收稻谷20斤。种双季稻的各项损失加在一起，则合310至330斤稻谷。两相比较，种双季稻显然是得不偿失。他通过仔细算账，还得出青浦小蒸多种小麦不如多种蚕豆好的结论。由于小蒸的地势较低，地下水位高，不适宜种小麦，种小麦的产量和收入都比种蚕豆少。一亩田种小麦只能收80斤，约值9元，种蚕豆可收干蚕豆100斤，约值11元。由于豆科植物有根瘤菌，可以固氮。种过豆的田种水稻施同样多肥料，要比种过麦的田种水稻每亩多收约50斤；种蚕豆每亩要比种小麦少施猪肥10担，若把这少用的10担猪肥施在水稻上，可再增收20斤，两项合计每亩可多收稻谷约70斤。种了蚕豆，可以吃一部分青蚕豆，吃青蚕豆比吃干蚕豆更加合算：吃青蚕豆，豆其可以作绿肥，一亩豆其的肥效同一亩红花草大体相同；青蚕豆比干蚕豆或小麦可早收20天，这对种水稻在时间安排上比较有利；青蚕豆的收入每亩可达25至30元。出口1吨蚕豆，可以换回1.32至1.36吨小麦，或者1.88吨大麦。从保护土质和土地的肥力看，也是多种小麦不如多种蚕豆。① 关于这个问题的细致分析，显示了陈云善于"解剖麻雀"的调研功夫。

1977年年底，中共中央和国务院批准建设宝钢，在确定调整国民经济的方针后，宝钢何去何从万众瞩目，暂停建设、项目下马和继续上等各种意见都有。为了解具体情况，1979年5月陈云到上海实地调研宝钢。在深入调研后，通过与鞍钢做"比较"，他发现了一个"周期"问题，他说："1901年日本人建设鞍钢，搞了40年，建国后我们又搞了30多年，前前后后70年，才建成年产600

陈云不唯书的求真求实学风

---

① 《陈云传》下卷，中央文献出版社2005年版，第1263—1264页。

万吨钢。"①而宝钢原设计7年完成，只占鞍钢建设时间的十分之一。由此，陈云感到宝钢建设周期太短，他建议将宝钢建设周期拉长，先上一期，迟些日子再上二期，一期可以为二期积累经验和资金，这样可以把资金搞活，能长期坚持干下去。后来，宝钢的成功，证明了陈云当年决策的正确性。

三、到什么地方去学习

抗战期间，针对部分干部不愿参加工作，而要求"长期学习"的错误思想。1942年3月24日，陈云在为延安《解放日报》写的署名社论《到什么地方去学习》中指出："真正政治上开展的干部，决不是毫无革命斗争经验的。因此，没有革命斗争经验的人，如果不到工作中取得实际经验，单靠听讲看书，甚至饱读马克思列宁主义的原理原则，想在政治上真正开展是不可能的。因为使政治上开展的最基本的东西，是革命斗争的实际经验，没有实际经验，就没有政治上开展的基础。"②学习的目的是使用，陈云是学用结合的典范，他始终围绕自己承担的主要工作而加强学习，他还勤于动笔，将自己的所思和所得形成文字。

作共同有组织的奋斗

陈云踏上革命道路之初，就很注重把思想与实践结合起来，以推动革命的发展。五卅运动之后，为了普及革命道理，宣传工人力量，陈云以笔做武器，化名"怀""民""怀民"相继发表了多篇文章。在这些文章中，他不断呼吁工人们"要集中一个团体，作共同

---

① 刘家栋：《陈云与调查研究》，中央文献出版社2004年版，第175页。

② 《陈云文选》第一卷，人民出版社1995年版，第251页。

奋斗"，回击当局对工人运动的抵制和破坏。这些文章不仅反映了陈云政治思想日趋成熟，而且在当时的工人运动中产生了广泛的影响，极大地促进了革命形势的发展。

五卅运动后，帝国主义和国内军阀政府加紧了联合的脚步，他们视工会为"肉中刺"，千方百计破坏工会的活动，甚至强行查封了上海总工会。对当局这种无理野蛮行径，陈云拿起笔杆子，进行了无情的揭露和痛斥。1925年11月，陈云在商务印书馆发行所职工会创办的地下刊物《职工》杂志创刊号上发表了《总工会是什么》一文，他在文中指出：五卅运动中，勇敢不屈的22万工人，向帝国主义猛烈进攻。"何以能使这素无组织一盘散沙似的工人，有这样整齐的步伐，一致行动，呼着同一口号，如荼如火，再接再厉呢？那是因为有个总工会在那里指挥。"总工会"代表工人一切利益"，领导工人阶级向帝国主义进攻，完成急需的民族革命，它所处的地位是与帝国主义对峙的。国内资产阶级一方面为他们自己的利益，想借工人这支生力军来反抗帝国主义；另一方面又害怕工人的势力太大，不能保持他们的剥削手段，觉得可怕，有去此障碍的必要。所以，总工会被封是意中之事。工人运动虽处处受摧残，但没有涣散，"现在的工人代表会，正可以表现出工人势力的集中"，日日增加，不会消灭的，"好比不倒翁一般，虽则暂时被压，他随时有雄立的可能，只要压力一松。"① 陈云的这篇文章，分析了工人运动面临的严峻形势，指明了总工会的艰巨使命，是对当局反动行为的有力回击。

在《职工》杂志创刊号上，陈云还发表了另一篇文章，题为《职工在现社会的地位》。他在文中指出：欧美工人已取得相当地位，而中国工人阶级没有集会、结社、言论、出版的权利，深受几

① 《陈云年谱（修订本）》上卷，中央文献出版社2015年版，第26—27页。

陈云不唯书的求真求实学风

重压迫，满腔苦痛无处诉。最近几年，尤其是五卅运动，中国工人运动比较急进了。工人阶级成为领导群众向帝国主义不折不挠进攻的民族革命先锋队。中国工人阶级肩负着两大责任：第一，必须联络各阶级起来，作民族革命。第二，解放在水深火热中的自己，要继续不断奋斗，争取最后胜利。但这两大责任，空口谈兵，是办不了的，只有"大家集中一个团体，作共同有组织的奋斗，才有成功的可能"。"职工会就是我们奋斗的武器，引导我们到民族革命的前线上去，完成我们勇敢工人应做的工作。"①此文笔力深刻、思想尖锐、文字通晓，详细地阐释了工人阶级的性质、地位等问题，引起了广大职工的震动，使他们明白了所处的环境和应争取的地位，从而激发了他们的斗争热情。

当时，在开展工人运动过程中，有些工人表现得很消极，对资本家的过火行为，能忍就忍，能过就过，对被开除的工友缺乏同情和帮助，总想着守着自己的饭碗"安全度日"。对此，陈云结合在商务印书馆第二次领导罢工的经历，写作了《罢工后职工应有的觉悟》，他写道：发行所职工会"是吾们的武器，也是吾们的城垒"。"只要看二次罢工的往事，可以明白职工会是为全体职工的利益而奋斗的。吾们要集合在职工会指挥之下作整个的奋斗，才有胜利的可能。"针对第二次罢工时有人说"别人被裁，吾不被裁，何必牺牲自己而为他人奋斗"那样的错话，陈云指出：这是"一种幼稚病"，需要积极纠正。他深入分析说："这一次的奋斗，也可以说并不完全为了几个被裁的人而奋斗，是为了保障全体职工利益而奋斗的！在商品式生活条件之下的吾们，时时有被裁的危险！今年侥幸而轮不到，明年也许不幸而轮着的，不要到了自己身上才要奋斗，那时你一个人的奋斗，可就不能了！奋斗的价

---

① 《陈云年谱（修订本）》上卷，中央文献出版社 2015 年版，第 27 页。

值几何?"①陈云这一鞭辟入里的分析，使广大工人认识到罢工斗争不是别人的事，而是与自己的利益密切相关，只有团结起来，积极斗争，有了"大家"才能保全"小家"。

在革命实践斗争中，陈云不仅看到了工人中蕴含的力量，而且敏锐地认识到中国革命的发展离不开农民的参与。1926年7月，他在《中国民族运动之过去与将来》一文中，富有预见性地指出：历史表明没有工农参加的"革命是难能成功的"，"五卅运动虽然遭受了挫折，可是在民族革命的行程里，已经显现了曙光。有组织有力量的几十万工人，已经成为中国民族运动的先锋。"但是，工人的力量是孤单的，"因为没有在中国民族运动上占着重要位置的强有力的主力——整个农民的参加。"文章指出："在以农立国的中国，占全国人口百分之八十强的农民，是民族运动中唯一大主力。农民不参加运动，中国革命鲜有希望。"中国目前很急迫需要解决的一个重大问题是"如何把成千成万的农民组织起来"，"训练已组织起来的农民"，"把他们引上正轨"，和"全国的工人、学生、小商人及一切革命分子"一道，"同在反帝国主义的旗帜下面去做民族运动的工作"。②陈云把农民看作革命主力军的思想很有见地，他对农民的认识和定义对革命队伍的壮大和革命形势的发展，都起到了积极的推动作用。

怎样做一个共产党员

1937年至1943年，陈云担任中共中央组织部部长，其间他还一度兼任中央党校的校长。对于党的组织工作，陈云并不陌生。1930年10月和1931年1月，他先后在江南省委、江苏省委工作时，

① 《陈云传》上卷，中央文献出版社2005年版，第43页。

② 《陈云文选》第一卷，人民出版社1995年版，第2—3页。

曾经担任过省委常委兼组织部部长；遵义会议后，他又曾经担任过中央组织部部长，在组织工作方面积累了一些经验。但是，全面抗战爆发后，党的组织工作面临的形势和任务发生了巨大变化，中组部面临着许多新情况和新挑战。陈云一边工作，一边思考和总结，很快就成为党建工作的行家里手。

陈云刚接手中组部工作时，最迫切的任务是壮大党的队伍，为此他主持起草了中共中央《关于大量发展党员的决议》，提出："大量的十百倍的发展党员，成为党目前迫切与严重的任务"，要"把发展党员成为每一个党员及各级党部的经常的重要工作"。① 但是，随着党的队伍的壮大，党员的思想状况也变得更为复杂，如何教育新党员成为一个急迫的问题。陈云认为新党员教育有两个重点：一个是理想信念教育；一个是纪律教育。

"本根不摇，则枝叶茂荣。"思想建设是党的基础性建设，坚定理想信念是加强党的思想建设的首要任务。陈云在主持起草的《关于大量发展党员的决议》中提出："对新党员应注意给他们以初步的马列主义与党的建设的教育，使他们了解共产主义与其他党派的思想理论的基本区别。"② 1938 年 4 月 14 日，陈云在延安抗日军政大学以《怎样做一个革命者》为题的报告中说：做一个革命者，就要准备为革命奋斗到底。什么叫到底？就是到人死的时候，上海话叫"翘辫子"的时候。因此，做革命者，第一要了解革命道理；第二要作好长期苦干的准备；第三要有牺牲精神，不怕铁窗、杀头，也不为名利和升官发财。在个人利益与革命利益相矛盾时，要服从革命利益。要安于职守，克服只喜欢做上层工作而不喜欢做下层工作的倾向。同志们的知识还只是在书本上、课堂上学来的，真正的

---

① 《中共中央文件选集》第 11 册，中共中央党校出版社 1991 年版，第 466—468 页。

② 《中共中央文件选集》第 11 册，中共中央党校出版社 1991 年版，第 467 页。

学习还只是一个开始。①

中国共产党是靠革命理想和铁的纪律组织起来的马克思主义政党，陈云一方面重视革命理想教育，另一方面突出强调纪律教育。特别是"刘力功问题"的出现，引发了陈云对如何保持党的先进性、保持党员队伍的纯洁性的深入思考。刘力功1938年入党，先后在抗日军政大学学习，后来到中央党校训练班学习。毕业时，党组织安排他去基层锻炼，他却坚持要进马列学院或回原籍工作，否则就退党。组织上找他谈过7次话，对他进行耐心的说服教育，他依然拒绝执行党组织的决定。最后，中央党务委员会决定开除其党籍，并向全党公布。围绕着"为什么要开除刘力功的党籍"问题，陈云组织延安各机关、学校开展了一场热烈讨论。为了配合这场讨论，加强全党的纪律教育，1939年5月23日，陈云还以《为什么要开除刘力功的党籍》为题写了一篇文章，他在文中指出：共产党员在党分配工作时，"只有说明自己意见的权利，只有在党决定以后无条件执行决议的义务"，"否则就违犯了党的纪律"。党肩负的历史使命决定党必须执行严格的纪律，遵守党的纪律不仅要表现在口头上，更要落在实际行动上。党内不允许有不遵守纪律的"特殊人物"和"特殊组织"，遵守纪律就要"迅速确切地执行党的决议"。② 关于刘力功问题的大讨论和陈云的这篇文章，在延安引起了极大震动。广大干部、学生纷纷检查自己的思想，检查自己是否以一个共产党员的标准来严格要求自己，一个严纪守法、团结奋进的气氛悄然兴起。

为了进一步强化党员意识，1939年5月30日，陈云在党中央机关刊物《解放》第72期上发表了《怎样做一个共产党员》一文。在这篇文章中，他比较完整地提出了衡量共产党员的"六条标准"：

陈云不唯书的求真求实学风

① 《陈云年谱（修订本）》上卷，中央文献出版社2015年版，第254—255页。
② 《陈云文选》第一卷，人民出版社1995年版，第125—126页。

一、终身为共产主义奋斗；二、革命的利益高于一切；三、遵守党的纪律，严守党的秘密；四、百折不挠地执行决议；五、群众模范；六、学习。① 陈云将学习作为衡量共产党员是否合格的六条标准之一，可见他重视学习之一斑。此外，他还对"入党资格""党员的成分""入党手续，恢复党籍或重新入党"等问题进行了分析和论述。陈云的这篇文章，1943 年被中共中央列入 22 篇全党必读的整风文献，在党内产生了重要的影响。

在扩大的中共六届六中全会上，毛泽东提出："政治路线确定之后，干部就是决定的因素。"② 由此，干部工作就是组织部门最主要最繁重的工作，陈云为做好干部工作付出了巨大努力。要做好干部工作，首先要懂得党的干部政策，1938 年 9 月，陈云在抗日军政大学的一次演讲中，将党的干部政策概括为四个方面 12 个字："第一，了解人；第二，气量大；第三，用得好；第四，爱护人。""了解人"是正确使用干部的前提，"用人就是用他的长处，使他的长处得到发展，短处得到克服"，在革命队伍里"无一人不可用"。"气量大"就是要广泛地团结人，"只要这个人有一技之长，就要用，只有这样，才能成大事业"。"用得好"就是要正确地使用干部，这个问题的核心是"上级要信任下级，下级也信任上级，上下互相信任"。"爱护人"就是当干部犯了错误时，要像父母爱护子女一样实事求是地帮他纠正，特别是当涉及干部政治生命问题的时候，一定要"很郑重、很谨慎、很细心"。③

陈云任职中央组织部部长的 7 年，是党的事业发展的重要时期，也是他的思想理论水平不断提高的时期。这一时期，陈云在党的建设理论领域著述颇丰，他将日常的工作经验进行系统总结，并

---

① 《陈云文选》第一卷，人民出版社 1995 年版，第 137—142 页。

② 《毛泽东选集》第二卷，人民出版社 1991 年版，第 526 页。

③ 《陈云文选》第一卷，人民出版社 1995 年版，第 109—121 页。

上升到理论高度，提出了一系列独创性的重要思想。陈云在这个期间发表了《论干部政策》《怎样做一个共产党员》《党的支部》《巩固党和加强群众工作》《学习是共产党员的责任》《关于干部工作的若干问题》《学会领导方法》《改进大后方秘密党的工作》《要讲真理，不要讲面子》等一系列文章，产生了极为广泛的影响。除此之外，陈云还组织了专门的机构进行党建理论问题研究。1938年1月，经陈云提议，中央决定将党校教员训练班与抗大、陕北公学教员班合并，中央一级干部也参加，办成一个高级研究班，并确定各门课程研究室的指导人，其中党建与群众工作课程研究室指导人为陈云和和李维汉。在陈云的主持下，党建与群众工作课程研究室的工作，开展得十分活跃，经常就党的建设、党内教育、党与群众的关系、公开工作与秘密工作的关系等重要问题进行研究和讨论，并取得了很多有影响的成果。

为了培训十部，陈云还经常到中央党校、马列学院、陕北公学以及在中央组织部组织的培训班上，讲授党的建设方面的课程，他讲课深入浅出、通俗易懂、语言生动，深受广大干部群众的欢迎。宋平回忆：我在马列学院学习和工作时，多次听陈云同志讲党课，他"善于把许多深奥的道理和复杂的问题，用简明生动的语言表达出来"，"我印象最深的是听陈云同志讲怎样做一个共产党员"，特别是他提出的共产党员的六条标准，我的感受最深。刘培植也回忆说：我在现场听陈云讲"怎样做一个共产党员"，"给我的印象太深刻了，使我对如何做一名共产党员的问题心中豁然开朗。我深深地认识到，一个共产党员要把革命利益放在高于一切的地位，个人的安危与荣辱任何时候都要服从这个大局。在顺境时能出色工作，在逆境时要坚持原则。"① 其实，陈云讲授课程的过程，也是他深入思

① 《缅怀陈云》，中央文献出版社2000年版，第5—6、190页。

陈云不唯书的求真求实学风

考和总结的过程，他的许多篇文章就是在讲稿的基础上整理而成的，他做到了教学相长。

共和国的"掌柜"

为了加强对边区财经工作的领导，1944年3月，中央决定由陈云任西北中央局委员并担任西北财经办事处副主任兼该办事处政治部主任，由于办事处主任贺龙主要集中精力抓军事建设，边区财经工作实际上由陈云主持，这是他以主要精力从事领导财经工作的开始。陈云转入经济工作，是因为他党性坚强，是因为他是党内较早认识到经济工作重要性的领导人，也体现了党中央对经济工作的重视。陈云可以说是受命于危难，当时边区的财政经济面临极其严重的困难，陈云上任后以上率下带领干部认真学习业务，向一切内行的人学习。据袁宝华回忆：1943年，陈云同志转做经济工作后，一如既往地重视学习，"每个星期都把当时在延安做经济工作的负责人集中在一起，学习毛主席的著作，学习中央的文件，讨论一些理论问题或听取大家意见。"[1] 这个时期，陈云还结交了很多经济理论学者和科技人员，虚心向他们请教，集思广益，科学决策。陈云主持边区财经工作不到一年半时间，他贯彻"发展经济，保障供给"的方针，改变了贸易入超的被动局面，实现了金融稳定、财政平衡和生产发展。

1945年，抗日战争取得胜利后，陈云受命奔赴东北战场，开始他以主要精力做军事工作和群众工作，推动建立北满根据地、坚持南满根据地，1947年6月他回到了老"本行"，开始主持东北解放区的财经工作。面对新的形势和任务，1948年10月陈云在东北局高级干部会议上讲："做财经工作的同志应有所自觉，要认识到现在碰到的都是新问题，现有的知识远远差于新的情况，稍一自

---

① 《缅怀陈云》，中央文献出版社2000年版，第92页。

满，一定搞不好。我们现在处于战争环境，不可能把全党的力量都集中到经济工作上面，经济工作只能集中在现有的做经济工作同志的身上。因此，要有高度的自觉性，碰到的都是新问题，旧的经验不能应付。"① 陈云主张按照经济原则办事，重视培养技术干部和管理干部，强调企业要改善经营和管理，推动了东北地区经济的恢复和发展，有力地支援了全国战争。

沈阳解放后，陈云主持接管工作，他提出"各按系统，自上而下，原封不动，先接后分"的接收方法。1948 年 10 月 28 日，陈云在准备接收沈阳的干部大会上形象地说："要统一接收，原封不动，全部保管，机器、文件统统要。沈阳是我们的了，不要慌。接收的方法，就是要把他们的头子找到，大头子追二头子，二头子追三头子，三头子追四头子。比如，国民党的经济委员会，下面有几个部，有几个工厂，要问清楚，要他们把文件、人员名单都交出来，我们接收，交军事管制委员会打了收条，签了字，才算完成任务。要自上而下地按系统接收，接收以后要看守好，先公后分。"② 成功接管沈阳后，陈云认真总结了接收沈阳的经验，获得了党中央和毛泽东、周恩来等中央主要领导同志的交口称赞，对全国新解放城市的接管工作发挥了重要借鉴作用，也为他日后领导全国财经工作积累了城市经济工作方面的经验。

新中国成立前夕，陈云出任中央财政经济委员会主任，主持全国的财经工作。能不能发展生产、稳定金融物价、复兴经济，关系着革命和新生政权的成败，这对刚成立的中财委和陈云本人都是严峻的考验。1949 年 7 月 14 日，陈云在中央财经委第一次全体干部会议上讲道：我在陕甘宁边区搞过"小摊摊"，现在是搞全国的"大

---

① 《陈云文集》第一卷，人民出版社 1995 年版，第 643 页。

② 《陈云文集》第一卷，人民出版社 1995 年版，第 653 页。

买卖"，过去的经验和方法不够用了，应对的办法惟有加强学习。①据焦善民回忆说："根据陈云同志的要求，中财委当时曾规定了严格的学习制度。如我们计划局，每天上班先学习一个小时，然后才开始办公，每星期三下午还要开学习讨论会。为了尽快使大家掌握计划工作的业务知识，计划局经常请苏联专家举办讲座，各处也经常请苏联专家单独介绍经验。在学习方面，陈云同志还以身作则，请各方面的专家给他讲解不懂的问题。有一天晚上十点多钟了，他还拉着章乃器给他讲外汇问题。在陈云同志的严格要求和带动下，中财委的学习空气很浓。"②

不仅重视学习，陈云还特别强调要总结反思，据杨波回忆：1950 年 2 月 13 日至 25 日，第一次全国财政会议在北京举行，重点研究讨论统一财经问题。会议进行期间，恰逢旧历年关。大年三十那天，陈云在他的办公室召集一部分部长研究工作。临别时，陈云说："明天就是大年初一了，我建议大家春节不要拜年了，我不给你们拜年，你们也不要给我拜年，互相之间也不要拜了。放假几天干什么呢？我建议大家待在家里，泡上一杯清茶，坐在沙发上，闭上眼睛想一想，过去这一年干了几件什么事情，哪些做对了，哪些做得不对或不完全对，有些什么经验教训？很好总结一下。也想一想明年抓几件什么事，怎么干法？"③

新中国成立伊始，陈云边学习边实践、边思考边完善，集中精力抓了稳定物价、统一财经和调整工商业等带有全局性的大事难事。1951 年 4 月 4 日，陈云在中国共产党第一次全国组织工作会议上总结说："我们的干部大多数过去长期在农村工作，经济知识很少"，我们大多数的经济干部与资本家相比"还是外行"，外行

---

① 《陈云年谱（修订本）》上卷，中央文献出版社 2015 年版，第 731 页。

② 《缅怀陈云》，中央文献出版社 2000 年版，第 155 页。

③ 《陈云与新中国经济建设》，中央文献出版社 1991 年版，第 133 页。

"就要下决心学习"。财经工作部门承担了大量具体事务，缺点是经验少。"事情多，经验少，就容易忙乱，就不能很好思考问题，就容易出毛病，结果是辛辛苦苦的官僚主义。政府的事情很多，如果抓不住工作重点，那就如同在大海航行中把握不住方向。去年我们做了很多工作，只有两个重点，一是统一，二是调整。统一是统一财经管理，调整是调整工商业。统一财经之后，物价稳定了，但东西卖不出去，后来就调整工商业，才使工商业好转。六月以前是统一，六月以后是调整。只此两事，天下大定。"① 陈云主持新中国成立初期的财经工作，抓住了重点，举措得当，初步克服了当时的财政困难，取得了"天下大定"的预期效果，同时也为日后大规模的社会主义建设创造了必要的前提。

在统一全国财经工作、合理调整工商业后，我国的财政经济状况虽然开始好转，但是离达到基本好转并在此基础上进行大规模经济建设还有很大差距，各方面的形势依然很严峻。1951年5月16日，陈云在全国宣传工作会议上，打着比喻、做着手势说："同志们！现在是这样：这边一个杠子，那边一个杠子，中间一根铁丝，我一只手拿着一个沙袋在铁丝上走，很不好走！走不好就要翻掉！"② 陈云主持财经工作，可谓是胆战心惊、如履薄冰，但是他通过学习和调研，掌握好了平衡，不但没有"翻掉"，而且在经济理论上有了重大收获。1956年9月20日，陈云在中共第八次全国代表大会上发言指出："我们的社会主义经济的情况将是这样：在工商业经营方面，国家经济和集体经济是工商业的主体，但是附有一定数量的个体经营。这种个体经营是国家经营和集体经营的补充。在生产计划方面，全国工农业产品的主要部分是按照计划生产的，但是同时有

陈云不唯书的求真求实学风

---

① 《陈云文选》第二卷，人民出版社1995年版，第138页。

② 《陈云传》上卷，中央文献出版社2005年版，第779页。

一部分产品是按照市场变化而在国家计划许可范围内自由生产的。计划生产是工农业生产的主体，按照市场变化而在国家计划许可范围内的自由生产是计划生产的补充。因此，我国的市场，绝不会是资本主义的自由市场，而是社会主义的统一市场。在社会主义的统一市场里，国家市场是它的主体，但是附有一定范围内国家领导的自由市场。这种自由市场，是在国家领导之下，作为国家市场的补充，因此它是社会主义统一市场的组成部分。"① 这就是陈云提出的著名的"三个主体、三个补充"经济思想，这一思想的孕育和提出标志着他在认识上初步突破了苏联发展模式的羁绊，为探索适合中国国情的社会主义建设道路作出了具有创造性的理论贡献。

四、学习是共产党员的责任

1939 年 12 月，陈云在一篇文稿中写道："我觉得对于学习的意义认识得够不够，是决定我们能否下决心学习的关键"，当前大家都认同学习是党员干部尤其是高级干部的一项任务，其实对于学习意义的认识，我们应该更进一层，学习不仅是党员的任务，同时也是"党员对党应尽的责任"。② 陈云从中国共产党肩负的艰巨历史使命出发，响亮地提出"学习是共产党员的责任"的口号，他不仅以自己的终身学习模范地履行这个责任，而且总是利用一切可能的机会推动、劝导、督促全党的学习。

向文化大进军

1936 年年底，正当陈云在莫斯科东方大学紧张学习的时候，

---

① 《陈云文选》第三卷，人民出版社 1995 年版，第 13 页。

② 《陈云文选》第一卷，人民出版社 1995 年版，第 187 页。

他接到了一项紧急回国的任务，受共产国际和中共驻共产国际代表团委派，组织一个代表团前往新疆，负责接送武器和有关事宜，后来由于形势的变化，任务改为接应西路军将士。陈云任代表团团长，滕代远任副团长，成员包括电台报务员段子俊、译电员李春田和翻译冯铉。在焦急等待西路军消息的日子里，陈云将仅有5个人的小团队安排得井井有条，他不仅关心大家的生活问题，还时常督促大家认真学习。段子俊回忆说："陈云同志不仅在生活上处处关照大家，而且非常关心我们每个人的学习进步。就是在他的指点下，我利用当地能看到英文报纸的有利条件，每天翻字典读报，并死啃20—30个单字，日积月累，打下了一点基础。后来到延安，这段时间学的英文还偶尔派上了用场。还值得一提的是，陈云同志对我们每个人写不好毛笔字非常关注。他为大家买了毛笔，督促我们每天练字，并进行检查，哪个字写得好，写得不好，谁的字写得有进步，还经常给以点评。"①

接应上西路军后，这时国内外形势发生了重大变化，西安事变后国共两党还在紧张谈判，加之路途遥远，短期内难以回陕北，而赴苏学习一时也没有消息。陈云和西路军领导人商量后，决定利用这段时间，组织部队学习文化知识和军事技术。陈云看到，这些红军干部和战士绝大多数是贫苦农民出身，在家时读不起书，参加红军后又接连行军打仗，没有机会学习文化知识。因此，他在学习动员会上指出："将来的红军为了战胜敌人、打败侵略中国的帝国主义，必须装备先进的武器，懂得马克思、列宁主义的理论，这就需要有文化知识。文化课好比是一把开门的钥匙，没有起码的数学物理知识，就进不了军事技术这一科学大门，不懂得马列主义理论，就好比瞎子走路，会迷失方向。"因此，他要求大家安下心来、下

① 《缅怀陈云》，中央文献出版社2000年版，第145页。

陈云不唯书的求真求实学风

苦功夫学习文化知识，掀起学习高潮。每天用半天时间学文化，半天时间学政治、军事课程。[①]

战士们听了陈云的动员和课程安排之后，虽然都表示拥护，愿意学习，可是一进教室，每天听讲、写作业七八个小时，就静不下来了。原来，战士们过惯了拼杀的战斗生活，一坐到安静的教室里就很不习惯，总觉得拿笔杆子比拿枪杆子还重，宁愿与死神打交道也不想用笔杆子学文化。陈云发现了上述思想情况后，做了耐心细致的说服和解释工作，统一了战士的思想，达成了加强学习的共识。在此基础上，陈云按照战士们原有的文化程度，将他们分为甲乙丙三班，分别学习初中、小学课程和进行扫盲；高中级干部则学习三角、几何、代数以及俄文、英文，为赴苏联学习作准备。教材靠从书店中买和自己编；教员则以"能者为师"的原则，在西路军内部挑选文化程度高的人担任，陈云上政治课，滕代远上语文课，冯铉、段子俊也都任教师。

战士们认准了学习的道理，学起来劲头就特别足，他们白天学黑天学，比着学赛着学，像冲锋打仗一样学。由于陈云的精心计划，教员和学员共同努力，战士们经过一个阶段的学习，文化水平都有了明显的提高。大都掌握了两三千个字，能够记笔记和阅读报纸，数学则学会四则运算及百分数。7月14日，西路军入疆部队召开学习总结大会，给学习成绩优秀者颁发了奖品。陈云到会并讲了话，他鼓励大家继续努力学习。此前，部队举行了文化课考核，参加政治测验的48名干部，对党的重要政策问题都有所了解；参加语文测验的106人中，有51人是90分以上；参加算术测验的390人中，有192人在90分以上。[②]

---

① 朱佳木主编：《陈云和他的事业》上册，中央文献出版社1996年版，第116—117页。

② 《陈云年谱（修订本）》上卷，中央文献出版社2015年版，第237页。

陈云一边领导干部战士开展大学习，一边热切盼望着能带领所部赴苏联学习。7月15日，季米特洛夫代表共产国际决定，西路军余部不去苏联，而是要留在迪化就地组织学习。赴苏联学习的愿望落空了，其实陈云对此早有预感，他马上行动起来组织新的学习，提出了下一步学习的计划，学习的内容主要是："（一）学习军事，包括军事战术和装甲车、火炮、坦克、飞机的操作；（二）学习政治，包括中国革命的基本问题、列宁主义问题、党的历史，以及西方史和政治经济学；（三）学习语文和英文。"① 可见，除继续学习军事和政治理论外，装甲车、坦克、飞机等机械化武器装备的正规学习和训练，成了新的学习重点。为了更好地组织大家学习，陈云同滕代远、李先念、李卓然等商量，决定对西路军余部按照"学校的方式"进行整编。西路军工委继续保留，将左支队改编为总支队，下辖4个大队，每个大队编3个排，每排3个班，每班10人左右。团营连干部编成干部队。

在陈云的组织领导下，干部战士们的学习收获很大，1937年秋他向中共驻共产国际代表团汇报说：四百多名干部参加了中文识字课学习，现在大部分人能读报纸上的新闻消息；在干部中已把党的新政策、季米特洛夫在共产国际七大的报告和共产国际六大关于青年问题的决议研究完结；大部分干部的算术水平达到了初中一年级程度，还有部分干部在自学三角几何；战士每天出操训练两小时，干部学员侧重战术和技术的学习与研究。从课程比例看：战士军事、政治课占54%，中文、算术、卫生、常识占46%。干部军事、政治课占46%，中文、算术占54%。另外，还办了无线电训练班，已经有两名学生可以上台见习。②

---

① 《陈云年谱（修订本）》上卷，中央文献出版社2015年版，第238页。
② 《陈云年谱（修订本）》上卷，中央文献出版社2015年版，第241页。

陈云在组织干部战士学习的同时，对自己的学习抓得也很紧。为了加强干部战士的思想政治教育，陈云亲自抓政治学习。他同滕代远每星期给干部作两三次政治报告，主要讲解《联共（布）党史简明教程》、列宁的《共产主义运动中的"左"派幼稚病》、斯大林的《论列宁主义的几个问题》和党的抗日民族统一战线政策、共产国际七大决议、国际形势等。他要求凡是有阅读能力的人，都要认真读几本马克思、列宁和斯大林的著作，每人每星期要向他汇报学习情况，谈心得体会和提出问题。然后，由他有针对性地进行辅导。为了讲好统一战线问题，陈云前后用了两个多月的时间，"每周抽出二三个半天到迪化图书馆阅读日本自 19 世纪 60 年代明治皇帝开始维新变革到 1931 年 9 月 18 日侵占我国东北三省的发展与侵华史书资料"。"七七"事变后，陈云根据抗战全面爆发的实际情况，结合阅读日本发展史的体会，向干部战士作了关于抗日战争形势的报告，报告引用资料翔实、说理全面透彻，廓清了很多人的思想困惑，受到了热烈欢迎。①

"窑洞大学"里读书忙

1937 年年底，陈云出任中央组织部部长，他刚到部里工作时，只有 3 个科十一二名干部，后来逐步扩充到 13 个部门，但是工作人员也仅有不到 40 人。越是人少任务重，陈云越是要求结合工作加强学习，正如 1939 年 12 月他在《学习是共产党员的责任》一文中所阐释的："我们好多同志总以为只是一天到晚不停地工作，就算尽了我们对党的全部责任，这种想法是很不全面的。一天到晚工作而不读书，不把工作和学习联系起来，工作的意义就不完整，工

---

① 朱佳木主编：《陈云和他的事业》上册，中央文献出版社 1996 年版，第 119—120 页。

作也不能得到不断改进。因为学习是做好工作的一个条件，而且是一个必不可少的条件。"关于在职干部如何开展学习，陈云认为："读书最好有个小组，几个人在一起讨论一下，可以互相启发，程度低的还可以得到程度高的同志帮助。"① 据此，陈云在中组部组织了一个学习小组，从1938年到1942年坚持了5年，这个学习小组被形象地称为"窑洞大学"。

学习小组由陈云任组长，李富春任副组长，先后参加的有邓洁、武竞天、王鹤寿、王德、陶铸、陈正人等十余人，中组部的许多工作人员也列席旁听。学习小组从学习马列原著开始，先后学习了《共产党宣言》《社会主义从空想到科学的发展》《国家革命》《政治经济学》《哲学概论》《联共（布）党史简明教程》等马列著作，后来又学习了《实践论》《矛盾论》《论持久战》《中国革命战争的战略问题》等毛泽东的著作。此外，陈云还要求学习报纸上的重要文章，以了解世界动态，关注亚洲现状和国内阶级斗争发展趋势，掌握敌占区和国统区的状况。

关于学习的方法，陈云认为"一本一本书读懂的办法很重要"，如他曾说："过去我们许多干部，书拿到手上，这句不懂那节不晓，而又不曾想法一句一句地弄通"，这样"必然半途而废"。要读就要读懂，读懂"是达到融会贯通的必经步骤"。② 陈云抓学习小组的学习，就是采用的这个办法。据当年参加学习小组的刘家栋回忆说：首先由每个人一本一本读原著，在自学中弄懂原著。在此基础上，与大家一起讨论结合起来，形成互相教学的局面。那时，一周要讨论一次，由一个同志或两个同志先准备好，先作发言，讲讲这一段、这一章学习内容是什么，中心思想讲了哪些。然后，大家来进

① 《陈云文选》第一卷，人民出版社1995年版，第187—189页。
② 《陈云文选》第一卷，人民出版社1995年版，第189页。

陈云不唯书的求真求实学风

行讨论，看他们讲得对不对，还有什么补充。在讨论的时候，陈云常常采用启发的方式进行引导，他强调要知无不言，甚至允许"抬杠"，有时候陈云、王鹤寿还故意从反面提出一些问题，来引导大家"抬杠"，使大家从争论中获得更深刻、更准确的认识，同时也活跃了学习气氛。为了帮助大家学习，陈云还请和培元、艾思奇、吴亮平、柯柏年、王学文、王思华等在延安的著名学者来学习小组作辅导，每本书一般辅导两次：一次是在开头，主要讲书的写作背景、主要内容和中心思想；一次是来参加讨论，解答学习中遇到的思想困惑和疑难问题。他们的辅导从不包办代替，有助于发挥每个人的主观能动性。①

为了保证学习效果，陈云还制定了严格的纪律，当年学习小组成员王鹤寿回忆说："陈云同志规定的学习办法是，对很厚的一本哲学书，从头至尾一章一章地一段一段地读，每个星期必须读到哪一章哪一段。在到学习小组讨论会上，每个人都必须如实报告是否精读了规定章节，谁也不能（包括他自己）借口工作忙没有读完规定的章段，这是学习的纪律。"这个学习的纪律执行得很严格，记得"有一位同志说因为一个星期工作特忙，未读完规定的篇章页数"，就受到了严肃批评。"陈云同志当时既是中央组织部部长，又要参加中央政治局各种会议和工作，当然是小组成员中最忙的，但是他从来没有欠读一章一段。"②

据《陈云年谱》记载，仅 1940 年他就参加了如下学习：1月31日，听和培元讲解哲学两大派别——唯物论和唯心论问题；2月6日，听和培元讲解德国古典哲学问题；2月21日，听艾思奇讲解费尔巴哈唯物论和马克思主义哲学的形成问题；2月28日，听和培

---

① 刘家栋：《陈云在延安》，中央文献出版社 1995 年版，第 66—74 页。

② 《缅怀陈云》，中央文献出版社 2000 年版，第 46—47 页。

元讲解物质与意识、主观与客观及时空问题；3月13日，听艾思奇讲解对立统一和矛盾法则；3月19日，听和培元、艾思奇讲解现象与本质问题；4月2日，听和培元讲解认识论问题；4月9日，听艾思奇讲解反映论问题；4月16日，听和培元讲解逻辑史问题；6月4日，听杨松讲解民族、民族战争与统一战线问题；6月18日，听艾思奇讲解社会心理、社会意识及宗教问题；6月25日，听艾思奇讲解生产力与生产关系及文化起源问题；7月2日，听艾思奇讲解孙中山哲学思想；7月22日，听王学文讲解关于商品生产、价值与使用价值、抽象劳动与具体劳动问题；8月6日，听王学文讲解价值法则；8月13、20日，听王学文讲解剩余价值法则；10月14日，听王思华讲解资本主义经济危机问题。陈云不仅认真听讲，还深入思考做了大量的读书笔记，记述了他的学习心得和体会。正是在陈云的亲身带动下，学习小组树立了良好的学风，取得了很好的学习效果。

参加过学习的同志都很怀念那段难得的学习时光，他们普遍认为收获极大。1938年到中组部工作的刘淇生回忆说："这个时期的学习使我受益匪浅，打下了马列主义理论的基础，初步掌握了马列主义理论和实践相结合的重要方法。由于学习踏实认真，至今我还能清楚地记得《联共（布）党史》结束语的内容。对党的三大法宝不仅牢记，且经常以此来对照检查自己的工作。"[1]1941年，袁宝华调到中央组织部工作，他回忆说："陈云同志刻苦学习，对干部的学习抓得也很紧。这一点给我的印象最深，影响也最大。1941年春我到中央组织部后参加的第一次会议就是学习会。陈云同志亲自主持全体干部学习《共产党宣言》。书是延安出版的，人手一册。由柯柏年同志辅导。大家念一段，讨论一段。把《共产党宣言》从

---

① 《缅怀陈云》，中央文献出版社2000年版，第198页。

头到尾学了一遍。接着学习《反杜林论》，主要学习其中'社会主义从空想到科学的发展'这一部分，由吴亮平同志辅导，也是读一段，讨论一段。由陈云同志亲自主持的这次学习，是我一生中系统学习马克思主义理论收益最大、感受最深刻的一次。"① 陈云组织的这个学习小组在延安影响很大，在1940年被中共中央评为"模范学习小组"。

"热炒热卖"培训青年

1938年4月，陈云兼任中央青年委员会主任，这样他在主持中央组织部工作最初的几年，还兼管青年工作。随着党的大发展，青年党员队伍不断壮大，但他们中的许多人还带着浓厚的非无产阶级的思想和习惯。1938年3月，曾与陈云谈过话的宋平回忆说："大批青年怀着抗日救亡的激情来到延安，他们向往共产党，但对党的性质、纲领并不甚了解。我当时已经入党，但怎样做一个共产党员，在一些问题上也若明若暗，还不能说思想上完全入党了。"② 关于青年人的思想特点，1938年10月31日，陈云在扩大的中共六届六中全会上说："青年人的好处是勇敢做事，有话就说，但也有弱点，就是好胜心很大。说话要谨慎，不要刺激。爽直是好的，但忍耐性不够也是不好的。"③

针对青年人的思想状况，陈云认为加强青年人的理想信念教育，推动新党员特别是年轻党员的学习，加强对他们的培训至关重要。陈云首先从青年组织和青年工作干部的学习抓起，在中组部组织了学习小组的同时，他要求中央青委的领导成员也组成了一个学习小组，每周集体学习一次，平时由各人抽出时间自学。陈云

---

① 《缅怀陈云》，中央文献出版社2000年版，第92页。

② 《缅怀陈云》，中央文献出版社2000年版，第5页。

③ 《陈云文集》第一卷，人民出版社1995年版，第87页。

每次都亲自主持小组会。开会前他首先询问每位同志："你读了没有？""读了几遍？""有什么体会、认识或问题？"，等等。不仅问别人的学习情况，陈云自己也是如实地向小组汇报看了几遍、有什么心得和问题。学习会的讨论活泼、认真、热烈。对于同志们提出来的问题，陈云给予耐心解答。散会前他又指定了下星期从第几页读到第几页。对于那些更加专业的问题，他就设法邀请专家来讲解。当年在中央青委工作的武衡回忆说："这种系统地学习马克思列宁主义原理与党建理论，对于像我这样的年轻干部来说真是太重要了。我真正系统地学习，并且懂得一点马克思列宁主义及党建知识，就是在陈云同志的亲自领导和教诲下取得的。它对我后来的学习和工作具有深远的影响。"①

陈云还要求中央组织部把培训各方面人才、特别是青年干部作为组织工作的一项中心任务，在培训方针上他主张"热炒热卖"，即通过开办短期训练班的方式，培训新吸收进革命队伍的青年知识分子，使他们尽快适应党的需要；同时，招收前方的同志回来接受培训，提高他们的素质和能力。陈云领导的中央组织部曾参与创办的陕北公学、安吴堡青训班、泽东青年干部学校就是专门从事青年干部教育和培训的机构。1940 年 1 月 24 日，陈云在中共中央政治局会议上提议在延安开办青年干部学校，从中央党校的青年班、安吴青训班抽出二百余人去学习。会议批准了这个提议。5 月 3 日，学校成立，命名为泽东青年干部学校，陈云任校长。陈云非常重视这个学校的办学，经常到校了解情况，并亲自讲授课程。1940 年 10 月 29 日，陈云在泽东青年干部学校作了《关于纪律、民主、党员与非党员关系问题》的报告，他指出："民主可以充分发扬党员的积极性；可以反映下层意见，改善上层领导；可以使党员深刻了

---

① 《缅怀陈云》，中央文献出版社 2000 年版，第 158 页。

解党的路线，保持上下意见一致。但极端民主也是错误的，不能不顾环境要求民主，或把批评与自我批评变成个人攻击的自由批评。现在人心向党，党是革命的核心力量，但要承认非党干部在革命运动中的地位和作用，反对宗派主义观念，搞好党与非党干部的团结。"①1941 年，中央青年委员会要求在各地党校中设立青年干部班，在各地抗大分校中设立青年抗日先锋队等青年军事干部班等，专门训练一批做青年及军事工作的干部。青年干部的教育和培训为党的革命事业培养出一大批优秀人才，其中安吴青训班培训青年就达两万余人，正如陈云所说："抗战初期的抗大、陕公的训练方法，学生在学校只学习几个月，之后就去参加工作。他们在学校中不只是学习马克思列宁主义的理论，而是培养生气勃勃的革命作风。"②

　　作为中共中央书记处成员和中央组织部部长，陈云兼管青年工作整整 3 年，到 1941 年 2 月，中央青委书记由凯丰接任。这 3 年间，在陈云领导下，全国青年运动取得了很大成绩。新中国成立后，陈云虽然不再主持或分管党的青年工作，但他始终关注青年工作，特别关注青年干部的学习和成长。党的十一届三中全会后，根据改革发展的新形势和新要求，1980 年 12 月 16 日，陈云在中央工作会议上提出："干部队伍的革命化、年轻化、知识化、专业化、制度化"，是我们在干部政策上的大方针。③ 针对干部队伍结构老化严重的现实，1981 年 5 月 8 日，陈云撰写了《提拔培养中青年干部是当务之急》一文，呼吁"从现在起，就成千上万地提拔培养中青年干部，让德才兼备的中青年干部在各级领导岗位上锻炼"，"使大量的中青年干部成为我们各级党政工作强大的

---

① 《陈云年谱（修订本）》上卷，中央文献出版社 2015 年版，第 343—344 页。

② 《陈云文选》第一卷，人民出版社 1995 年版，第 252 页。

③ 《陈云年谱（修订本）》下卷，中央文献出版社 2015 年版，第 302—303 页。

后备力量"。①7 月 2 日，陈云在省、自治区、直辖市党委书记座谈会上，又语重心长地倡议："必须成千上万地提拔中青年干部"，保证党和国家事业接续发展。1983 年 2 月 25 日，陈云致信时任中央党校校长王震、副校长蒋南翔，提出："看了你们在第二次全国党校工作会议上的讲话，同意讲话中的基本精神。很好地培训适应四化建设需要的革命化、年轻化、知识化、专业化的党政领导骨干，是党校的迫切任务。希望这次会议着重讨论解决这个问题。党校学员既要学习马列主义、毛泽东思想的基本理论和党的方针、政策，以此作为主课，又要学习一些现代科学文化知识和必要的专业知识，以提高领导水平和实际工作能力。"②26 日，全国党校工作会议传达了陈云的这封信。5 月 3 日，中共中央印发的《关于实现党校教育正规化的决定》，基本上采用了陈云的意见。这样，把使用和培养大批中青年干部的办法，作为长期训练和选择干部的一种制度，发挥了重要的历史作用。

陈云高度重视全党的学习，是因为他清醒地认识到中国共产党所肩负的历史使命的艰巨性。中国的革命、建设和改革是一项艰巨伟大的事业，中国所处的环境也是极为复杂和变化多端的。中国共产党要在复杂的环境中把握前进方向并不断走向胜利，就必须有宽阔的眼界、准确的判断力和应对时局的办法。而要具备这些本领，就必须学习。正是基于此，陈云终身坚持学习，不遗余力地推动全党学习，他就学习问题的诸多方面都提出了非常独到的见解，特别是他一贯提倡的不唯书的优良学风和只唯实的价值追求，尤其值得我们在新时代学习、传承和弘扬。

---

① 《陈云文选》第三卷，人民出版社 1995 年版，第 293 页。

② 《陈云文选》第三卷，人民出版社 1995 年版，第 322 页。

责任编辑：王世勇

版式设计：顾杰珍

图书在版编目（CIP）数据

老一辈革命家的读书生活／刘宝东 著．—北京：人民出版社，2020.5

（2023.11 重印）

ISBN 978－7－01－021983－7

I.①老…　II.①刘…　III.①中国共产党－革命领袖－生平事迹－中国

IV.① K827=7

中国版本图书馆 CIP 数据核字（2020）第 068682 号

老一辈革命家的读书生活

LAOYIBEI GEMINGJIA DE DUSHU SHENGHUO

刘宝东　著

人 民 出 版 社 出版发行

（100706　北京市东城区隆福寺街 99 号）

北京中科印刷有限公司印刷　新华书店经销

2020 年 5 月第 1 版　2023 年 11 月北京第 2 次印刷

开本：710 毫米 ×1000 毫米 1/16　印张：19.25

字数：250 千字

ISBN 978－7－01－021983－7　定价：80.00 元

邮购地址 100706　北京市东城区隆福寺街 99 号

人民东方图书销售中心　电话（010）65250042　65289539